经济监管机构的法律地位

JINGJI JIANGUAN JIGOU DE FALÜ DIWEI

郭向军 ◎ 著

中国金融出版社

责任编辑：肖　炜
责任校对：刘　明
责任印制：陈晓川

图书在版编目（CIP）数据

经济监管机构的法律地位（Jingji Jianguan Jigou de Falü Diwei）/郭向军
著．—北京：中国金融出版社，2013.3
ISBN 978－7－5049－6614－8

Ⅰ.①经…　Ⅱ.①郭…　Ⅲ.①经济监督—组织机构—研究
Ⅳ.①D912.29

中国版本图书馆 CIP 数据核字（2012）第 237559 号

出版　**中国金融出版社**
发行
社址　北京市丰台区益泽路 2 号
市场开发部　（010）63266347，63805472，63439533（传真）
网 上 书 店　http://www.chinafph.com
　　　　　　（010）63286832，63365686（传真）
读者服务部　（010）66070833，62568380
邮编　100071
经销　新华书店
印刷　保利达印务有限公司
尺寸　169 毫米 ×239 毫米
印张　14.75
字数　278 千
版次　2013 年 3 月第 1 版
印次　2013 年 3 月第 1 次印刷
定价　32.00 元
ISBN 978－7－5049－6614－8/F.6174
如出现印装错误本社负责调换　联系电话（010）63263947

序言：经济法与经济法主体理论

郭向军博士的《经济监管机构的法律地位》，是一部专题研究经济法主体理论的著作。在我本人看来，这部著作的出版意味着具有中国特色的经济法主体理论的诞生，它对我国经济法理论的发展和完善，对我国的国家治理形式改革，特别是对国家如何参与市场经济活动，以及相关的立法和司法改革具有重要的指导意义。同时，也是对世界经济法理论的贡献。作为一个长期从事经济法理论研究的学者，我应该向郭向军博士表示衷心感谢；作为他的博士指导老师，我为自己有这样的弟子感到非常欣慰，也是他师弟师妹们学习的榜样。这一经济法主体理论，目前已经在我国经济法学界产生了一定的影响，相信随着这部著作的出版，这种影响还会不断扩大，并最终成为经济法主体的核心理论。为方便读者更全面地了解郭向军博士的这部著作，这里我从经济法理论的现实状况、反思与重构和经济法主体理论的意义四个方面对我们的经济法理论进行一个简要的说明，并以此作为本著作的序言。

一、经济法理论的现实状况

法学是以强制手段解决社会矛盾的学问，它的直接目标是保持社会的秩序与和谐，并最终使每个社会主体的需求都能够得到最大限度的满足。因此，"法的本质是其道义价值、功利价值和实证价值的最佳边际均衡，法的具体内容应该是这三种法基本价值的最佳边际均衡点"。[①] 在只存在个体经济关系的条件下，法的这三种价值追求具体表现为对居民、企业等个体利益的保护，以及对行政机关整体行政利益的保护。随着经济的不断发展和社会联系的不断密切，"使其内部成为一个有机联系的、周期波动的整体"，社会由个体经济社会发展成为整体经济社会。整体经济社会有许多特殊矛盾，如经济危机、垄断、公共事业、经济的高速、稳定、协调增长等。"因此，这种新型的经济和社会关系要求必须采用新型的法律制度对此进行专门调整。……这种新的法律制度体系就是经济法律制度"。[②] 在经济法律制度中，法的这三种价值追求具体表现为对社会整体经济利益的保护。这样，一种具有新型直接价值追求的法律体系就产生了。并

---

① 刘少军：《法边际均衡论——经济法哲学》，北京，中国政法大学出版社，2007。

② 刘少军：《经济本体法论》，北京，中国商业出版社，2000。

且，它还在不断发展、完善之中。

（一）经济法本质属性理论的现状

经济法现象的产生，必须引起对经济法理论的研究。在经济法理论研究中，首要问题是对经济法本质属性的认识。就目前世界法学界来讲，对于经济法的本质属性还没有取得完全共识。在传统的大陆法系国家中，德国学者较早地对经济法进行了系统的研究，并提出了许多重要的观点。他们认为"经济法产生于立法者不再满足于从公平调停经济参与人纠纷的角度考虑和处理经济关系，而侧重于从经济的共同利益，经济生产率，即从经济方面的观察角度调整经济关系的时候……因此，经济法是组织起来的经济法律"。① 并在此基础上提出了以努兹巴姆（Nussbaum）为代表的集成说，以哥尔德斯密特（Goldschmidt）为代表的对象说，以赫德曼（Hedemann）为代表的世界观说，以卡伊拉（Geiler）为代表的方法论说和以贝姆等为代表的机能说，这些学说都从不同角度对经济法的本质属性进行了探索。

由于日本法与德国法之间的联系，日本的经济法学说也在很大程度上受到德国经济法学说的影响。但是，随着日本立法与司法实践的不断发展，其理论独立性也越来越强，关于经济法的本质属性也提出了许多自己的观点。这些观点概括起来可以分为两大类，一是以垄断禁止法为核心的经济法学说，二是不以垄断禁止法为核心的经济法学说。前者如日本学者正田彬、丹宗昭信、今村成和等，他们指出："现在的日本，把反垄断法作为经济法的核心来把握几乎已成定论。……承认反垄断法是规制经济上人性关系的法的立场，也可以说是通说。"② 后者如金泽良雄和高田源清等认为，经济法是从国民经济整体立场出发约束经济之法，是适应经济的社会调节要求的法。③

除德国、日本外，法国、比利时、荷兰、意大利、英国等国的学者也对经济法进行了一定的探索。例如，法国的 J. 阿梅尔和 G. 拉加尔等认为："经济法的使命在于管理经济生活，尤其是管理生产和财产的流通"。比利时的 E. 谢雷克斯认为："经济法是由国家据以对经济施加积极影响的全部法律规则组成的……它是政府当局有效地实现其经济政策的工具之一"。荷兰学者使用的是"社会经济法"的概念，以表明它组织经济是从全部社会活动着眼，而不是从企业着眼。意大利使用的则是"经济的法"的概念，如卡塞塔认为，经济的法主要涉及政府部门在经济领域的活动，是经济公法。在英美法系国家，虽然没有

---

① ［德］拉德布鲁赫著，米健、朱林译：《法学导论》，北京，中国大百科全书出版社，2003。
② ［日］正田彬：《经济法》，日本评论社，1980。
③ ［法］阿莱克西·薤克曼、居伊·施朗斯著，宇泉译：《经济法》，北京，商务印书馆，1997。［日］金泽良雄著，满达人译：《经济法概念》，兰州，甘肃人民出版社，1985。［日］丹宗昭信、厚谷襄儿编，谢次昌译：《现代经济法入门》，北京，群众出版社，1985。

类似经济法的概念，但这并不表明它们没有相应的法律和法学思想。“如果要求一个英国法学家下一个定义，他可能会说，经济法包含管理国家在商业、工业和金融领域进行的干预。传统商法与经济法之间的主要区别，在于它们对经济活动的基本态度……因此，经济法介于商法和行政法之间；经济法和商法共同关心经济事务，又和行政法共同关心管理方法”。① 在美国，“布兰代斯的诉讼要点是用统计学、经济学和受过其他训练的专家，取代照本宣科的法官……亚当·斯密‘无形的手’已经被政府及其机构所确定的日益增多的‘公共利益’所取代”。②

我国对经济法的研究时间虽然比较短，但理论和实践相对比较深入，特别是在理论研究上，取得了非常丰富的研究成果。比较早期的经济法学说主要包括综合经济法论、纵向经济法论、经济行政法论、纵横经济法论和学科经济法论。③ 目前，比较有代表性的经济法学说主要包括协调经济关系说、管理与协作关系说、国家干预经济关系说、国家调节经济关系说，以及在此基础上总结的调节与规制说等。④ 其中，协调经济关系说认为，经济法是调整国家协调经济运行过程中发生的经济关系的法律规范的总称。⑤ 管理与协作关系说认为，经济法的调整对象是在经济管理和经济协作过程中发生的经济关系。⑥ 国家干预经济关系说认为，经济法是调整需要由国家进行干预的经济关系的法律规范的总称。⑦ 国家调节经济关系说认为，经济法的调整对象是因国家经济调节而引起的一种国家经济管理关系。⑧ 调节与规制说则认为，经济法的调整对象就是国家在对市场经济进行宏观调控和市场规制的过程中所发生的经济关系。⑨ 这些学说基本上代表了我国目前经济法的主流观点。

（二）经济法内部结构理论的现状

经济法的本质属性理论，决定了经济法的内部结构理论。由于对经济法本质属性的认识不同，在此理论指导下所构建的经济法内部结构也不完全相同。协调经济关系说认为，经济法的内部结构应由经济法主体、市场管理法、宏观调控法和社会保障法构成。管理与协调关系说认为，经济法的内部结构由企业法、市场运行法和宏观调控法构成。国家干预经济关系说认为，经济法的内部

---

① ［法］阿莱克西·雅克曼、居伊·施朗斯著，宇泉译：《经济法》，北京，商务印书馆，1997。
② ［美］伯纳德·施瓦茨著，王军译：《美国法律史》，北京，中国政法大学出版社，1997。
③ “中国经济法诸论”编写组：《中国经济法诸论》，北京，法律出版社，1987。
④ 程信和：《改革开放 30 年中国经济法发展报告》，中国法学会经济法学研究会，2008。
⑤ 杨紫烜：《经济法调整对象新探》，载《经济法制》，1994（2）。
⑥ 杨紫烜、徐杰：《经济法学》，北京，北京大学出版社，1999。
⑦ 李昌麒：《经济法——国家干预经济的基本法律形式》，成都，四川人民出版社，1995。
⑧ 漆多俊：《经济法基础理论》，武汉，武汉大学出版社，1996。
⑨ 张守文、于雷：《市场经济与新经济法》，北京，北京大学出版社，1993。

结构由经济组织法、市场调控法、宏观经济调控法和社会分配调控法构成。国家调节经济关系说认为，经济法的内部结构由反垄断和限制竞争法、国家投资经营法、宏观调控法构成。① 由以上可见，我国理论界对经济法的内部结构既有一定的共识，也存在着严重的分歧。"长期以来，在经济法学理论中，除了达成共识的市场规制法和宏观调控法之外，对制度体系中其他部分存在不同的认识，理论框架和边界较为模糊"。②

在已经基本上达成共识的市场规制法（学术界的称谓并不完全一致）中，有学者认为应该包括，竞争法律制度、消费者权益保护法律制度、产品质量法律制度和特别交易监管法律制度。有学者认为应该包括反不正当竞争法律制度、产品质量法律制度、消费者权益保护法律制度、证券法律制度、票据法律制度、房地产法律制度、工业产权法律制度和合同法律制度。有学者认为应该包括，反不正当竞争与反垄断法、消费者权益保护法、产品质量法和工业产权法。还有学者认为应该包括反不正当竞争法、反垄断法、消费者权益保护法和市场职能管理法。③ 由以上可见，尽管学者们也存在一定分歧，在这方面还是有一定共识的。"经济法学界一般认为，市场监管是现代市场经济的又一组成部分，……市场监管法作为经济法的另一个重要组成部分，在经济法学界亦已得到公认"。④

在已经基本上达成共识的宏观调控法（学术界的称谓并不完全一致）中，有学者认为应该包括计划和统计、产业、投资、国有资产管理，自然资源管理、能源管理、财政、税收、金融、价格、会计、审计、注册会计师和对外贸易法律制度。有学者认为应该包括计划和统计、固定资产投资、税收、银行、价格、会计和审计、计量和标准化，以及自然资源和能源法律制度。有学者认为应该包括产业结构调节法，计划、投资、国有资产管理法，银行法、票据法、证券法、保险法、劳动法、环境法，以及自然资源法和对外贸易管理法。还有学者认为应该包括自然资源法、中央银行法、银行业监督管理法、财政预算法、税法、计划法和价格法。⑤ 由以上内容可见，在宏观调控法上学者们也达成了一定

---

① 杨紫烜：《经济法》，北京，北京大学出版社、高等教育出版社，2000。杨紫烜、徐杰：《经济法学》，北京，北京大学出版社，1999。李昌麒：《经济法学》，北京，中国政法大学出版社，1997。漆多俊：《经济法基础理论》，武汉，武汉大学出版社，1996。

② 岳彩申、李永成：《中国经济法学三十年发展报告》，中国法学会经济法学研究会，2008。

③ 杨紫烜：《经济法》，北京，北京大学出版社、高等教育出版社，2000。杨紫烜、徐杰：《经济法学》，北京，北京大学出版社，1999。李昌麒：《经济法学》，北京，中国政法大学出版社，1997。王保树：《经济法原理》，北京，社会科学文献出版社，2004。

④ 程信和：《改革开放30年中国经济法发展报告》，中国法学会经济法学研究会，2008。

⑤ 杨紫烜：《经济法》，北京，北京大学出版社、高等教育出版社，2000。杨紫烜、徐杰：《经济法学》，北京，北京大学出版社，1999。李昌麒：《经济法学》，北京，中国政法大学出版社，1997。王保树：《经济法原理》，北京，社会科学文献出版社，2004。

的共识。"宏观调控法作为经济法的一个重要组成部分，在经济法学界已得到公认"。①

二、经济法理论反思与重构

经济法理论的发展，在我国经历过三个主要时期。第一时期为综合经济法思想时期，它的核心理论是前苏联法学家拉普捷夫的纵横经济法理论，"调整横向经济关系和垂直经济关系规范，组成一个统一的法律部门——经济法"。② 这与我国当时实行的"有计划的商品经济"体制是一致的。第二时期为经济学理论替代时期，随着我国"市场经济体制"的确立和外国民商法理论的引进，综合经济法理论难以自圆其说、面临着严峻的挑战，不得不以"宏观经济学"理论进行应战，这一时期有代表性的经济法理论使用的都是宏观经济学理论和术语。虽然后期加入了"规制"这一概念，但其核心思路仍然是宏观经济学的。目前，我国的主流经济法理论就是这种理论。第三时期为实践总结与反思重构期，这一时期随着我国经济法律制度框架的不断形成和经济法学者们法学功底的日益深厚，特别是法哲学水平的提高，以及对20世纪60年代以后世界新的法哲学思想的消化吸收，一些中青年学者开始以现实的经济法律规范为基础，从法哲学的角度反思传统的经济法理论，提出了以"整体经济利益"为法学价值追求的一种全新的相对完整的经济法理论体系。

（一）经济法本质属性理论反思与重构

经济法作为一种法律事实，已经得到世界大多数国家，特别是大陆法系国家的承认。在我国目前已经没有学者否认经济法的存在，事实上随着主要体现经济法思想的法律制度的不断出现，也不允许任何学者作出违背法律事实的判断。但是，目前学术界关于经济法本质属性的认识却并没有得到普遍的认同，在目前对经济法本质属性的认识中，有以下几个问题是难以解决的。第一，经济法理论是否能够与传统的法学理论相容，即经济法理论是否可能存在于传统法学理论中。第二，传统法学理论是否能够反映目前世界各国的立法事实，即传统法学理论能否解释现存的法律制度。第三，当代法学理论研究的起点应该从哪里开始，在起点处目前应该有几种独立的法律思想。第四，法学理论是法律文件的总结，还是对现有法律文件的补充。第五，纯粹独立的经济法理论是存在于法学理论上的，还是存在于具体法律文件中的，是否有可能存在一个纯粹经济法的法律文件体系。第六，经济法本质属性应该如何概括，现有的经济法概念是否是对其本质属性的概括，是否反映了其法学的本质。

---

① 程信和：《改革开放30年中国经济法发展报告》，中国法学会经济法学研究会，2008。
② 中国人民大学苏联东欧研究所编译：《苏联经济法论文选》，北京，法律出版社，1982。

在目前世界的法学理论中，同经济法直接相关的是市民法（或民商法）和行政法理论。在市民法和行政法理论中，传统法学理论事实上是以主体的形式地位，作为基本的部门法划分标准的。"由法律规范的社会关系可分为两类：一是双方有平等地位的人之间的关系；一是双方不具有平等地位的人之间的法律关系。……凡属于调整平等主体间的社会关系的法律规范，均为民法规范"；① 行政法的调整对象是不平等主体之间的公共行政关系。公法是"有关罗马国家的稳定"，私法"涉及个人的福利"。② 由此形成了一个完全封闭的理论体系，它已经将社会中的全部主体关系包括，不可能再加入任何其他的主体关系。在这一理论前提下，经济法是不可能存在的，我们不可能在平等与不平等之间加入任何主体关系。因此，经济法理论与传统的法学理论是不相容的，我们不可能在传统法律理论的基础上建立起经济法的理论体系。"经济法是新兴的法律科学，它不是某种原有法律思想的延伸或扩展，也不是某种法律思想的发展阶段，而是为调整社会整体经济关系产生的新的法律思想，这种法律思想在本质上同任何原有法律思想都是不相容的。因此，必须建立新的法律制度体系和相应的法学理论体系"。它"是法学思想和法学理论进入新时代的重要标志"。③

将主体分为平等与不平等的两极不能说不是一种社会的进步，"人们尽可以在力量上和才智上不平等，但是由于约定并且根据权利，他们却是人人平等的"。④ 这在反封建的时代具有重要义务，实现了人类"从身份到契约"的转变。⑤ 但是，社会进步是不能停滞不前的，它要求我们在此基础上更加关心主体的不平等，"机会的平等仅意味着一种使较不利者在个人对实力和社会地位的追求中落伍的平等机会"。⑥ 在法律面前人人平等的最终结果，必然使得民法成为"强者手中一个可怕的武器，弱者手中一个糙钝的工具"，⑦ 使法律成为不公平和不正义的制造者。"在法律上承认个体地位平等是历史的进步，承认个体地位的不平等是历史的又一次进步"。⑧ 违反"愿望的道德"，"并不单纯导致坏的法律制度，而是导致一个根本不宜称为法律制度的东西"。⑨ 在现实生活中，主体之间至少在个体能力、经济能力和行政能力上是绝对不平等的。并且，事实上如果我们仔细研究一下现行法律就会清楚地看到，简单的主体平等与不平等这一

---

① 教育部高等教育司：《民法》，北京，高等教育出版社，2001。

② ［意］彼德罗·彭梵得著，黄风译：《罗马法教科书》，北京，中国政法大学出版社，1992。

③ 刘少军：《经济本体法论》，北京，中国商业出版社，2000。

④ ［法］卢梭著，王运成译：《论政治经济学》，北京，商务印书馆，1962。

⑤ ［英］梅因著，沈景一译：《古代法》，北京，商务印书馆，1959。

⑥ ［美］约翰·罗尔斯著，何怀宏等译：《正义论》，北京，中国社会科学出版社，2003。

⑦ ［德］罗尔夫·克尼佩尔著，朱岩译：《法律与历史》，北京，法律出版社，2003。

⑧ 刘少军：《法边际均衡论——经济法哲学》，北京，中国政法大学出版社，2007。

⑨ ［美］富勒：《法律的道德性》，耶鲁大学出版社，1977。

原则，在当代社会的具体法律制度中早已经不存在了。当代法律制度中的任何主体都是一种混合主体，它们都既有相对平等的一面也有相对不平等的一面；当代社会的法律制度中既没有绝对的平等主体，也没有绝对的不平等主体，这已经成为具体法律制度的现实。① 因此，以主体地位的平等与不平等作为划分法律部门的依据已经同现实的法律制度相违背，我们不可能用一个"违法"的理论来解释法律。

既然主体的平等与不平等不能作为划分法律部门的起点，那么我们就必须为法律部门的划分重新找到一个科学的起点。法是人类创造的用以调整社会关系和规范社会行为的规范体系，是人类高度理性的目的行为。因此，法的首要问题是目标问题。耶林指出"目的是全部法的创造者，每条规则的产生都源于一种目的，即一种事实上的动机"，"法是以强制作为保障的社会目的体系"。② 因此，法学的研究起点只能是法的目标或者目的，离开了法的目标或者目的研究法学就会使法学研究失去正确的方向，也不可能得出符合社会要求的正确的结论。这一认识是与我国现行立法相一致的，从我国目前的具体法律制度来看，我国的任何一部具体法律都在第 1 条中非常明确地表明立法目的，目的是我们进行任何法律思考的起点。"法规范始终在追寻特定目的，……目的性思考是由目标出发的思考；它同时也是一种由较高位阶的总体出发所作的思考"。③ "因此，研究法部门的划分标准必须从法的价值目标开始，只有以法的价值目标为起点来研究法部门的划分，才能使法的部门划分与法的本质结合起来，才能使法的部门划分与真正的法学研究结合起来，才能使法学研究真正同司法实践结合起来，使其成为指导法学研究和司法实践的准则"。人的行为目标起源于人的社会需要，法的目标也必然起源于这些需要，毕竟法是为了更好地满足人类的需要而产生的。在当代社会，"从需要满足的法律属性上来看，可以将需要与满足的关系分为个体基础性需要和整体公共性需要。……整体公共性需要主要包括两个方面，一是整体生活环境性需要，二是整体财产性需要"。④ 因此，在法学研究的起点上，可以有三个基本独立的目标，并由此形成三种独立的法律思想，这三个基本独立的目标应该是市民法、行政法和经济法的基本的价值观，其他法学价值观都是在这三个起点上形成的，是从生的而不是原生的价值观。

既然市民法、行政法和经济法理论应以当代人类社会的三个基本价值目标

① 刘少军：《法边际均衡论——经济法哲学》，北京，中国政法大学出版社，2007。
② 吕世伦、谷春德：《西方政治法律思想史》（下），沈阳，辽宁人民出版社，1988。
③ ［德］卡尔·拉伦茨著，陈爱娥译：《法学方法论》，北京，商务印书馆，2003。
④ 刘少军：《法边际均衡论——经济法哲学》，北京，中国政法大学出版社，2007。

为起点，"以此为依据，法的本体类型应该划分为①：市民本体法、行政本体法和经济本体法。② 其中，市民本体法是以满足得到社会普遍承认的个体基础性需要为价值目标，调整不同社会个体之间的需要与满足关系的社会强制性行为规范。行政本体法是以充分满足得到社会普遍承认的公共生活环境需要为价值目标，调整不同社会范围内整体生活环境的需要与满足关系的社会强制性行为规范。经济本体法是以充分满足得到社会普遍承认的整体性社会财富创造能力需要为价值目标，调整不同社会范围内整体社会财富创造能力需要与满足关系的社会强制性行为规范。它们是社会需要与满足关系的集中体现。"③ 当然，这样也会产生一个新的矛盾，即法学理论与法律的关系，它是法律文件的总结还是法律文件的补充。在现实生活中，法不同于法律，法在其最终本质上是其道义价值追求、功利价值追求和实证价值追求的最佳边际均衡点，而法律则是指具体的法律文件，法律文件是反映社会需要的法学理论的法律化，法学理论是法的重要组成部分，它是对法律文件的补充而绝不仅仅是对法律文件的简单总结。"罗马法的智慧并非建立在对概念的逻辑提炼上，而是铸造概念服务于实践目的，……法律的最高需要是服务于社会目的"。④ "应当永远记住，正义总是存在于个别的案件中"。⑤

由以上可见，法与法律并不是同一个概念，法学价值观的不同，法学理论的区别并不能等同于法律文件的分类；无论是市民法、行政法还是经济法，它们的绝对独立都只能是法学理论上的，而不可能是具体法律文件上的，更不可能是司法实践中的；无论是市民法、行政法还是经济法，都不可能有一个纯粹独立的法律文件体系。在现实生活中，也不存在任何一部完整的市民法、行政法或者经济法。在大陆法系的国家中，虽然多数都存在"民法典"，但它并不是市民法的全部内容。随着各种限制民事权利的法律文件不断出现，传统市民法中的主体理论、财产理论和行为理论都已经发生了非常大的变化，甚至"社会本位"都已经成为民法的基本原则。⑥ "在所有西方国家，包括房屋在内的社团、商业的和工业的财产，正日益受行政法的调整，而个人所有者未经政府的许可，则几乎不能种植一棵树或扩建他的厨房"。"同一法律秩序内存在众多法律管辖

---

① 考虑到责任法具有自己独立的法学价值目标和哲学思想，在本人的著作中将传统的实体法区别为本体法和责任法。其中，"本体法是国家为调整各种社会关系而制定和实施的本源性法律规范的总称，它规定的是社会各主体之间的各种合理的社会关系，是国家所期望实现的社会关系状况。"参见刘少军等著，《经济本体法论》，北京，中国商业出版社，2000。

② 刘少军等：《经济本体法论》，北京，中国商业出版社，2000。

③ 刘少军：《法边际均衡论——经济法哲学》，北京，中国政法大学出版社，2007。

④ W. Friedman, *Legal Theory*, Columbia University Press, 1967.

⑤ ［美］罗斯科·庞德著，唐前宏等译：《普通法的精神》，北京，法律出版社，2001。

⑥ 王卫国：《民法》，北京，中国政法大学出版社，2007。

权和法律体系"。"无论是在理论上还是在实践上，20世纪的法律都越来越不被看做一个连贯一致的整体、一个体系和一个法令大全了，而越来越被视为一盘大杂烩，一大堆只是由共同的'技术'连接起来的支离破碎的特殊判决和彼此冲突的规则"。① 因此，在当代社会我们不能再希望有一个完整的部门法的法律文件体系。按照法价值目标"有些法律文件可能同时属于几个法律部门，即使是其中的某些条款有时也可能涉及几个法律部门"。② 但是，市民法、行政法和经济法的价值追求是完全独立的，我们完全有能力建立起它们的独立的理论体系，以弥补法律文件的不足。

目前主流的经济法概念，本人认为都不是对经济法本质属性的概括，而是对经济法现象的描述，这种描述存在以下几个问题。第一，它们与市民法、行政法没有共同的起点，它们不是在同一逻辑和语境下的理论，使经济法难以与相关法律部门产生共同语言，进而难以同整个法学体系相融合。第二，它们与市民法、行政法不是相互独立的原生的具有同一起点的能够覆盖全部法律关系的理论，不能直达当代社会的三种基本的社会需要和三种基本的价值目标。第三，它们既不能解决经济法自身的问题，也不能解决市民法和行政法在当代社会所面临的理论困境，是一种只顾自己不顾他人的理论，这种理论是不可能得到法学界的普遍认同的。第四，它们仍然是以法律文件分类为出发点的理论，这种理论目前不仅在经济法即使在市民法和行政法那里也是行不通的。第五，语言表达非常不严谨，特别是没有注意同市民法和行政法的对应关系；无论是"协调经济关系"、"管理与协作关系"、"国家干预经济关系"，还是"国家调节经济关系"，都存在这一问题。国家是国际法的基本主体，政府是行政法的基本主体，协调、管理、协作、干预、调节等在法学中难以进行明确的界定，多数市民法和行政法行为中都有协调、管理、协作、干预、调节的成分，这些表达本身就难以同市民法和行政法形成明确的区分。产生这一现象的原因是对经济法本质属性没有清楚的认识，仅能用经济学语言对经济法现象进行表面化的描述，没有能够清楚地认识到"它的产生不是对传统法学理论的补充，而是对传统法学理论的颠覆，它意味着必须对整个法学理论体系进行整体性的重新整合，这是社会发展的必然要求，也是法学理论发展的必然要求"。③

传统法学理论本身就存在着认识上的严重错误和问题，它是特殊历史时期对某些问题过分强调所导致的。这些错误总结起来主要包括两个方面：一是过分强调主体的平等，所谓"在法律面前人人平等"。二是强调法的实证性，所谓

① ［美］J. 伯尔曼著，贺卫芳等译：《法律与革命》，北京，中国大百科全书出版社，1996。
② 刘少军等：《经济本体法论》，北京，中国商业出版社，2000。
③ 刘少军：《法边际均衡论——经济法哲学》，北京，中国政法大学出版社，2007。

"法官不许造法、法官不许沉默"。主体平等是资产阶级革命的思想武器，对法律文件确定性的强调反映了当时社会理性的狂妄和对法官腐败的憎恶。但是，必须承认这种认识是片面的、不完整的，这种片面的理想经过几十年的发展就出现了严重问题，并受到法理学界的挑战，并最终被证明是存在严重错误的。到 20 世纪 60 年代以后，法哲学界已经普遍放弃了"主体平等"和"法官不许造法"的信条，只是法律实务界面对着已经构建起来的宏伟的"实证主义比萨斜塔"不肯进行解构，经济法律现象的出现和经济法理论的产生应该是导致这一斜塔倒塌的最后力量，它使原来被分解的法律体系重新得到融合，使人们重新找到法律部门划分的根本标志，即法的价值追求。市民法以个体利益为价值追求，行政法以整体行政利益为价值追求，经济法以整体经济利益为价值追求。它是法本质属性的重新揭示，是法学统一性和相对独立性的具体体现。

（二）经济法内部结构理论反思与重构

通过上面的分析我们看到，经济法首先是一种法学价值观，是一种法学所要追求的目标而不是某一个或某一些法律文件，它只有在理论上才能完全独立于市民法和行政法，而不可能在法律文件上完全独立于市民法和行政法。在我国目前比较有代表性的经济法理论中，由于对经济法本质属性的认识不够清楚，特别是没有对经济法在法哲学的层面上进行深入研究，所得出的经济法结论也难以为法学界所接受。在此理论指导下所形成的经济法内部结构理论也难以得到社会的普遍承认，甚至难以自圆其说。经济法内部结构理论应具体分为，法哲学意义上的内部结构和本体法意义上的内部结构。前者是关于经济法主体、客体、行为、责任和程序上的内部结构，后者是关于经济法具体部门构成的内部结构，它们共同构成经济法的内部结构问题。从法哲学上来看，经济法应该有相对独立的主体、客体、行为、责任和程序。但是，这种独立只是相对意义上的，不可能是绝对意义上的。

1. 法哲学意义上的反思

经济法主体是指在经济法理论中，集中代表经济本体法价值目标的法律主体。在我国目前比较有代表性的经济法理论中，经济法的主体主要包括，"国家经济管理主体、企业、特殊企业"，[①] 或者经济行政机关、经济组织、事业单位、社会团体和公民（自然人）。[②] "经济法学界一般认为，经济法律关系的主体（可简称为经济法主体）是多元的，包括国家（政府）、经济管理主体（可简称为管理主体）、市场经济活动主体（可简称为市场主体），此外还有市场中介组

---

① 杨紫烜：《经济法》，北京，北京大学出版社、高等教育出版社，2000。
② 王保树：《经济法原理》，北京，社会科学文献出版社，2004。

织。"① 这里需要特别注意的是，这些主体不是经济法所特有的，它与传统市民法和行政法的主体是重叠的，以此理论只能说明经济法与市民法和行政法的相关性，并不能说明经济法与市民法和行政法的独立性。因此，这一经济法主体理论是不成立的。本人认为，主体不是划分法律部门的标志，划分法律部门的核心标志应是其价值目标。对经济法主体的认识应包括普遍性和特殊性两个角度，从普遍性上来看，"经济法主体与其他法主体一样，并不是特殊的主体，而是普遍的法主体……经济法所改变的不是法主体本身，而是法主体自身的权利（权力）义务（职责）关系的组合"。从特殊性上来看，经济法的特有主体是整体经济利益监管主体，它是当代社会的第四类主体，是相对独立于立法机关、司法机关和行政机关的主体。"它的主要职责是依据法律授权，监督社会个体执行维护整体经济利益法律规范的情况，发现有损害整体经济利益的违法行为，依法追究行为主体的法律责任"。② 经济监管主体在任何国家都是客观存在的，它们的法律性质和法律地位都有别于传统的法律主体，是经济法有代表性的主体。但它在执行具体的监管职能，特别是管理职能时，也具有一定的行政主体色彩。"社会是多重性、非集权性的，因此，不能由一种单一的主权意志来表达，就像个体不能完全被一种单一关系所代表一样"。③

经济法客体是指在经济法理论中，集中代表经济本体法价值目标的财产（从法哲学的角度看，"法关系应是主体—客体—行为结构的，而不是主体—客体—内容结构的"④）。"在法学上构成财产必须同时满足两个基本条件，一是财产的客体条件，它必须是独立于或相对独立于主体之外的客体；二是财产的主体条件，它必须是主体享有财产权的客体。"⑤ 在我国目前的代表性经济法理论中，从来没有系统的经济法财产理论，这主要是由于目前的经济法理论主要是法律文件的划分理论，我国目前还没有专门的经济法意义上的财产法律文件。因此，经济法财产基本上不存在于经济法学者的视野中。但是，财产不仅是客体，它同时还是主体的权利，不可能不存在从整体经济利益的角度设定财产权利（权力）义务（职责）的法律规范，经济法必然存在财产问题。本人认为，对经济法客体的认识也应该包括普遍性和特殊性两个方面。从普遍性上来看，"财产法律制度，作为不同法价值目标的财产客体交点，体现的是所有社会价值目标对财产的不同方向的要求，是市民法、行政法、经济法中所主张的各种财产权利（权力）义务（职责）关系的组合"。我们承认财产在法律体系中的普

---

① 程信和：《改革开放30年中国经济法发展报告》，中国法学会经济法学研究会，2008。
② 刘少军：《法边际均衡论——经济法哲学》，北京，中国政法大学出版社，2007。
③ ［澳］约瑟夫·A. 凯米莱里等著，李东燕译：《主权的终结?》，杭州，浙江人民出版社，2001。
④ 刘少军：《法边际均衡论——经济法哲学》，北京，中国政法大学出版社，2007。
⑤ 刘少军、王一轲：《货币财产（权）论》，北京，中国政法大学出版社，2009。

遍性，也并不能否认它在权利（权力）义务（职责）关系组合上的特殊性，否认其经济法属性。"因此，我们在承认经济法财产关系普遍论的前提下，还必须承认存在着特殊的主要由经济法调整的财产关系领域"。"经济法所调整的特殊财产主要是货币财产和政府财产"。① 在这两类财产中，"私法应作为'经济法'融入到较大范围的经济调控之中"。②

经济法行为是指在经济法理论中，集中代表经济本体法价值目标的行为。由于目前具有代表性的经济法理论从来不从法哲学的层面上研究经济法，也就没有提出系统的经济法行为理论，仅是套用传统法学理论中的法律关系理论来论述经济法行为。认为"经济法律关系的客体就是主体的权利与义务所指向的行为"，这种行为具体包括，"作为与不作为"，"管理行为和接受管理行为"。③事实上，只有行为规范才是法律关系的客体，行为本身不可能成为法律规范的客体。在现实生活中，法学意义上的行为就应该是指所有受法评价的行为，而不应是特指法律规范中所特别规定的行为。并且，受法所评价的行为是指主体的行动，它不可能成为法的客体。从普遍性的角度来看，"某主体的法行为既可能产生市民本体法方面，也可能产生行政本体法方面，还可以产生经济本体法方面的相应权利（权力）义务（职责），法行为是市民法、行政法和经济法上的权利（权力）义务（职责）的综合"。试图将其行为绝对地分为市民法行为、行政法行为或经济法行为是徒劳的，也是不符合任何国家现行的法律规范的。但是，承认法行为的普遍性并不是完全否认其特殊性，"某些法行为可能同某法价值目标之间的联系比较密切，某类法规范中主要调整某法行为的规则可能比较多，某类法规范中主要调整某法行为的规则可能比较少"。"经济法所调整的行为范围，主要是与整体社会财富创造能力直接相关的行为"。"经济法所调整的特殊行为主要是产业行为、金融行为、财政行为和市场行为"。④"我的目的构成规定我的行为的内容"，⑤ 任何行为都产生于一定的目的，而"不是没有自觉的意图，没有预期的目的"。⑥

责任法是对不履行具有法律效力的本体法义务（职责）而必须承担的强制性不利后果，在我国目前有代表性的经济法理论中，对经济法责任理论没有系统性的研究，对是否存在独立的经济法责任并没有形成统一的结论。在本人看来，经济法责任也应从普遍性和特殊性两个方面进行思考。从普遍性的角度来

① 刘少军：《法边际均衡论——经济法哲学》，北京，中国政法大学出版社，2007。
② ［德］罗尔夫·克尼佩克著，朱岩译：《法律与历史》，北京，法律出版社，2003。
③ 王保树：《经济法原理》，北京，社会科学文献出版社，2004。
④ 刘少军：《法边际均衡论——经济法哲学》，北京，中国政法大学出版社，2007。
⑤ ［德］黑格尔著，范扬、张企泰译：《法哲学原理》，北京，商务印书馆，1961。
⑥ 《马克思恩格斯全集》第21卷，北京，人民出版社，1965。

看，由于"任何本体法部门都没有绝对独立的法主体……施加于主体之上的责任也就不可能是完全独立的。另外，能够影响主体行为的主要是责任类型，但无论是人身责任、财产责任还是行为责任，……都能够起到规范法主体行为的作用。……不仅市民法不可能有特殊的责任形式，行政法也不具有绝对独立于其他部门的特殊责任形式，经济法也同样不具有其绝对独立于其他法部门的特殊责任形式。责任法是统一的，经济法上的责任只是这个统一的责任法中的一个方面"。① 但是，"经济法是以社会整体经济利益作为其保护的核心价值，这种价值目标不可能不具有其责任法上的特殊规定性，经济法责任的特殊性主要表现在责任类型、归责原则和责任程度三个方面。在责任类型上，"经济责任法和市民责任法主要采用的是补偿性财产责任"；在归责原则上经济法主要采取的是"客观损害原则和成本比较原则"；经济责任法的核心特征体现在责任程度上，经济法在确定责任程度时"所要求的责任程度必须以能够预防不再出现这样的行为作为限度，它们首先关心的是责任程度的预防效果，其次才会考虑这种责任程度对该主体是否公平合理"②，它是否补偿了被侵害的整体经济利益，它的补偿标准是对整体经济利益的损害程度。"以儆效尤作为首要目的，……此外还有三种次要的目的，即改过自新、使之无能和补偿"。③

诉讼程序法是主体违反本体法所应承担法律责任的确认程序，在我国目前具有代表性的经济法理论中，对经济法程序理论没有系统性的研究，对是否存在独立的经济法程序并没有形成统一的结论。在本人看来，为了保证不同法所追求的价值目标的实现，应"将程序法具体划分为市民程序法、行政程序法、经济程序法和刑事程序法。将市民程序法确定为个体利益主体之间的非刑事诉讼程序，将行政程序法确定为个体利益主体与整体行政利益主体之间的非刑事诉讼程序，将经济程序法确定为整体经济利益主体与个体利益主体之间的非刑事诉讼程序，将刑事程序法确定为以身体责任为基础的诉讼程序。同时，在这些程序法中，不再强调主体之间的法律地位，而是强调主体之间的实际地位，并按照主体之间的实际地位按比例分配提供证据责任和说服责任，从而形成适合当代社会关系需要的程序法体系，最终为实现不同法的最高价值目标服务"。④ 经济程序法并不是经济法学者的主观愿望，而是经济法实践的客观要求。既然经济法具有自己的特殊价值目标，它就必然有自己的特殊法律主体（即经济监管主体），既然有自己特殊的监管主体，就有自己特殊监管的客体和行为，并由

---

① 刘少军：《法边际均衡论——经济法哲学》，北京，中国政法大学出版社，2007。
② 刘少军：《法边际均衡论——经济法哲学》，北京，中国政法大学出版社，2007。
③ ［英］边沁著，时殷弘译：《道德与立法原理导论》，北京，商务印书馆，2002。
④ 刘少军：《法边际均衡论——经济法哲学》，北京，中国政法大学出版社，2007。

此就必然产生特殊的法律责任，最终为保证整体经济利益目标的实现就必须采取特殊的责任确认程序，这是在整体经济利益目标下一个完整的法学思维和理论体系，是一套完整系统的法哲学思想，也是唯一能够对经济法进行无矛盾解释的思想。同时，这些思想的来源并不是依靠纯粹的演绎，上述任何一个法律思想都可以从各国有效的法律文件中找到出处，并且它们还在不断地被写入生效的法律文件中，相信在不远的将来它们大部分都会变成法律事实。

2. 本体法意义上的反思

经济本体法从法哲学的意义上主要应包括主体、客体和行为，由于经济法内部主体、客体和行为的类型不同，还可以根据其主体、客体和行为的特征将其分为不同的具体部门或者说是经济法理论的具体分论。在我国目前具有代表性的经济法理论中，经济法的具体部门或分论包括，市场规制法和宏观调控法。其中，市场规制法主要包括，竞争法、消费者权益保护法、产品质量法和其他相关的法律等。这样划分有几个难以解决的问题，使其无法自圆其说。第一，这个市场指的是商品市场，但在现行法律中，市场不仅包括商品市场，还包括金融市场、劳动力市场等。第二，我国规范市场的法律不仅包括上述法律，还包括市场分工法律、市场供求法律、市场组织法律、市场信息法律、市场价格法律和市场监管法律等。第三，在这些被称为市场规制法的法律中，许多法律虽然具有一定的经济法属性，但它主要不是经济法而是市民法，如其中的消费者权益保护法等，主要体现的并不是经济法的思想，它并不以保护整体经济利益为基本目标。第四，市场存在的前提是主体平等，规制市场的法律主要是民商法而不是经济法。

在宏观调控法中存在的问题就更加突出。第一，宏观调控（Macro - economic Control）是一个经济学名词，它"严格地说，是指政府为实现宏观（总量）平衡，保证经济持续、稳定、协调增长，对货币收支总量、财政收支总量和外汇收支总量的调节与控制"。[①] 实现宏观调控的手段是宏观经济政策，"宏观经济政策是指对一定的经济总量发生作用，使之增加或减少的政策"。"宏观经济政策包括彼此有密切联系的宏观财政政策和宏观货币政策"。[②] 货币政策与财政政策是"通过变动总需求而起作用的两种宏观经济政策。货币政策是中央银行或货币当局对货币存量进行调整，作为达到一般经济政策目标的一个工具。财政政策是政府对政府支出和税收进行控制作为达到上述同一目的的一种工具"。[③] 货币政策的核心是调整货币供应量，财政政策的核心是财政赤字水平。这些政策

---

① 马洪：《什么是社会主义市场经济》，北京，中国发展出版社，1993。

② 厉以宁、秦宛顺：《现代西方经济学概论》，北京，北京大学出版社，1985。

③ 黄达、刘鸿儒、张肖：《中国金融百科全书》，北京，经济管理出版社，1991。

虽然与法律有一定的关系，但其基本内容是法律所不能解决的，宏观调控法这一名称可能是出于法学家对经济学的无知。

第二，"宏观调控法"中的内容基本上都不是宏观调控的内容。在我国目前有代表性的经济法理论中，宏观调控法主要包括，计划和统计法、产业法、投资法、国有资产管理法、自然资源管理法、能源管理法、财政法、税法、金融法、价格法，以及会计法、审计法、注册会计师法、计量法、标准化法、劳动法、环境法、对外贸易法等。我国目前还没有计划法，统计法、自然资源管理法、能源管理法、会计法、审计法、注册会计师法、计量法、标准化法、劳动法和环境法等与宏观调控没有直接关系。虽然，产业法、投资法、国有资产管理法、财政法、税法、金融法、价格法等与财政政策、货币政策和产业政策等有一定的关系，但这些法本身并不等于这些政策。并且，没有任何一部法对财政政策、货币政策和产业政策作出具体的规定，也没有任何一部法有直接的宏观调控功能。

第三，"宏观调控法"解决的不是经济政策问题，而是经济政策的制定和执行问题，如果宏观调控法能够直接规定经济政策也违背了法律稳定性的基本特征。在我国现行法律中，《中国人民银行法》、《预算法》和《中小企业促进法》的确规定了宏观调控方面的内容。"为了确立中国人民银行的地位，明确其职责，保证国家货币政策的正确制定和执行，建立和完善中央银行宏观调控体系，维护金融稳定，制定本法"。"为了强化预算的分配和监督职能，健全国家对预算的管理，加强国家宏观调控，保障经济和社会的健康发展，根据宪法，制定本法"。"为了改善中小企业经营环境，促进中小企业健康发展，扩大城乡就业，发挥中小企业在国民经济和社会发展中的重要作用，制定本法"。① 但是，在这些法律中也明确规定，是为了"保证国家货币政策的正确制定和执行，建立和完善中央银行宏观调控体系"，"健全国家对预算的管理，加强国家宏观调控"。事实上，货币政策、财政政策和产业政策等是需要根据具体情况随时调整的，它不可能在法律中直接规定，法律只能规定制定和执行这些政策的职权和程序。否则，这些法律也就不是法律而是政策了。因此，即使是最能够体现宏观调控内容的法律，也只是宏观调控授权法和调控程序法而不是具体的调控政策法。

第四，"宏观调控法"的核心内容是维护整体经济利益，而不是实施宏观调控政策，即使最能够体现宏观调控内容的"财税法"和"金融法"，也是以维护整体经济利益为主而不是以宏观调控为主，宏观调控只是财税系统和金融系统在实现其基本职能基础上的一种辅助职能，没有任何一个国家财税系统和金融系统的存在仅仅是为了宏观调控的。这种经济法理论违背了这些法律的基本内

---

① 参见《中国人民银行法》第一条，《预算法》第一条和《中小企业促进法》第一条的规定。

容和基本职能。财税法的核心内容是维护政府收支体系的正常运行，金融法的核心内容是维护金融产业的正常运行，产业法的核心内容是维护整个社会产业体系的正常运行，而不是为了实施"宏观调控"。因此，虽然这些法律与宏观调控相关，但称之为"宏观调控法"是对其内容与基本功能的误解。

第五，"宏观调控法"的内容体系不完整，割裂了同类法律内容之间的内在联系，以及与相关学科之间的内在关系。同时，还遗漏了许多我国现实的法律制度。从我国现行管理体制和相关学科（如经济学）的角度来看，价格法、计量法、标准化法等应属于市场法律体系的范畴，对任何一个国家来讲，价格、计量和标准化问题都是市场的基本问题，将它们放在"宏观调控法"中，不符合这些法律的性质和调整对象定位；会计法、审计法、社会保障法、国有资产管理法、自然资源管理法等应属于财政法律体系的范畴，它们是与政府收支具有直接联系的法律；劳动合同法和环境法从价值目标上来讲则不属于经济法的调整范畴，它们与整个社会的整体经济利益没有直接的联系，是相对独立的法律体系。

3. 经济法的合理内部结构

要构建经济法的合理内部结构体系必须明确，经济法首先是一种当代社会的法学价值观，是在整体经济利益目标下构建起来的法学理论体系，这个理论体系与现实生活中具体的法律文件是两个不同层次的问题。现实生活中的任何法律文件都是不同法学价值观的综合，没有任何一个法律文件中只规定了体现保护个体利益而完全没有保护整体利益的内容，也没有任何一个法律文件只体现保护整体利益而完全没有保护个体利益的内容。因此，虽然经济法理论是明确的，但体现经济法理论的具体法律文件却是模糊的，我们很难说哪个法律文件绝对地体现了经济法的价值观，哪个法律文件绝对地体现了市民法或行政法的价值观。"如果完全以法的价值目标作为法部门的划分标准，就必然会使现有的规范性文件被肢解"。"这样，就产生了在法部门划分上法规范的完整性与法价值目标的不一致性的矛盾。完全按照任何一种标准进行法部门的划分，都难以比较充分地实现法部门的划分目的"。①

解决这一矛盾的办法只能是在某个方面作出让步，以某法律文件主要体现的价值观为依据将其大致划归某个法律部门，将所有主要体现保护整体经济利益价值观的法律文件都作为经济法律文件，并按照各自相关性的密切程度和理论体系分为不同的具体部门。按照整体经济利益的价值目标，以及国家维护整体经济利益的不同领域、理论体系的完整性和相关学科之间的对应性，应将经

---

① 刘少军：《法边际均衡论——经济法哲学》，北京，中国政法大学出版社，2007。

济法的内部结构划分为产业法、金融法、财政法和市场法。① 这样划分是有法律依据的，按照我国现行法律，产业部门与事业部门和行政部门是有严格的法律界限的，金融产业部门与工商产业部门也有严格的法律界限；财政部门是经济活动中的一个与政府收支直接相关的经济系统，它与产业系统和行政系统也有严格的法律界限；市场部门则是全体社会主体的商品交易系统，这里也有特殊的法律规则体系。产业法、金融法、财政法和市场法，共同构成一个相对完整的经济法内部结构。

产业法的内部结构应由产业组织法、产业促进法和产业经营法构成。其中，产业组织法包括产业监管组织法、产业分业组织法和产业单位组织法；产业促进法包括产业规模促进法、产业结构促进法和产业技术促进法；产业经营法包括，产业权益经营法、产业资产经营法和产业收益经营法。金融法的内部结构应由金融组织法、货币财产法、货币流通法、货币融通法、金融调控法和金融监管法构成。其中，金融组织法包括金融监管组织法、金融分业组织法和金融企业组织法；货币财产法包括本币财产法和外币财产法；货币流通法包括存款流通法、电子流通法和票据流通法；货币融通法包括存贷融通法、信托融通法、证券融通法、保险融通法和民间融通法；金融调控法包括调控目标法和调控工具法；金融监管法包括监管体系法、监管内容法和监管手段法。财政法的内部结构应由财政法、税法、国有资产管理法、会计法、审计法构成，它们各自又会形成一个相对完整的体系。市场法的内部结构应由市场组织法、市场准入法、市场行为法和市场监管法构成。其中，市场准入法具体包括市场主体准入法、市场客体准入法和市场媒体准入法；市场行为法具体包括市场信息行为法、市场价格行为法、市场交易行为法和市场竞争行为法。②

三、经济法主体理论的意义

当代社会的法律体系是非常复杂的，法律主体也是非常复杂的，从我国的现行法律规定上来看，粗略分类也至少包括立法机关、行政机关、司法机关、监管机构、社团组织、事业单位、企业、家庭和个人九个层次，这是当代社会不可改变的法律事实。并且，任何一部法律文件往往都涉及这九个主体，至少是其中的多数主体，再试图以主体地位进行法律部门的划分已经是不可能的。"凡在人类历史领域中是现实的，随着时间的推移，都会变成不合理的，因而按其本性来说已经是不合理的，一开始就包含着不合理性"。③ 并且，以主体的平

---

① 刘少军等：《经济本体法论》，北京，中国商业出版社，2000。
② 刘少军等：《经济本体法论》，北京，中国商业出版社，2000。
③ 《马克思恩格斯全集》第21卷，北京，人民出版社，1965。

等与否进行法律部门的划分更多的是考虑到实证司法的方便。① 现在的法学已经变成了评价的学问而不是判断的学问，实证司法只反映了法的确定性追求，不能反映法的道义性追求和功利性追求，是必须在具体的司法过程中予以纠正的。既然法学不再是判断的学问而是评价学问，就必须以法的价值追求作为评价的标准而不再以主体的地位作为判断的标准，以某法的核心价值追求作为划分法律部门的基本依据。只有这样才能使法学理论研究、法律部门划分与现实的司法保持一致性。由于任何一种法的价值追求最终都是主体利益的追求，因此，个体利益、整体行政利益和整体经济利益都最终必须落实到具体的利益主体上。

（一）主体理论在法学理论中的地位

法学是研究社会矛盾，并以强制手段解决社会矛盾的学问，社会矛盾只能是主体之间的矛盾。因此，法学研究是不可能离开主体的。即使法学研究可以不考虑主体问题，执法和司法过程中也必须考虑主体问题。从市民法的角度来看，它的核心价值追求是保护个体利益，任何社会主体都具有自身的个体利益。因此，市民法不可能有明确的主体，即使是政府机关也有它的个体利益，也可以从个体利益的保护上主张法律的救济，特别是在国有财产的保护上，政府机关也是市民法的主体。并且，事实上它在财产保护上还属于弱势主体，政府财产的管理者不可能像关心自己财产一样关心政府财产，法律必须对此给予特别的保护。否则，政府机关的个体利益就会受到不合理侵害。同时，在对个体利益的保护上也必须考虑到主体的实际地位。主体的实际地位是其个体能力、经济能力和行政能力的综合，② "只要存在强制力手段，就存在'法律的秩序'。……有些社团的力量比国家还强大，国家的规定往往是徒劳的，至少部分是无效的"。③ 要保持法的公正就必须调整这些能力，使主体在现实的司法过程中有平等竞争的机会。"在作为事实的平等和作为原则的平等之间，存在着如孟德斯鸠所说的'天壤之别'"。④ 就目前来讲，市民法应主要研究主体的不平等而不是平等，只有明确了主体之间的差异，才可能通过法律的调整使其获得事实上平等的保护。

肯定市民法不存在明确的主体，并不等于否认行政法和经济法也不存在明确的主体；就像肯定市民法调整财产关系，并不等于否认行政法和经济法也调整财产关系一样。行政法和经济法都是以维护整体利益为其价值目标的，个体利益主体通常不会从自身利益出发，主动地遵守这些法律规范。同时，当某个

---

① 这里的实证司法是指严格按照法律的规定进行司法，这种司法方式已经被证明是有错误的。目前，主流的法学理论已经普遍否定了这种司法方式，认为司法是对行为人某行为的法学评价。

② 刘少军：《法边际均衡论——经济法哲学》，北京，中国政法大学出版社，2007。

③ ［德］M. 韦伯著，张乃根译：《论经济与社会中的法律》，北京，中国大百科全书出版社，1998。

④ ［法］皮埃尔·勒鲁著，王允道译：《论平等》，北京，商务印书馆，1988。

体利益主体违反这些整体利益规范时，由于它并不一定直接侵害其他个体的具体利益，其他个体也不会为了个体利益，从整体利益出发来维护整体社会秩序。因此，就客观地产生了对整体行政利益主体和整体经济利益主体的需要，① 它们在现行生活中的具体表现就是政府行政机关和国家经济监管机构。其中，政府行政机关是行政法的核心主体，国家经济监管机构是经济法的核心主体。在具体的法律实践中，政府行政机关和国家经济监管机构所面临问题的性质是不同的。"整体行政利益主体所面临的问题，主要是整体生活环境利益问题，它的主要职责是依据法律授权，通过行政命令直接处置有关整体生活环境的紧急事件，满足社会对整体生活环境利益的需要。整体经济利益主体所面临的问题，主要是整体社会财富创造能力的问题，它的主要职责是依据法律授权，监督社会个体执行维护整体经济利益的法律规范的情况，发现侵害整体经济利益的违法行为，依法追究行为主体的法律责任。整体行政利益主体的行为依据是法律授予的行政事务处置权力，是其依法享有的根据具体情况自主决定如何处置某具体问题的权力；整体经济利益主体的行为依据是法律授予的经济法律执行监督权力，是其依法享有的对违反具体法律规范主体的按照法律规定进行控诉的权力。整体行政利益主体执行职责的基本方式是向影响整体生活环境利益的主体发布行政命令，整体经济利益主体执行职责的基本方式是按照现行法律的具体规定进行整体经济利益主张，它没有权力向其他社会主体直接发布行政命令"。②

（二）监管主体是经济法理论的核心

通过上面的分析我们可以看出，市民法是没有核心主体的，行政法和经济法是有核心主体的，行政法的核心主体是政府行政机关，经济法的核心主体是国家经济监管机构。从传统法学理论的角度来看，理解行政法的核心主体并不困难，因为在以主体的平等与不平等作为划分法律部门标准的时代，政府行政机关就是行政法的核心主体。虽然法学指导思想发生了变化，政府行政机关的行政法主体地位并没有发生变化。但是，理解经济法核心主体是国家经济监管机构就有困难，产生这一困难的主要原因是在传统法学理论确立的时代，整体经济利益在社会利益中并不占主导地位，这些问题往往是由政府行政机关代管的，并且是以行政法的处理方式代管的，那个时代事实上还没有普遍出现国家经济监管机构，至今大多数法学家也对这些机构的出现以及这些机构的职能知之甚少，更没有人从国家治理形式上详细分析目前世界各主要国家的构成结构。目前，绝大多数法学家还都沉浸在"三权分立"的美梦之中，事实上世界早已经"四权分立"了。无知并不可怕，可怕的是学术权威的无知。事实上，学术

---

① 刘少军等：《经济本体法论》，北京，中国商业出版社，2000。

② 刘少军：《法边际均衡论——经济法哲学》，北京，中国政法大学出版社，2007。

权威往往都是无知的，因为他的学问早在成为权威之前就已经止步了。就像法律都是过时的一样，权威理论也都是过时的，在权威理论之下新的理论在悄悄地成长。

郭向军博士对法学和经济法学理论的最大贡献就在于，他花费了大量的时间，从世界各主要国家的现实国家结构中论证了"国家经济监管机构"的存在，并证明它们是独立或相对独立于政府的。这一法律事实向理论界表明，"三权分立"已经成为历史，"四权分立"才是时代特征，经济监管权是同立法权、司法权和行政权处于同一层次上的第四极国家权力。"四权分立"理论已经不是一个学说，而是一个事实。政府行政权力与经济监管权力分离的理由，不仅在于它们所处理问题的性质不同，更在于行政权力也对国家的经济运行和增长有巨大的影响，这种权力也必须接受监督，否则会导致权力的滥用。因为"一切被授予权力的人都容易滥用权力"。① "人在达到完美境界时，是最优秀的动物，然而一旦离开了法律和正义，他就是最恶劣的动物"。② 就我国目前情况来看，虽然在法律上承认主要的经济监管机构都不是行政机关，但却隶属于政府机关，从而形成了政府"一家独大"的局面。这种情况在经济转型时期应该说是具有一定合理性的，它能够保证我国的经济体制改革顺利进行。但是，也必须看到，这样的国家结构也同时导致政府权力的扩张，它不仅是产生腐败的根源，也对我国正常的经济运行和增长形成了巨大的破坏。为此，我国许多学者在制定和修改《反垄断法》、《中国人民银行法》、《银行业监督管理法》、《国有资产管理法》，以及其他相关法律的过程中都提出经济监管机构独立性的问题，要求在全国人民代表大会下设立相应的经济监管机构，实现我国司法权、检察权、行政权和经济监管权的"四权分立"，最终这"四权"都要接受全国人民代表大会（即人民）的监督，这应是我国国家治理的合理选择。

国家经济监管机构的独立性是由经济法的价值追求整体经济利益决定的，既然世界各主要市场经济国家都在立法上肯定整体经济利益的存在，既然法学界都肯定整体经济利益是经济法的核心价值追求，就必须保证经济监管机构具有不受被监管对象干扰的执法能力。否则，社会整体经济利益就不可能得到维护。我国目前的整体社会财富创造能力事实上并不是靠法律维护的，而是靠行政权力维护的，这样的经济运行和增长是不可靠的，很可能被某些行政行为所葬送。一个科学稳定的经济运行和增长机制，"它所需要的是像机器一样靠得住的法律"。③ 从目前世界各主要国家经济监管机制的运行来看，它所面临的最大

---

① ［法］孟德斯鸠著，张雁深译：《论法的精神》（上），北京，商务印书馆，1982。
② ［美］萨拜因著，盛葵阳等译：《政治学说史》（上册），北京，商务印书馆，1986。
③ ［德］马克斯·韦伯著，姚曾廙译：《世界经济通史》，上海，上海译文出版社，1981。

威胁就是政府行政机关。特别是对我们国家来讲，它首先面临着政府行政机关不愿意放权的压力，其次还面临着经济监管机构自身希望获取经济行政权力的动力，同时也还存在对司法裁判权威性的担心。但是，这些都仅是国家治理形式改革过程中的问题，它无法改变社会经济整体化的进程，无法改变在整体经济条件下维护整体经济利益的客观要求，更无法改变经济监管机构不独立于政府不接受人民的监管，最终必然导致市场经济会变成"权贵"经济的事实。从世界各主要市场经济国家来看，它们的经济监管机构都在不断独立于政府行政机关。

当然，我们说国家经济监管机构必须独立于政府行政机关，并不否认它们之间的联系。从纯理论的角度讲，政府行政机关的职能是处理行政事务，是以行政命令的形式应对社会突发事件。因此，法律必须赋予其行政权力，行政相对人必须执行行政机关的命令，即使认为行政机关的命令违法或者侵害了行政相对人的利益，也只能通过行政复议或行政诉讼来解决。国家经济监管机构的职能是监督维护整体经济利益的法律的执行，它是以执法监督的形式发挥职能，没有对监督相对人的行政命令权力，发现监督相对人发生违法行为只能向法院提起诉讼，由法院来裁判其各自所应承担的经济法律责任。在现实生活中，行政权力与监管权力也不一定是纯粹的，如果某行政机关所处理的行政事务与维护整体经济利益具有相关性，法律也可以赋予其一定的监督管理权，代替监管机构行使监管职能；国家经济管理机构在发生突发性整体经济事件的情况下，也应有一定的突发整体经济事件的处置权，这种处置权就是具有行政属性的权力。但是，它们之间的联系并不影响它们之间具有明确的法律界限，政府行政机关的职责是以行政为核心，国家经济监管机构的职责是以执法监督为核心，不能因为联系而放弃界限。"在实践中，我们经常必须在几种不正义的或不是最好的安排中进行选择；……可行的最佳安排可能包括对一些不完善部分的平衡"。①

明确了经济法的价值追求是维护整体经济利益，确定了经济法的核心主体是世界各主要市场经济国家普遍存在的经济监管机构。并且，随着经济整体化程度的不断加强，这些机构的地位越来越重要，法律赋予它们的监督管理权越来越大，它在国家治理体制中的独立性越来越强。本体法中的财产和行为又都是所有法所共有的，任何财产权利（义务）都要受到市民法、行政法和经济法的调整，任何社会行为都要同时接受市民法、行政法和经济法的评价，经济本体法理论体系就已经形成了。经济本体法理论形成了，经济责任法和程序法理论也就迎刃而解了。由于经济法的最高价值准则是维护整体经济利益，谁违反

---

① ［美］约翰·罗尔斯著，何怀宏等译：《正义论》，北京，中国社会科学出版社，2003。

了经济法也就是违反了整体经济利益，从补偿的角度来看他就必须承担整体经济责任，按照对整体经济利益的破坏程度来承担相应的法律责任；从预防的角度来看，经济法律责任必须规定到预防其他正常主体不再主动侵害整体经济利益的程度。由于经济法的核心主体是国家经济监管机构，它的基本职责就是站在整体经济利益的角度充当"经济检察官"，发现违反整体经济利益的行为就应该向法院提起经济诉讼，以最终保障整体经济利益的实现。这样，一个完整的经济法理论体系就完成了。并且，这个理论体系已经不仅仅是个学说，而是一个现在存在的法律事实。郭向军博士用大量的事实证明目前世界各国的立法和执法都在向着这个方面发展，特别是论证了国家经济监管主体的客观存在，是经济法理论从学说走向实证的重要步骤。因此，我个人认为《经济监管机构的法律地位》一书，是经济法理论中具有里程碑意义的作品。

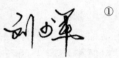①

2012 年 7 月 6 日于北京·中国政法大学

---

① 中国政法大学教授、博士生导师，财税金融法研究所所长，金融法研究中心主任；中国法学会银行法学研究会副会长，保险法学研究会常务理事，经济法研究会理事。

前　　言

本书以世界主要资本主义国家经济监管机构的产生、发展、设置模式和决策机制为研究基础，重点论述监管权与行政权、监管机构与行政机关的不同，论证监管权是独立于立法、司法、行政权的又一类国家权力，监管机构的设置应独立于立法机关、司法机关，特别是行政机关，并以中国经济监管机构设置模式的构建为落脚点。

书中首先研究了经济监管机构的概念，从分析监管入手，提出什么是经济监管、什么是经济监管机构，为研究的展开提供基本的逻辑起点；在此基础上，考察了美国、英国、法国、德国、日本、韩国等世界主要国家经济监管机构的现有职权和设置模式，提炼出监管机构共有的职权范围和设置特点，并特别关注其与现今行政机关的不同。其次，从历史的角度，重点考察上述主要国家特别是美国经济监管机构的发展史，关注监管机构的产生环境和发展演变，并推论其下一步发展趋势；再次，从理论的角度，进一步分析了监管机构的产生原因，认为监管机构的出现是市场经济自身发展和自然选择的结果，并揭示出了监管机构现存的问题。最后，从国家现有职能入手，分析经济监管职能与其他国家职能的不同，论述监管权与行政权本质上的差异，提出监管机构是与立法、司法、行政机关都不相同的另一类国家权力机构；在此基础上，分析监管机构的法律地位，提出重新定位监管机构在国家权力体系中的位置的相关构想，并针对中国经济监管存在的问题，提出了监管机构的设置建议。

本书的研究有利于进一步健全经济法理论体系。不同法部门之间的本质区别在于价值目标不同，在本体法上法的基本结构可表述为主体—客体—行为，任何法主体都不可能成为某个法部门的独有主体，但任何法部门必然也应该有自身的特有主体。本书的基本论点为经济监管机构是不同于立法、司法、行政机关的第四类国家权力机构，该论点的成立为论述经济监管机构是以整体经济利益为价值目标的经济法的核心主体奠定了基础，也只有在此基础上才能建立起经济法的客体、行为、责任、程序等理论体系，也才能构建起完善的经济法理论体系。

当然，限于资料收集的广度和作者学识的限度，本书尚有一些不足之处，如未能举例阐述印度、巴西等发展中国家监管机构的现状，未能从实证的角度证明独立监管机构的监管效率一定高于利用传统行政机关进行监管的效率等，望读者能批评指正。

目　录

导　　论

"强大到足以保护产权和实施合同的政府也同样强大到足以剥夺公民的财产。市场繁荣不仅需要适当的产权制度和合同法，而且还需要一种能够限制国家剥夺公民财富的能力的政治基础。但导致政治制度发挥某种作用而不是另一些作用的条件还远没有弄清"。① ——巴里·温加斯特

"有些时候约束经济人的行为仅仅靠保护产权和实施合同是不够的"。"我们不能假定政府退出以后市场就可以自动解决问题，一个有效而有限的政府在此至关重要"。② ——钱颖一

一、问题的提出

谈起国家对经济的监管历史，我们可以追溯到西欧新兴资产阶级的兴起。15 世纪下半叶，西欧中央集权国家和新兴资产阶级同时兴起。封建国家把商业资本作为财政收入来源，商业资本也需借助国家力量加快原始积累。二者建立起联盟关系，于是一种反映市场经济早期国家监管经济的理论政策体系——重商主义诞生了。重商主义倡导贸易保护主义政策，以此保持贸易顺差，积累资本。18 世纪中叶，资本主义进入自由竞争时期。亚当·斯密在《国富论》中猛烈抨击了重商主义学说，阐述"看不见的手"的理论，反对国家监管经济。在英国，资产阶级结成了"反谷物法同盟"，《谷物法》被废除。一些在重商主义指导下制定的法律也逐步被取消。在此后的一百多年里，西方发达资本主义国家相继实行了自由放任、鼓励竞争的经济政策。③

但是，即使在高度崇尚"自由竞争"的资本主义初期的英国和美国，这种"自由放任"的经济也不是绝对的。1810 年，英国 Alnult v. inglis 一案中，法院提出法定的码头垄断权是为公共利益和垄断者的利益而产生的，所以后者不能征收不合理的费用，导致公众不能使用码头设施。邮递员、旅店老板、面粉厂主以及早期所有的公共事业适用同样的原则。在美国麻省，州政府把英国管制

---

① 青木昌彦：《作为稳定博弈结果的国家元类型》，载吴敬琏主编《比较》，第 5 辑，14 页。文中提到巴里·温加斯特的"经济制度的基本性政治悖论"。
② 钱颖一：《政府与法治》，载吴敬琏主编《比较》，第 5 辑，10 ~ 12 页。
③ 曾群：《公平、效率以及两者的平衡——从经济法发展史看经济法的价值》，载《武汉科技学院学报》，2006（12），78 页。

公共行业的习惯法编纂成文，任何从事某种职业的人都有特别的义务，按"合理的价格"提供"恰当的服务"。只要那些从事公共经济活动（如酒店和渡船）的人接受所规定的收费和遵守所指定的标准，州政府就向他们发放从业许可证，以保护他们免于竞争。① 可见，在亚当·斯密所倡导的自由市场经济中，国家对经济的监管也或多或少地存在，以维护经济的健康运营。虽然如此，但总体而言，20 世纪 30 年代以前自由放任的经济政策仍是主流，经济监管活动只是例外。

随着市场经济的发展，市场机制作为经济运行主要调节机制的弊端开始显现，如竞争无序导致商品价格严重偏离价值、公益事业和新技术的开发及其他同国计民生关系密切的行业无人投资、市场供求严重失调等，这些弊端致使资本主义周期性经济危机不断发生。在防范经济危机过程中，各国采取的应对措施不尽相同，但总体来看可分为两种：一是将部分公共事业企业收归国有，避免市场的无序竞争影响人们的基本生活和国家的基础产业，如英国、法国、德国等西欧主要资本主义国家就采取了这种方式；二是建立由专家组成、按照民主程序运作的专业监管机构监督经济运行，以改善市场运作的环境和效率，如美国在20 世纪30 年代后创立了联邦通迅委员会、证券交易委员会、联邦动力委员会、民用航空委员会等一大批经济监管机构，对农业、工业、金融等进行积极监管。实践中，将公共事业企业收归国有的做法导致了企业经营效益不佳、公共物品供给不足、产品质量差等各种问题，严重影响到经济发展的效率；而建立经济监管机构的做法却促进了经济的健康发展，使美国发展成为迄今为止运用自由市场和民主政治最成熟、最成功的资本主义国家。

经济监管机构在美国的成功运用，吸引主要资本主义国家也开始向"监管型国家"过渡。20 世纪70 年代，撒切尔夫人执政后，英国在以国有企业民营化为中心进行市场化改革的同时，借鉴美国经验进行监管体系的改革，陆续建立了一批监管机构，如民航监管局、电信监管办公室、天然气供应监管办公室、电力监管办公室等。法国自20 世纪后半叶起也建立了一批独立监管机构，如银行委员会、国家商业设施委员会、电力管理委员会、消费者保护委员会、竞争委员会等。此外，德国、日本、韩国等国家也创设了大量的监管机构，对经济发展进行必要的监管。可见，经济监管机构已成为主要资本主义国家对经济监管的普遍选择。②

然而，伴随着"监管型国家"的崛起，监管机构也出现了诸如监管俘获、

---

① Oscar Handlin and Mary Handlin, Common Wealth, A study of the role of government in the American ecomomy: Massachusetts 1774—1861 (New York University Press, 1947): p. 74、p. 78.

② 详见本书第三章"经济监管机构的发展史"。

监管效率低下等各种问题，不少学者开始质疑国家监管经济的积极作用，如美国经济学家斯蒂格利茨说"对那些提议对市场失灵和收入分配不平等采取政府干预的人们，经济学家提醒他们也不要忘记政府同私人市场一样有缺陷"。斯蒂格利茨的担心与本书开头引述的巴里·温加斯特和我国学者钱颖一的两段话，在本质上指向同一个问题，即国家与市场的关系问题，市场经济离不开国家的监管，而国家的监管则有可能侵犯公民的自由和阻碍经济的效率；我们需要一个"有效而有限"的国家来促进市场的繁荣，但必须有一种"能够限制国家剥夺公民财富的能力的政治基础"。诺思对上述"政治基础"作了进一步的分析，他认为国家作为第三方当事人，能通过建立非人格化的立法和执法机构来降低交易费用。既然法律的发展是一种公共产品，它就能随之带来具有重要意义的规模经济。既然交换的基本规则已经确立，那么，只要存在法律机构，谈判和行使的费用会不断减少。① 按照诺思的推论可以得出，执法机构及其实施法律的方式和方法对减少交易费用至关重要。而经济监管机构的法律地位正是这种"政治基础"的重要组成部分，"法律地位对组织的独立性及其实施法律行为的方式和方法具有决定性的意义"，② 因此，探讨经济监管机构的法律地位对认识国家在市场经济中的重要作用以及提高市场经济的运行效率都具有重要意义，这也是本书将经济监管机构的法律地位作为主题的根本所在。

理论的探讨并未妨碍经济监管机构在实践中的发展，以电信监管机构的设置为例，"1990 年时全世界只有 13 个国家成立了规制机构，到 2001 年这一数字上升到 110 个，并且到 2005 年时达到 140 个左右。在欧盟中，成立国家规制权力机构已经成为民主和自由政策的一个特征"。③ 中国和印度等发展中国家也正在效仿西方国家致力于监管机构的建设，如中国自 20 世纪 80 年代经济体制改革后，为了顺应市场经济的发展，也陆续成立了国家工商总局、中国证券监督管理委员会、国家电力监管委员会、中国银行业监督管理委员会、中国保险监督管理委员会、食品药品监督局、国家安全生产监督管理总局等监管机构，在以国家退出市场为主流的建设社会主义市场经济的过程中，通过设立监管机构逐步加大了对市场的监管力度，以维护经济的健康运行。

但对像我国这样的转型中的发展中国家，其"政治基础"存在的问题更多。如果将诺思理论反过来讲，如果法律没有权威或在一个非法治的环境里，那么较高的执法成本将导致各种机会主义行为和违约行为大大增加，从而增加经济

① ［美］道格拉斯·C. 诺思：《经济史中的结构与变迁》，39 页，上海，上海三联书店，1991。

② ［德］汉斯·J. 沃尔夫、奥托·巴霍夫、罗尔夫·施托贝尔著，高家伟译：《行政法》，第三卷，58 页，北京，商务印书馆，2007。

③ ［英］伊恩·劳埃德、戴维·米勒著，曾剑秋译：《通信法》，39～40 页，北京，北京邮电大学出版社，2006。

活动的交易费用。法治既可以有效地保护产权，同时又可以大大降低契约的实施成本。制度的效率不在于其设计的制度效率，而在于实施的效率。法治国家的交易费用要低于非法治国家的交易费用。我国现今政治体制和市场经济的关系便是一个典型的例子，在政府主导的经济转型过程中，政府承担的任务太多，政治与经济的关系还远没有理顺，我国离法治国家还有相当大的一段距离，出现了诸如行政权力在资源配置中的作用远远大于市场或产权、地方政府的公司化、对 GDP 的过分追求、公共品供给的不足、管制引起的腐败形象比较严重等问题，导致经济活动的交易费用很高，严重影响了经济发展的效率。以我国药品监管为例，在体制设置方面，根据中编办《关于省级政府劳动和社会保障以及药品监督管理工作机构有关问题的通知》，各省、自治区、直辖市统筹地方药监局的设立，导致政、监不分；而在很多省份，都是由省医药公司代替药品管理局行使医药管理的职能，很多医药公司的人员成为地方药监局的人员主体，致使监、企不分。在监督管理方面，"重产业发展，轻质量监管"，由执法人员而非技术人员进行药品认证，使监管形同虚设。① 在此背景下，药品认证和流通环节腐败盛行，假药屡禁不止，药价居高不下，有人估算，患者平均每支付 100 元药费，药厂只得到 30 元，流通环节拿去了 40 元，医院拿到 30 元。② 因此，探讨经济监管机构的法律地位，总结其在世界主要国家的设置模式和决策机制，对于作为后起的发展中国家，特别是像我国这样的转型国家，如何结合本国法律和经济现实状况，借鉴西方发达国家的经验和教训，合理构建监管机构体系，切实处理好市场调节与国家监管的关系具有重要意义。

此外，不论是从法律理论发展还是从社会实践运行来看，经济法是一个独立的法律部门已确凿无疑。那么，作为经济法特有主体的经济监管机构的法律地位如何，便成为经济法理论必须解决的重要课题，本书拟通过提炼与总结主要国家特别是一些西方发达国家监管机构的设置模式和决策机制，分析其与立法、行政、司法等其他国家权力机构的关系，探讨经济监管机构的法律地位，提出监管机构设置的构想，奠定经济法主体理论的基础，以期为进一步构建经济法客体理论、行为理论、责任理论和程序理论提供重要依据。

二、研究现状

虽然笔者也赞成"管制首先是一个法学或政治学问题，而不是一个经济学

---

① 南方新闻网 - 南方周末：《制度建设何以变形》，http：//www. sina. com. cn，访问时间 2010 - 07 - 01。

② 湖南省卫生厅信息公开专题：《药品价格为何居高不下？》，http：//www. 21hospital. com/zwgk/ show. asp? id = 6089，访问时间 2010 - 07 - 24。

问题"① 的观点，但是在梳理研究文献时，我们发现经济学界对监管问题的研究却是最早和最多的。

（一）国外研究现状

国外关于监管的研究开始于经济学领域，主要经历了三个发展阶段：一是公共利益论，认为市场本身是有缺陷的，信息不对称、垄断、外部性等市场失灵将导致市场运行的低效率乃至无效率，而监管可以弥补市场失灵，提高市场运行效率。这一阶段主要是从市场失灵出发分析监管作为一种重要的国家干涉手段的必要性。二是自 20 世纪 50 年代起，学者们在探讨监管必要性的同时，开始关注监管效率。在对监管效率的认识上，学术观点发生了分化，公共利益论者从效率分析的角度证实监管是最有效率的，而不少学者则质疑监管的效率，如佩尔茨曼（Peltzman，1976）就指出"监管者能否真正做到它应该做的越来越引起人们的怀疑"。三是自 20 世纪 70 年代开始，越来越多的学者发现，要真正深入地研究监管的效率，必须对监管决策和执行的具体过程，特别是监管政策制定的政治过程进行深入细致的分析。如果说前两个阶段是以经济学家的研究为主的话，那么从这一阶段开始，法律学、政治学和公共管理学等领域也开始重视监管问题的研究。

1. 经济学领域。经济学对监管问题的研究可追溯至庇古（Pigon）的《福利经济学》（The Economics of Welfare）。随后，科斯（Coase）发表了著名的《社会成本问题》（The Problem of Social Cost），斯蒂格勒（Stigler）写出了《经济管制理论》（The Theory of Economic Regulation）和《产业组织和政府管制》，分别运用公共利益目标理论、契约理论、俘获理论论述了国家监管经济的必要性，分析了公用事业和基础产业的市场准入和定价等问题。肯尼思·巴顿（Kenneth Button）编著了经济学论文集《管制改革的时代》（The Age of Regulatory Reform），分析了美国、英国、加拿大、澳大利亚等国在金融、电信、航空、运输、能源等行业的监管改革，描述了市场经济自由化带来的重大变化。罗伯特·W. 哈恩（Robert W. Hahn）在其所著的《重振规制改革：全球视角》（Reviving Regulatory Reform：A Global Perspective）一书中详细地分析了政府监管及其改革的国际化问题。日本学者植草益在《微观管制经济学》中主要研究了自然垄断的政府监管。丹尼尔·F. 史普博在《管制与市场》一书中考察了除金融监管外的大部分经济性与社会性监管，提出了较完整的市场失灵理论，并对监管目标、监管功能和克服市场失灵等方面进行了规范研究。所有这些文献成果，构成了世界范围内开展多学科研究的前提和基础。

2. 法律学领域。在法学领域，吉尔洪和皮尔斯（Gellhorn and Pierce）的

---

① 席涛：《美国管制——从命令控制到成本收益分析》，11 页，北京，中国社会科学出版社，2006。

《管制产业》（Regulated Industries）影响最为广泛，他们认为政府监管是对众多私人经济力量的法律控制形式中的一种；监管是"管制者的判断对商业或市场判断的决然取代"；监管与一般法律限制之间是有区别的，前者是规定性的（prescriptive），而后者是禁止性的（proscriptive）。

美国第一届行政管理委员会成员罗伯特·库什曼（Robert Cushman）在其《独立管制委员会》（The Independent Regulatory Commissions）一书中描述了美国最初几个独立监管委员会的成立过程及相关争议，分析了国会设立独立监管委员会的政治意图、法律基础以及其与行政、立法、司法部门之间的关系。美国联邦最高法院大法官布雷耶（Stephen Breyer）在其《管制及其改革》（Regulation and Its Reform）中将监管形式划分为 6 类，即服务成本定价、以历史为基础的价格监管、以公共利益为标准的配置、标准设定、以历史为基础的配置和个别审查，并对其依次作出了定义，还考虑了传统监管的替代方式，对监管工具与监管问题是否匹配进行了探讨。布雷耶又于 1993 年出版了《打破邪恶的循环：向着更有效的风险规则》（Breaking the Vicious Circle：toword Effect Risk Regulation）一书，剖析了风险监管中存在的问题及其成因，提出了打破邪恶循环的方式方法。

黑夫兰（Heffron）的《行政管制过程》（The Administrative Regulatory Process）一书，从法律角度区分了经济的、社会的和辅助的（subsidiary）三类监管。芝加哥大学法学院的孙斯坦（Cass R. Sunstein）教授在其《权力革命之后：重塑监管型国家》（After the Rights Revolution：Reconceiving the Regulatory State）一书中，分析了监管成因和监管法功能，并从法律制定和实施方面分析了监管失灵的原因，提出了促进宪法目标和运作监管方案的理论方法。马修·L. 斯皮策（Matthew L. Spitzer）等合著的《行政法与监管政策》（Administrative Law and Regulatory Policy：Problems，Texts and Cases）将政府监管和监管政策形成过程纳入了行政法研究框架。

3. 政治学和公共管理学领域。政治学领域的重要文献有：里普莱和弗兰克林（Ripley R. and Franklin G. ）的《国会、官僚机构和公共政策》（Congress，the Bureaucracy and Public Policy）提出了监管政策的形成与执行理论，将监管政策分为竞争性监管与保护性监管，前者是指政府对特许权和服务权的分配，后者是指通过设立一系列条件控制私人行为而达到保护公共利益的政策，并对利益集团的政策影响保持了足够的关注；米尼克（Mitnick）的《管制政治经济学》（The Political Economy of Regulation）认为政府监管是针对私人行为的公共行政决策，是从公共利益出发而制定的规则；劳伦斯·J. 怀特（Lawrence J. White）的《改革规制：过程和问题》（Reforming Regulation：Processes and Problems）对各个行业的监管过程进行了考察，并分析了存在的问题和改革途径；马佐尼

（G. Majone）的《放松监管还是再监管：欧洲和美国的监管改革》（Deregulation or Re – regulation：Regulation Reform in Europe and the United States）和《监管国在欧洲的兴起》（The Rise of the Regulatory State in Europe），对欧洲的政府监管及其改革做了较为宏观且堪为细致的研究工作；苏珊·罗斯－艾克曼（Susan Rose – Ackerman）的《反思进行中的议程：美国监管型政府的改革》（Rethinking the Progressive Agenda：The Reform of the American Regulatory State），通过介绍政策分析和社会选择理论，提出了要改革政府监管而不是废弃政府监管的主张。

公共管理学领域重要的文献有：OECD 国家公共管理委员会出具的报告《OECD 国家的监管政策——从干预主义到监管治理》（Regulatory Policies in OECD Countries from the Intervention to the Regulatory Governance）以及 OECD 国家公共管理委员会形成的文件《监管影响分析的运用》《监管替代措施》《监管透明度》《监管问责制——改进程序正当性和行政确定性》和《现存监管审查策略》等，该委员会更是在广泛实证研究的基础上分析了监管的政府治理属性，提出了政府质量监管的原则和标准，论证了再监管的必要与可能，认为监管政策议程化是监管治理的必由之路。

（二）国内研究概况

我国学者对国家监管及其改革的研究始于 20 世纪 90 年代，最初主要集中于经济学界对管制经济学的研究，随后法学、政治学领域也开始关注监管问题。从现有研究成果来看，主要侧重于西方监管理论和实践经验的介绍和借鉴，以及对我国政府监管现状的总结和问题、成因分析，并提出了部分有价值的解决之道。

1. 经济学领域。经济学领域对国家监管的研究是建立在翻译和介绍西方监管经济学经典著作基础之上的，研究文献主要包括：张维迎的《企业理论与中国企业改革》《产权、政府与信誉》；王俊豪的《英国政府管制体制改革研究》《中国政府管制体制改革研究》《美国联邦通信委员会及其运行机制》；余晖的《政府与企业：从宏观管理到微观管制》《谁来管制管制者》；陈富良的《放松规制与强化规制——论转型经济中的政府规制改革》及其合著的《企业行为与政府规制》；夏大慰和史东辉的《政府规制：理论、经验与中国的改革》；席涛的《美国管制：从命令—控制到成本—收益分析》；王林生和张汉林的《发达国家规制改革与绩效》等。上述文献承接了西方管制经济学理论研究成果，讨论了产业组织、实业发展的原理和政府监管的原因、限度和效果，研讨了美、英等国家政府监管改革的动因、原则、方向和方法，以及我国行业监管体制的改革举措，为我国政府监管的早期发展和初步成型，为其他学科的介入和研究，提供了有利的学科理论条件。

2. 法律学领域。法律学领域对监管的研究也是建立在引进和研究西方法律经济学（Economics Law）的基础之上的，早期开展的是监管的法律经济学分析，关注的是如何从法律层面考量监管的成本和收益；近期转向研究企业、公民和政府的法律关系，主张要实现公民权利和政府监管权力的动态平衡，强调通过法律程序对政府监管权予以规范和控制。随着研究的逐步深入，有学者从法哲学的角度对监管产生原因、经济监管机构的职责范围和执法方式等进行了阐述，为健全经济法理论体系作出了重要贡献。

中国政法大学刘少军的《法边际均衡论》，认为不同法主体与不同法价值目标之间的联系是有区别的，整体经济利益主体也就是经济法的特有主体主要是经济监管主体和经济调控主体。论述了整体经济利益主体与整体行政利益主体的不同，认为整体经济利益主体的主要职责是依据法律授权，监督社会个体执行维护整体经济利益的法律规范的情况，发现有损整体经济利益的违法行为，依法追究行为主体的责任；整体经济利益主体在执法时，不需要立即作出处理决定，为尽可能保护个体利益主体的权益，应首先提起经济诉讼，通过诉讼方式来达到执法的目的。上述论述对研究经济监管机构的法律地位和完善经济法理论体系具有重要的指导意义。

山西大学法学院王继军的《市场规制法研究》，介绍了市场规制法原理，探索了市场规制法的一些基本问题，如市场规制法体系的构架、基本原则，并通过动态的比较研究，介绍和评价了反垄断法和反不正当竞争法国际发展的最新趋势，研究了发达国家和地区的立法经验和司法实践，对我国市场立法的完善提出了一些可行的建议。浙江财经学院法学院茅铭晨的《政府管制法学原论》，对政府管制法的定义、调整对象、与相关学科的关系、基本理论、运行和实践等方面作了系统的论述，将管制法分为反垄断管制法、经济性管制法和社会性管制法等，分析了政府管制的立法、执法与司法，并对我国自然垄断产业政府管制改革进行了专题研究，探讨了政府管制法与行政法的关系和政府管制法与经济法的关系。广东省高级人民法院副院长、广东警官学院法律系主任谭玲的《市场监管法律问题研究》，论述了市场监管的主体、客体和内容，分析了市场监管的必要性、政府纠正市场失灵的优势和局限性，以及我国市场监管存在的问题，研究了经济法在市场监管中的作用及其机制。该书抛弃了现行存在的市场监管就是加大行政管理力度的固有观念，认为这种力图通过加强政府监管来规范市场秩序的做法与完善市场监管南辕北辙。正确的方法应当是政府尽量从市场监管中退出，让企业自己主动去追求公平与信誉；并提出政府对市场监管应立足为"有限监管""高效监管"的观点，力求为制定市场监管法规提供更加新颖的立法思路。

中山大学法学院刘恒主编的《典型行业政府规制研究》，以证券、房地产、邮政、食品卫生、水利和煤炭等六个典型行业为研究对象，在掌握大量实证材料的基础上，分析了我国政府监管的现状和问题，探讨了解决问题的方法和路径。《行政许可与政府管制》汇编了 2005 年中山大学主办的"政府管制与行政许可研讨会"的主要论文。郭志斌的《论政府激励性管制》，探讨了激励性监管以及政府与国有企业的关系，认为由于市场失灵与政府失灵同时存在，政府监管也有弊端，因此必须变革政府监管，构建激励性监管，以纠正市场失灵、防止政府失灵。在我国国企改革中，通过制约机制与激励机制的营造与完善，既制约政府经济职能的非理性膨胀，又制约国有企业滥用市场权力；既要激励政府理性监管市场，又要激励国有企业积极参与、影响政府决策，实现行政效率与企业效率、社会公益与企业利润的双赢。于雷的《市场规制法律问题研究》，提出市场监管作为救济市场经济固有失灵性的必要手段，必须在尊重和保障竞争机制正常发挥作用的前提下进行，全面分析了我国市场监管的现状，提出了立法价值取向、法益目标、执法理念、模式选择等指导原则和法律原则，为解决我国市场监管问题和法制建设提供了理论支持。

此外，周汉华的《政府监管与行政法》对政府监管制度的完善与改革以及行政许可法实施中存在的问题作出了深刻剖析，同时对反垄断执法机构设置、行政审批、行政复议以及信息公开也进行了深入研究。马英娟的《政府监管机构研究》，从组织机构的角度，梳理了美国、英国等国家的监管机构组织模式和运作情况，围绕"什么是政府监管机构""为什么设立政府监管机构"、"如何设置政府监管机构""政府监管机构监管什么"以及"政府监管机构如何监管"这五个问题展开讨论。唐祖爱的《中国电力监管机构研究》，从行政组织法的角度对电力监管机构的现状以及存在的问题等进行了研究，重点论述了电力监管机构的法律性质与地位、电力监管机构的设置与职权配置、电力监管机构问责机制等问题，对我国电力监管机构建设以及行政组织法理论的发展都具有重要的借鉴意义。

3. 公共管理学领域。公共管理学领域研究监管及其改革的专著很少，主要是一些学术论文。例如，杜钢建的《政府能力建设与规制能力评估》、《中国政府规制改革的方式和途径》、《中国、韩国、日本规制改革比较研究（上下篇）》和《国外药品规制与监管体制比较》；王辉的《市场与政府监管：美国的经验》；孙吉胜的《美国政府管制改革的分析和启示》；李凤华的《美国的政府管制体制对我国的启示》等。上述文献主要考察和介绍了国外监管体制的形成、运作及其改革，研究了监管政策的产生、执行情况和监管能力建设、改革等情况。

三、研究思路和研究方法

（一）研究思路

本书的研究思路：首先，解决"是什么"的问题，从分析监管的概念入手，提出什么是经济监管、什么是经济监管机构，为研究的展开提供基本的逻辑起点；在此基础上，考察美国、英国、法国、德国、日本、韩国等世界主要国家经济监管机构的现有职权和设置模式，提炼出监管机构共有的职权范围和设置特点，并特别关注其与现今行政机关的不同。其次，分析"为什么"的问题，从历史的角度，重点考察上述主要国家特别是美国经济监管机构的发展史，关注监管机构的产生环境和发展演变，并推论其下一步发展趋势；接着，从理论的角度，进一步分析监管机构的产生原因，认为监管机构的出现是市场经济自身发展和自然选择的结果，并揭示监管机构现存的问题。最后，探讨"如何办"的问题，从国家现有职能入手，分析我国经济监管职能与其他国家职能的不同，论述监管权与行政权本质上的差异，提出监管机构是与立法、司法、行政机关都不相同的另一类国家权力机构；在此基础上，分析监管机构的法律地位，提出重新定位监管机构在国家权力体系中的位置的相关构想，并针对中国经济监管存在的问题，提出监管机构的设置建议。

（二）研究方法

1. 归纳分析。"归纳"是科学研究的基本方法，本书也不例外。理论界对监管、监管机构的概念众说纷纭，实践领域各国监管机构的设置模式差别很大，发展历史也各不相同，要从区别的定义中提炼出共有属性，从相异的模式中总结出普遍特征，从不同的发展历史中推导出共同趋势，必须也只能运用归纳的方法。本书在研究相关概念、特点、趋势等问题时大量运用了此种方法。

2. 比较分析。研究经济监管机构的法律地位需要在书中陈列主要国家监管机构的设置模式，通过比较其相异和相同点，将其分为不同的类别，为进一步分析其法律地位奠定基础。鉴于资料有限，本书只选取了美国、英国、法国、德国、日本、韩国作为比较研究的对象。此外，借鉴国外经验，解决中国经济监管问题，也需要对中、外监管机构的设置环境进行更大范围的比较分析，本书后半部分也将其作为主要的分析方法。

3. 历史分析。任何事物的出现都有其必然性，而这种必然性只有将其放在历史的长河中才能更加清晰。分析监管机构的法律地位，离不开对其发展历史的分析。本书选取了美国、英国、法国、德国等主要资本主义国家作为历史分析对象，有利于更好地理解不同监管体制安排的有关制度背景，更好地总结监管机构共同的发展趋势。

4. 多学科研究方法的综合运用。在理论界，法学、经济学、政治学、公共管理学等领域都在对监管问题进行研究，其研究方法的运用已大大超出了本学科领域。如果单单运用某学科的传统研究方法，根本无法探知问题的深度和广度，因此借助政治学、经济学的研究方法来研究法学监管问题是一种必然趋势。本书在研究过程中，也部分采用了经济学、政治学的研究途径和方法。

四、本书主旨、创新之处和未尽事宜

（一）本书主旨

本书以世界主要资本主义国家经济监管机构的产生、发展、设置模式和决策机制为研究基础，重点论述监管权与行政权、监管机构与行政机关的不同，试图证明监管权是独立于立法、司法、行政权的又一类国家权力，监管机构的设置应独立于立法机关、司法机关，特别是行政机关，并以中国经济监管机构设置模式的构建为落脚点。

（二）创新之处

本书创新之处主要体现在以下几个方面：

1. 系统研究上的创新。本书对美国、英国、法国、德国、日本、韩国六个主要资本主义国家经济监管机构的发展历史、设置模式和决策机制进行了系统研究和整理，并以此为基础提炼出监管机构设置的共同特点和发展趋势，之前尚未发现有文章对上述主要国家监管机构设置方面进行系统整理。

2. 归纳资料上的创新。之前也有文献对监管出现的原因进行专门探讨，但对经济监管机构出现的原因却并未全面、深入研究，本书在梳理有关观点的基础上，对监管机构出现的原因进行了系统论述，以此来揭示其与行政机关出现的原因有着根本的不同。

3. 主要观点上的创新。本书在整理各国经济监管机构设置模式和发展趋势的基础上，得出了各国监管机构的设置模式都有独立或相对独立于行政机关的特点的结论，并论述了监管权与行政权的不同，第一次提出了监管权是区别于立法、司法、行政权的又一类新型国家权力，提出了经济监管机构的设置模式，以期为我国监管体制改革提供借鉴意义。

4. 对经济法理论的贡献。本研究是建立经济法主体理论的重要依据，可以说解决了经济法核心主体理论的基础问题。经济监管机构法律地位理论的确立是经济法区别于其他法律体系的重要标志，为进一步完善经济法客体理论、行为理论、责任理论和程序理论奠定了坚实的基础，对健全经济法理论体系具有重要意义。

（三）未尽事宜

限于资料收集的广度和作者学识的限度，本书尚有一些不足之处：一是书中收集了美国、英国等六个主要资本主义国家监管机构的设置模式、决策机制和发展趋势，却并未能举例阐述印度、巴西等发展中国家监管机构的现状，这也使本研究呈现出些许偏颇之处；二是本研究虽然论述了独立监管机构是各国向"监管型国家"转变的主要选择，但并未能从实证的角度证明独立监管机构的监管效率一定高于利用传统行政机关进行监管的效率；三是本书探讨了监管权与行政权的不同，提出了监管权独立于行政权的必要性，并论述了监管权与行政权合而为一的弊端，然而必要性并非充分性，要论证监管机构不独立于行政机关就一定不可行，还需要经济学、政治学等学科理论的进一步深化和实证研究的进一步深入，这也是本书最大的遗憾，也是本书作者以后研究的努力方向。因此，本书的研究主要是理论探索，研究成果是否能在现实中得到运用，还需要实践的检验。

第一章　经济监管机构的概念

"要努力在知识上将这些领域与规制加以区分——事实上就是要在政府的规制行为与政府活动的整个范围之间进行明确的区分——不仅困难重重，而且聚讼纷纭"。① ——史蒂芬·布雷耶

"管制机构有多种形式。然而它们中的大多数都具有广泛的权力，制定政策时有相当的自由，还能独立行动。……它是'无顶头上司的政府第四部门，一种因偶然因素设置的不承担责任的机构，拥有不相协调的权力'"。② ——丹尼尔·F. 史普博

研究经济监管机构的法律地位，首要的任务是界定"经济监管机构"的内涵与外延，即定义"经济监管机构"的概念，划定研究对象的范围，为整体研究的展开提供基本的逻辑起点。本章拟从解释"监管"的含义开始，提出"经济监管机构"的范围和类别，为深入研究经济监管机构的法律地位奠定基础。

第一节　监管的含义

监管是经济、行政管理、法律等专业通用的词语，在日常用语中极其普遍，大多用于监管机关、监管信息、执法监管、监督管理等方面。然而，"无论是法学还是经济学的文献，都没有能够对规制（Regulation）给出一个确切的定义"③，"即使是同一学科领域的不同学者对监管概念的理解亦各异"④。本节拟对"监管"的概念进行深入剖析，理清"监管"在学术领域的内涵与外延。

---

① ［美］史蒂芬·布雷耶著，李洪雷、宋华琳、苏苗罕等译：《规制及其改革》，10 页，北京，北京大学出版社，2008。

② ［美］丹尼尔·F. 史普博著，余晖译：《管制与市场》，87 页，上海，格致出版社、上海人民出版社，2008。

③ Johan Den Hertog，宋华琳译：《规制的公共利益理论》，电子文本见：www.chinapublaw.com/zfgz/20040210233319，转引自：唐祖爱：《中国电力监管机构研究》，13 页，北京，中国水利水电出版社，2008。

④ 唐祖爱：《中国电力监管机构研究》，13 页，北京，中国水利水电出版社，2008。

一、"监管"词义辨析

（一）英文"监管"词义分析

在英文中，与汉语"监管"词义相近的表述有"regulate、regulation""su-pervise、supervision""survey、surveillance""administer、administration"等多组词汇。

相关工具书对 regulate、regulation 的解释有以下几种：一是《新英汉双解词典》的解释。"regulate：①cause to obey a rule or standard 节制，控制；regulate one's expenditure 节制花费。②make a machine work correctly 调节，调整；regulate the speed 调整速度；regulate a clock 对钟"。① "regulation：[U] control by rule, principle or system of affairs 管理，控制；the regulation of affairs 事务管理。[C] an offical rule or order 规则，规章，法规；traffic regulations 交通规则；We should follow the school regulations. 我们应该遵守学校的规章制度"。② 二是《英汉金融新词库》的解释。"regulate：管制，控制，调节，校准：regulate capital 约束资本，regulate the market 维持市场、整顿市场，regulated company 受控公司，regu-lated interest rate 管制利率，regulated interest rates 规定利率，regulated market 受管制的市场，regulated prices 规定价格"。③ "regulation：规则，条例，调整，调节：regulation of currency 货币管理、通货调节；regulation of stock price 股票价格规定，regulation through the market 市场调节，regulations of audit 审计条例，regu-lations on financing 资金供应条例"。④ 从以上解释可以看出，regulate 的一般词义为使相关主体遵守规则和制度、管制、控制、调整等；regulation 的一般词义为法规的控制、规则、条例等。上述词义具有以下特征：依据法律法规对相关主体进行管制；更多的体现为对市场及市场主体的管制。

对 supervise、supervision 的解释：《英汉双解莎士比亚大词典》中"super-vise：look over 检查，察看"⑤。《新英汉双解词典》中"supervise：watch and di-rect（work，workers，an organization）监督（工作、工人、组织），管理，指导：supervise a production 管理生产线"⑥。《简明英汉商业辞典》中"supervision：监督、管理，engineering supervision 技术监督，supervision of loading 监视装载，su-

---

① 《新英汉双解词典》，556 页，北京，北京大学出版社。
② 《新英汉双解词典》，556 页，北京，北京大学出版社。
③ 《英汉金融新词库》，254 页，上海，上海科学技术文献出版社。
④ 《英汉金融新词库》，254 页，上海，上海科学技术文献出版社。
⑤ 《英汉双解莎士比亚大词典》，1050 页，郑州，河南人民出版社。
⑥ 《新英汉双解词典》，674 页，北京，北京大学出版社。

pervision of unloading 监视卸货"①。《汉英法律分类词典》中"仲裁监督，super-vision"②。从上述解释可以看出，supervise 和 supervision 的词义具有以下特征：具有检查、察看之义；更多是对企业生产过程相关事项的监督。

对 survey、surveillance 的解释：《简明英汉商业辞典》中"survey：检查；调查；审查；测量；勘定，勘查。cargo damage survey 货损检验，establishment survey 企业调查，quality survey 质量检验"③。《英汉金融新词库》中"survey：调查。survey of customs 税关验货，survey of income and expenditure 收支调查，verification survey 抽查"。④《立信英汉国际经济·贸易·金融词典》中"survey：检（调）查；测量，勘定：survey agent 检验（鉴定）代理人。"⑤《简明英汉商业辞典》中"surveillance：监督，监视：surveillance license 监督（进口）许可证。"⑥ 总结以上解释可以看出，survey、surveillance 的词义有以下特征：更多地表现为调查、勘定之义；主要是对企业及货物的调查和检验。

对 administer、administration 的解释：《新英汉双解词典》中"administer：①manage 管理，掌管：administer household affairs 操持家务②give；apply 给予，施用，实施：administer a drug/punishment/help to sb 给某人用药/惩罚/帮助［I］give help 给予帮助：administer to the sick 帮助病人"。⑦"administration：①administering 管理，给予，实施：the administration of a city/the laws 城市的管理/法律的实施②management of public，business，etc affairs 公共（工商等）事务的管理，行政（部门），行政管理（官员）：He is in charge of administration at the hospital. 他负责管理这家医院"。⑧ 从以上解释可以看出，administer、administration 的词义有以下特征：主要是管理、给予、帮助之义；更多是指对公共事务、行政事项的管理。

从上述种种词义解释来看，对我们拟论述的"经济监管"，英文"regulate、regulation"的词义表达更为准确，含有"依据相关法律法规对市场及市场主体进行管制"的意思。事实上，在英语语境中，在经济监管领域使用最多的也是 regulate、regulation。如法国让-雅克·拉丰所著的"Regulation and Develop-

---

① 《简明英汉商业辞典》，445 页，天津，天津人民出版社。
② 《汉英法律分类词典》，595 页，郑州，河南科学技术出版社。
③ 《简明英汉商业辞典》，447 页，天津，天津人民出版社。
④ 《英汉金融新词库》，302 页，上海，上海科学技术文献出版社。
⑤ 《立信英汉国际经济·贸易·金融词典》，1042 页，上海，立信会计出版社。
⑥ 《简明英汉商业辞典》，446 页，天津，天津人民出版社。
⑦ 《新英汉双解词典》，12 页，北京，北京大学出版社。
⑧ 《新英汉双解词典》，12 页，北京，北京大学出版社。

ment"，在中国被聂辉华译为《规制与发展》①；美国丹尼尔·F. 史普博所著的"Regulation and Markets"，在中国被余晖等译为《管制与市场》②；美国史蒂芬·布雷耶所著的"Regulation and Its Reform"，在中国被李洪雷等译为《规制及其改革》③ 等。

（二）汉语"监管""规制""管制"词义分析

在专业领域，"regulate、regulation"的汉语译法有"监管""规制""管制"3 种。《新帕尔格雷夫经济学大辞典》④ 将其译为"管制"，日本学者植草益创制了汉语"规制"一词与其相对应，而在实践中我国官方和大众一般将 regulation 等同于"监管"。

经查，"监管"等词的汉语语义分别为：（1）"监管"词义：《辞源》⑤《辞海》⑥《新华词典》⑦ 均未有"监管"词条。《辞源》《辞海》对"监"的解释分别为"自上临下，监视。诗·大雅·皇矣：监视四方，求民之莫"⑧ 和"监视，督察。如诗·小雅·节南山：何用不监"。⑨ 而《现代汉语词典》⑩ 则收录了"监管"一词，释为"监视管理，监督管理"。⑪《汉语大词典》将"监管"解释为"监督管理"。⑫（2）"规制"词义：《辞源》《辞海》均未有"规制"一词，其对"规"的解释与该词词义较近的分别为"谋划；规劝，谏诤"⑬ 和"规划，打算；效法，模拟；规劝，谏诤"⑭。《现代汉语词典》收录了"规制"一词，义为"规则，制度；规模形制"。⑮《现代汉语规范词典》的解释为规范

---

① ［法］让－雅克·拉丰著，聂辉华译：《规制与发展》（Regulation and Development），北京，中国人民大学出版社，2009。

② ［美］丹尼尔·F. 史普博著，余晖译：《管制与市场》（Regulation and Markets），上海，格致出版社、上海人民出版社，2008。

③ ［美］史蒂芬·布雷耶著，李洪雷等译：《规制及其改革》（Regulation and Its Reform），北京，北京大学出版社，2008。

④ ［美］约翰·伊特韦尔、默里·米尔盖特、Peter Newman 主编，陆岱孙译：《新帕尔格雷夫经济学大辞典》，北京，经济科学出版社，1992。

⑤ 《辞源》（修订本），北京，商务印书馆，1983。

⑥ 《辞海》，上海，上海辞书出版社，1999。

⑦ 《新华词典》，北京，商务印书馆，2001。

⑧ 《辞源》（修订本），2190 页，北京，商务印书馆，1983。

⑨ 《辞海》，4795 页，上海，上海辞书出版社，1999。

⑩ 《现代汉语词典》，第 5 版，北京，商务印书馆，2005。

⑪ 《现代汉语词典》，第 5 版，663 页，北京，商务印书馆，2005。

⑫ 汉语大词典编辑委员会：《汉语大词典》，第七卷，1451 页，上海，汉语大词典出版社，1986。

⑬ 《辞源》（修订本），2854 页，北京，商务印书馆，1983。

⑭ 《辞海》，4094 页，上海，上海辞书出版社，1999。

⑮ 《现代汉语词典》，第 5 版，514 页，北京，商务印书馆，2005。

制约、规则制度以及（建筑物）的规模形制。① （3）"管制"词义：《辞源》未有"管制"一词，其对"管"的解释与该词词义较近的为"拘束；管理，管辖"。②《辞海》对管制的解释为"对罪犯不予关押而短期限制其人身自由的刑罚，为我国所独创"。③《新华词典》和《现代汉语词典》对"管制"的解释除上述意义外，还有"强制管理"的意思。④《汉语大词典》认为"管制"的意思为"管理控制或管束控制""强制性的管理""《中华人民共和国刑法》规定的刑罚之一"。⑤

可见，上述三个词语虽然意思相近，但仍然有些微差别："监管"强调的是"监督管理"；"规制"更多的是"规劝，规则"之义；"管制"则有"管理控制"的意思，强制性色彩更为浓厚。在学术领域，《新帕尔格雷夫经济学大辞典》⑥ 将 regulation 译为"管制"，也有一些经济学学者更倾向于使用"规制"，如日本学者植草益的《微观规制经济学》⑦，我国学者王俊豪等所著《管制经济学原理》⑧。但在实际领域中，习惯使用"监管"，如金融监管、公用事业监管、电力监管等；法学领域中，由于研究的对象大多为国家监管机构及其行为，因此多使用"监管"一词，如马英娟著《政府监管机构研究》⑨，唐祖爱撰写的博士学位论文《行政组织法视野中的电力监管机构研究工作——以独立性为中心》⑩。笔者认为将 regulation 译为"监管"更合适，原因为：一是"监管"一词意指监督或监视管理，含有保持一定距离为保证事物正常运行而进行监督和控制之意，更符合国家对经济主体进行监管的实际；二是"管制"和"规制"含有直接控制之意，与现代监管理念相悖；三是我国官方和大众已经习惯于"监管"的用法，成立的监管机构和官方文件都采用了"监管"的称谓，如中国银行业监督管理委员会、中国保险监督管理委员会以及在中国共产党十七大报告中使用的"市场监管"一词。需要特别指出的是，无论将 regulation 译为"监管"，还是"规制"和"管制"，它们本质上都是一致的，本书引用我国学者的

---

① 李行健主编：《现代汉语规范词典》，491 页，北京，外语教学与研究出版社，2004。

② 《辞源》（修订本），2361 页，北京，商务印书馆，1983。

③ 《辞海》，5349 页，上海，上海辞书出版社，1999。

④ 《新华词典》，349 页，北京，商务印书馆，2001；《现代汉语词典》，第 5 版，505 页，北京，商务印书馆，2005。

⑤ 汉语大词典编辑委员会：《汉语大词典》，第八卷，1201 页，上海，汉语大词典出版社，1986。

⑥ ［美］约翰·伊特韦尔、默里·米尔盖特、Peter Newman 主编，陆岱孙译：《新帕尔格雷夫经济学大辞典》，北京，经济科学出版社，1992。

⑦ ［日］植草益著，朱绍文、胡欣欣等译：《微观规制经济学》，北京，中国发展出版社，1992。

⑧ 王俊豪：《管制经济学原理》，北京，高等教育出版社，2007。

⑨ 马英娟：《政府监管机构研究》，北京，北京大学出版社，2007。

⑩ 唐祖爱：《行政组织法视野中的电力监管机构研究工作——以独立性为中心》，武汉大学博士学位论文，2007 年 5 月，国家图书馆。

相关表述时，如无特别说明，3 种译法具有相同含义；而引用外文资料则一律将 regulation 译为"监管"。

二、学术领域对监管的界定

在学术领域，不同学者或同一学者在不同的语境中所使用的"监管"的含义也不尽相同。"规制是一个难以捉摸的概念：由于该词具有多重含义，因而对其众说纷纭。有时被随便用来描述任何形式的行为控制，而这实际上是国家的职能所在。有时它又处在市场的对立面，被经济学用来描述所有决定或者改变市场运行的国家行为——包括国有化、税收和补贴。"[1] 对"监管"的理解或使用不同是很正常的，一个词在不同的语境中当然有不同的含义。我们在这里探讨"监管"在学术领域的含义，不是要追求对"监管"进行真理性的界定，而是通过比较"监管"的不同定义，寻求对"经济监管机构"来说最合理的"监管"含义，从而为我们定义"经济监管机构"提供重要的语义基础。从我们收集的现有资料来看，学界对"监管"的定义在监管主体、对象、范围等方面均有所不同，有些学者将学界对"监管"的理解分为一般意义上的监管和专业领域中的监管，专业领域中的监管又被分为广义的监管、狭义的监管和最狭义的监管[2]；有些学者则将学界的研究成果分为最广义的监管（人为干预论）、广义

---

① ［英］卡罗尔·哈洛、理查德·罗林斯著，杨伟东译：《法律与行政》，556 页，北京，商务印书馆，2004。

② 如法学界马英娟博士在总结各类观点的基础上，将一般意义上的监管定义为某主体为使某事物正常运转，基于规则对其进行的控制或调节。其主体包括个人、企业、政府及非政府组织；范围包括家庭及相关组织内的活动、国家的政治经济及社会活动等。将专业领域中的监管定义为在市场经济环境中发育、用于矫正和弥补市场失灵的一种行为和过程，其范围仅限于经济活动，不包括政治、社会生活等领域内的监管。进而又将专业领域内的各类监管定义分为三类：一是广义的监管，即社会公共机构或私人以形成和维护市场秩序为目的，基于法律或社会规范对经济活动进行干预和控制的活动。其监管范围仅限于经济活动，但其监管主体广泛，包括社会公共机构（含国家立法机关、行政机关、司法机关和国际组织等）、行业自律组织、私人等。其监管依据不仅包括法律，还包括社会规范和企业的内部规章制度等。二是狭义的监管，其监管主体仅指政府，包括立法机关（负责相关法律的制定，如民法、商法、反垄断法、消费者权益保护法等）、司法机关（负责裁决民事、商事等纠纷）、行政机关（负责宏观经济政策和微观经济政策的制定和执行），不包括行业自律组织和私人；监管范围涵盖整个经济活动领域，既包括对宏观经济层面的市场失灵的矫正，也包括对微观经济层面的市场失灵的处理；监管工具既包括财政政策、货币政策、税收政策等宏观经济调节工具，也包括微观经济的监管工具。三是最狭义的监管，即指政府行政机构在市场机制的框架内，为矫正市场失灵，基于法律对微观经济活动的一种干预和控制。其监管主体是政府行政机构，不包括立法机关和司法机关；监管范围仅限于微观经济领域内的市场失灵，包括行业准入监管、价格监管、产品和服务质量监管、环境监管、工作场所安全监管等，不包括宏观经济领域的监管；常见的监管手段既有抽象的规制和标准的制定，又有具体的许可、认证、审查和检验、行政契约、强制信息披露以及行政裁决等；微观监管的目的是维护公平竞争、公共资源的有效利用、消费者（投资者、劳动者）权益的保护、社会功德需要的满足以及人类生存环境的保护和改善等。参见马英娟：《政府监管机构研究》，18～24 页，北京，北京大学出版社，2007。

的监管（国家干预论）、狭义的监管（行政干预论）、最狭义的监管（微观干预论）。① 下文拟从监管主体的角度，对学界的观点进行分类综述。

（一）普遍监管论

笔者基于监管主体的普遍性（个人、企业、政府组织和非政府组织等）而将此类观点表述为普遍监管。如我国学者曾国安认为，一般意义上的监管是随着人类社会的产生而产生的，是普遍存在的，是指"管制者基于公共利益或者其他目的依据既有的规则对被管制者的活动进行的限制"。② 他认为，监管的主体包括政府组织和非政府组织，由此监管可分为政府监管和非政府监管；监管范围涉及社会、政治、经济各个领域，监管又可根据领域划分为经济监管、政治监管与社会监管。英国学者 Laura Macgregor、Tony Prosser 和 Charlotte 认为，以往对监管的理解过于狭窄，"监管不限于命令—控制，也不反对市场，但是为形成和维护市场监管经常是必要的；监管不一定由政府当局进行，可以采取私人秩序的形式，公共监管和自我监管之间没有明显区别"。他们认为监管包含三要素："第一，监管是对经济活动有意识的调整，这一点使之区别于典型的市场秩序（理想中的市场形态在现实生活中很难发现）。第二，监管与经济活动有关，因此区别于对诸如艺术创造等活动的控制；监管与资源分配有关，但与市场的存在并不矛盾，因为监管可以形成、组织、维护或支持市场。第三，监管将被制度化。当然这并不意味着制度必须是国家性质的，不一定需要正式法律，非正式规范同样重要，制度化使监管区别于市场的个人交易"。③ 日本学者植草益认为："通常意义上的规制，是指依据一定的规则对构成特定社会的个人和构成特定经济的经济主体的活动进行限制的行为。进行规制的主体有私人和社会公共机构两种形式。由私人进行的规制，譬如私人（父母）约束私人（孩子）的行动，称之为'私人规制'；由社会公共机构进行的规制，是由司法机关、行政机关以及立法机关进行的对私人及经济主体的规制，称之为'公共规制'。"④

---

① 如武汉大学博士唐祖爱认为：最广义的监管（人为干预论）概念包含了所有与自由秩序相对立的人为干预，干预组织包括政府组织、企业、非营利性组织及地下组织、家庭，干预范围包括政治、经济、社会等方面；广义的监管（国家干预论）指国家公权力部门对市场运行机制的补充和调整，主体为行政机关、立法机关、司法机关，范围限定在经济领域；狭义的监管（行政干预论）是把行政机构监管从广义的公权力部门监管中独立出来，对经济领域进行的监管；最狭义的监管（微观干预论）是指将行政机构对市场主体微观监管从广义的行政机关监管中独立出来单独进行研究的观念。参见唐祖爱：《中国电力监管机构研究》，15～20页，北京，中国水利水电出版社，2008。

② 曾国安：《管制、政府管制与经济管制》，载《经济评论》，2004（1），93～94页。

③ Laura Macgregor、Tony Prosser and Charlotte Villiers Edited，2000：Regulation and market beyond 2000，Dartmouth and Ashgate：348－349。

④ ［日］植草益著，朱绍文、胡欣欣等译：《微观规制经济学》，1页，北京，中国发展出版社，1992。

由此可见，普遍监管含义宽泛。监管主体既包括政府机构，也包括企业、中介机构及其他非政府组织，甚至包括个人，如植草益先生所列举的父母对子女的监管、企业及其他非政府组织对其所属成员或者相关主体的活动进行的监管。监管范围既包括政府对经济、政治、社会生活等领域的监管，也包括企业等非政府组织对其所属成员活动的监管、个人对其被监护人的监管等。监管依据既可以是国家法律、社会规范，也可以是家庭、企业、团体等组织的内部规则。

（二）国家监管论

《新帕尔格雷夫经济学大辞典》中，罗伯特·博耶对监管的解释为："在本世纪80年代的经济理论和政策辩论中，'管制'这个术语是指国家以经济管理的名义进行干预，而它的反义词'放松管制'（或称放松规章限制）使用得更为广泛。在经济政策领域，按照凯恩斯主义的概念，管制是指通过一些反周期的预算或货币干预手段对宏观经济活动进行调节"。①《社会科学纵览——经济学系列》解释为：监管是社会管理的方式，它存在于极端的政府所有制和自由放任的市场之间。它发生于当立法者相信市场失灵发生时，当立法管理试图形成能够带来经济的和社会的合意的结果的力量时，它出现在以资本主义和市场取向的经济为标志的社会中。监管政策的目的是实现经济增长和经济发展；监管是经济政策的一种形式，即通过设立政府职能部门来管理经济活动，通过对抗性的立法程序而不是毫无拘束的市场力量来协调产生于现代产业经济中的经济冲突。监管的内容包括：对商业行为的经济监管和社会监管。在经济监管中，政策授予特许经营权或许可证，允许个人、企业去从事商业，控制价格，批准投资决策，执行保险和安全规则。而在社会监管中，政府保护那些在政治、经济中处于弱势地位的实体。这样的规则试图保护消费者远离危险产品，保护环境免遭产业行为的危害及小集团免受歧视商业实践的危害。②

日本经济学家金泽良雄将监管解释为："规制是指在以市场机制为基础的经济体制条件下，以矫正、改善市场机制内在问题（广义的"市场失灵"）为目的，政府干预经济主体特别是企业活动的行为"。③ 这里所讲的"干预"不仅包括与微观经济有关的政策，还包括与宏观经济有关的政策，如主要以保证分配

① ［美］约翰·伊特韦尔、默里·米尔盖特、Peter Newman 主编，陆岱孙译：《新帕尔格雷夫经济学大辞典》，第4卷，129页，北京，经济科学出版社，1992。
② 阎桂芳：《政府规制概念辨析》，载《生产力研究》，2009（6），15页。
③ ［日］植草益著，朱绍文、胡欣欣等译：《微观规制经济学》，19页，北京，中国发展出版社，1992。

的公平和经济增长、稳定为目的的政策。植草益评价其为"国家干预论"。① 植草益将规制分为私人规制和公共规制，其中公共规制是指以市场机制为基础的经济体制条件下，以矫正、改善市场机制内在问题为目的，政府干预和干涉经济主体活动的行为。公共规制主要包括以下几种形式：司法（法院）机关依据民法、刑法等进行规制，行政机关依据反垄断法、事业法、其他产业法、劳动法进行的规制以及立法机关对行政机关、公企业行为的规制。② 著名经济学家萨缪尔森等认为，管制是政府以命令的方法改变或控制企业的经营活动而颁布的规章或法律，以控制企业的价格、销售或生产决策。③

由于上述观点都坚持国家是监管的主体，因此笔者将其称为国家监管论。监管的主体包括立法机构、司法机构和执法机构（含行政机构和监管机构等）等权力部门，不包括家庭、中介机构及其他非政府部门。监管范围为国家对经济领域和相关生活领域（如消费者权益保护等）的监管，不包括对政治和社会（如动植物保护）等领域的监管，也不包括企业等非政府组织对其所属成员活动的监管、个人对其被监护人的监管等。

（三）行政机构监管论

《新帕尔格雷夫经济学大辞典》中西奥多·E. 科勒（Theodore E. Keeler）和斯蒂芬·E. 福瑞曼（Stephen E. Foreman）对监管的解释是："管制是政府代表机构施加给（通常是）私人公司的经济控制"。④ 美国经济学家小贾尔斯·伯吉斯认为，"所谓政府管制，就是政府采取的干预行动。它通过修正或控制生产者或消费者的行为，来达到某个特定的目的。这是衡量政府和市场之间相互作用的一个尺度。政府管制可以决定商品的价格，或者对生产什么及生产多少产生影响。在一些特殊的情况下，政府管制甚至能够决定由谁来生产商品或劳务以及如何来生产它们"。⑤ 《新帕尔格雷夫经济学大辞典》中，美国联邦最高法院大法官斯蒂芬·G. 布雷耶和美国著名经济学家保罗·W. 麦卡沃伊认为"管制，尤其在美国，指的是政府为控制企业的价格、销售和生产决策而采取的各种行动，政府公开宣布这些行动是要努力制止不充分重视'公共利益'的私人决

① ［日］植草益著，朱绍文、胡欣欣等译：《微观规制经济学》，2 页、24 页，北京，中国发展出版社，1992。

② ［日］植草益著，朱绍文、胡欣欣等译：《微观规制经济学》，1 页，北京，中国发展出版社，1992。

③ 保罗·萨缪尔森、威廉·诺德豪斯著，高鸿业译：《经济学》，第 12 版，864～865 页，北京，中国人民大学出版社，1992。

④ ［美］Peter Newman 主编，许明月等译：《新帕尔格雷夫经济学大辞典》，第 3 卷，241 页，北京，法律出版社，2003。

⑤ ［美］小贾尔斯·伯吉斯著，冯金华译：《管制和反垄断经济学》，上海，上海财经大学出版社，2003。

策"。从他们分析管制的理由、方法、效应以及放松管制的内容来看，他们倾向于把对监管的研究限定在行政机构监管的层面上。① 此外，德国人乌茨·施利斯基也认为"管制是指行政机关为实现立法目的而采取的活动方式"②。

美国经济学家丹尼尔·F. 史普博在总结了经济学、法学、政治学对监管的定义后，认为："管制是由行政机构制定并执行的直接干预市场配置机制或间接改变企业和消费者的供需决策的一般规则或特殊行为。"③ "所谓行政机构（administrative agency）是指由立法机关设立以贯彻政策目标的政府单位。"④ 管制包含三种类型：第一，直接干预市场配置机制的管理，如价格管制、产权管制及合同管制。第二，通过影响消费者决策而影响市场均衡的管制。第三，通过干扰企业决策从而影响市场均衡的管制。他认为管制的过程是由被管制市场中的消费者和企业、消费者偏好和企业技术，可利用的战略以及规制组合来界定的一种博弈。管制过程的结果将同时决定哪些管制政策施加于市场及获得哪种资源配置方式。管制的过程同时涉及行政制约和市场均衡的选择。⑤ 这个定义将管制与法律区分开来，"从严格的三权分立体制上看，在市场经济条件下，虽然立法机关通过立法对市场的运行以及资源配置效率最终产生影响，同时这些法律文件往往构成了政府机构对市场进行监管的法律根据和权力来源，但由于行政机构是面向市场并对市场进行监管的主要力量，在公共机构中，行政机构由于行政权力行使的主动性、持续性、集中性，使得以行政机构监管的研究成为监管研究中最重要的内容"。"司法机关也通过在个案裁判中的法律适用对行政机构监管政策的合法性进行审查，司法判决无疑也间接行使对市场进行监管的职责。但无论是立法机关的法律文件，还是司法机关的判决，都是通过行政机构及其监管政策为媒介而间接作用于市场的"。⑥

在我国，王俊豪认为，政府监管是"具有法律地位的、相对独立的政府规制者（机构），依照一定的法规对被规制者（主要是企业）所采取的一系列行政管理与监督行为"。⑦ 学者张红凤认为，给监管下一个适当的定义要考虑多重因素。现代通常意义上的监管是指在市场经济条件下，政府（或监管机构）利用国家强制权依法对微观经济主体进行直接的或间接的经济、社会控

---

① ［美］约翰·伊特韦尔、默里·米尔盖特、Peter Newman 主编，陆岱孙译：《新帕尔格雷夫经济学大辞典》，第4卷，129页，北京，经济科学出版社，1992。

② ［德］乌茨·施利斯基著，喻文光译：《经济公法》，131页，法律出版社，2006。

③ ［美］丹尼尔·F. 史普博，余晖等译：《管制与市场》，45页，上海，上海人民出版社，2008。

④ ［美］丹尼尔·F. 史普博，余晖等译：《管制与市场》，44页，上海，上海人民出版社，2008。

⑤ ［美］丹尼尔·F. 史普博，余晖等译：《管制与市场》，45~48页，上海，上海人民出版社，2008。

⑥ 唐祖爱：《中国电力监管机构研究》，18页，北京，中国水利水电出版社，2008。

⑦ 王俊豪：《政府管制经济学导论》，1页，北京，商务印书馆，2001。

制或干预。其规范目标是克服市场失灵（包括微观经济无效率——自然垄断、外部性、公共品、信息不对称等与社会不公平），实现社会福利的最大化，即实现公共利益；而实证目标则是实现利益集团的利益。[①] 曲振涛等认为，在新的规制实践不断发展的背景下，规制主体应包括具有相应规制强度的各国政府规制执行部门、国际组织、区域性组织和行业自律性组织，核心是政府规制执行部门。[②] 政府规制通常是指政府行政机构依据法律授权，通过制定规章、设定许可、监督检查、行政处罚和行政裁决等行政处理行为对社会经济个体的行为实施的直接控制。[③] 席涛认为"管制是由监管机构制定并执行的，直接干预市场配置机制或间接改变企业和消费者的供需决策的规章和行为"。[④] 马英娟认为监管应理解为政府行政机构在市场机制的框架内，为矫正市场失灵，基于法律对市场主体的经济活动以及伴随其经济活动而产生的社会问题进行的微观层面上的干预和控制活动。[⑤] 唐祖爱认为"监管就是独立（或相对独立）行政机构在市场机制的框架内，根据法律和规则，对市场主体而实施的专业领域（包括特定产业部门和特定领域）内的微观干预活动"。[⑥] 我们将这种把执法机关从国家公权力部门中独立出来进行研究的观念称为行政机构监管论。

行政机构监管论将监管主体限定为国家行政机构（包括相对独立的监管机构），将立法机构与司法机构排除在外；监管范围进一步缩小到对具体经济行为的监管（包括伴随市场经济活动而产生的社会问题，如环境污染等），不包括宏观经济领域（如国家的财税政策、货币政策等）；监管主体限定为参与市场的相关主体。

从上述我们对文献的梳理可以看出，不同领域的学者出于不同的研究目的对监管有不同的理解，不能说哪一种观点是错误的，只能说哪一种观点更适合某个领域的研究或更符合某些国家（或区域）的实际。经济学家往往更关注监管对经济效率的影响，将监管作为缓解信息不对称阻碍交易或降低交易成本的手段，研究的重点放在监管的方式和过程，对监管主体的关注止于国家层面，

①　张红凤：《西方规制经济学的变迁》，8 页，北京，经济科学出版社，2005。
②　曲振涛、杨恺钧：《规制经济学》，3 页，上海，复旦大学出版社，2006。
③　张红凤、杨慧等：《西方国家政府规制变迁与中国政府规制改革》，25 页，北京，经济科学出版社，2007。
④　席涛：《美国管制——从命令控制到成本收益分析》，11 页，北京，中国社会科学出版社，2006。
⑤　马英娟：《政府监管机构研究》，25～28 页，北京，北京大学出版社，2007。
⑥　唐祖爱：《中国电力监管机构研究》，27 页，北京，中国水利水电出版社，2008。

并未深入探讨哪类国家机构更适合担任监管主体。① 法学界关注更多的是监管的公平和正义，强调的是行政程序以及对规制机构行为的司法控制，监管机构的行为必须遵守授予其权力的成文法及有关行政程序法规，同时注重对监管机构类别的研究，将其作为行政机构的一个特殊种类，从而把监管权视同为行政权，纳入行政法的调整范围。② 政治科学文献关注监管决策的政治与行政内容，对政策形成和执行给予了重视，既强调公共利益，也强调利益集团的讨价还价，同时还考虑到了集团冲突对公共利益的决定。③

三、国家或区域权力部门对监管的界定

监管领域是一个实践性很强的领域，其理论研究往往滞后于实践的探索。"从历史与逻辑发展来看，管制首先是一个实践问题，而不是一个理论问题"。④深入探讨监管在实践领域的含义，对认识监管的内涵具有重要意义。

经济合作与发展组织（OECD）将监管定义为政府对企业、公民以及政府自身的一种限制手段，包括法律、正式或不正式的命令以及由不同层级政府所发布的从属性法律、由政府授权的非政府组织和自我监管组织发布的规则等。它由经济性监管、社会性监管和行政性监管三部分组成。经济性监管直接干预企业行为与市场运行，比如价格、竞争和市场进出等；社会性监管维护诸如健康、安全、环境、社会凝聚力等社会价值；行政性监管关注政府内部的规程与运行机制。⑤ 可见，OECD 关于监管的界定包括了由政府授予监管权力的所有非政府部门、自律组织所颁布的所有法律、法规、正式与非正式条款、行政规章等，

---

① 如斯蒂格勒认为："作为一种法规，管制是产业所需并主要为其利益所设计和操作的。"他认为，管制是国家"强制权力"的运用。因此，管制几乎能采取任何手段满足某产业的欲望，最极端的就是增加它们的获得能力。斯蒂格勒将管制的范围扩展到所有的公共和私人关系之中，不仅包括公用事业和垄断行业，还包括对要素市场的公共干预、货币筹措及支付、对商品的服务和生产的公共干预以及法律制度。参见［美］丹尼尔·F. 史普博著，余晖等译：《管制与市场》，上海，上海人民出版社，2008。

② 但也有例外，如陈云良认为国家调节权与行政权有明显的区别，是一种独立于传统的立法权、行政权、司法权之外的第四种权力形态。参见陈云良：《国家调节权：第四种权力形态》，载《现代法学》，2007 - 11，15 页。

③ 如米尼尔将监管定义为："管制是针对私人行为的公共行政政策，它是从公共利益出发而制定的规则。"（参见 Minick. B. M. The political economy of regulation. New York：columbia university press，1980.）梅尔将监管定义为："政府控制市民、公司或准政府组织行为的任何企图。管制是与政治家寻求政治目的有关的政治过程"，他列举了价格管制、特许权、标准设定、资源的直接配置、补贴的提供和公平竞争的鼓励等一系列管制办法。（参见 Meier，K. J. Regulation：politics，bureaucmcy and economics，New York：st martins press，1985.）

④ 席涛：《美国管制——从命令控制到成本收益分析》，10 页，北京，中国社会科学出版社，2006。

⑤ The OECD report on regulatory reform：synthesis，OECD，1997，2002.

是政府为保证市场有效运行所做的一切。① 日本第二次行政改革审议会在 1988 年 12 月发表的"关于放松公共规制等答询"中指出:"公共规制一般是指为实现特定的政策目标,国家和地方公共团体对企业和国民的活动进行的干预和介入"。②

美国管理和预算办公室(OMB)在 1997 年向国会提交的监管成本收益分析报告中认为:"监管是指联邦监管机构为了执行、解释法律、规定政策以及规范机构监管实施程序,所作出的具有普遍适用性和预期效力的陈述、声明。"③ 在 2001 年的一份计划中对监管的定义为:"监管是指政府行政机构根据法律制定并执行的规章和行为。这些规章或者是一些标准,或者是一些命令,涉及的是个人、企业和其他组织能做什么和不能做什么。监管的目的是为了解决市场失灵,维持市场经济秩序,促进市场竞争,扩大公共福利"。④ 上述报告所涉及的监管机构包括独立监管机构(Independent Regulatory Commission,ICC,如州际贸易委员会)、设在行政机构中的半独立监管机构(Dependent Regulatory Agencies,DRA,如设在交通部的联邦航空管理局)以及行使监管职能的部分行政机构(如农业部)等。监管领域包括社会性监管、经济性监管和过程性监管。其中,社会性监管的目的是为了维护非经济性的社会价值,包括环境、安全及健康监管;经济性监管可直接影响市场主体的行为,如价格控制、进入许可、质量要求等;过程性监管是对监管机构自身的监管,涉及相关表格的填写、信息披露等方面的内容。

在我国,现代意义上的"监管"一词来源于国外经济学文献,其所指内容与西方的监管含义大致相当。在官方文件中,没有对"监管"一词的明确界定,有学者对 1994—2006 年国务院向全国人民代表大会所作的《政府工作报告》进行了检索,就"监管"出现的频率和所指内容进行了统计,发现国务院《政府工作报告》中出现"监管"最早的一年是 1994 年。⑤ 笔者又对 2007—2010 年的《政府工作报告》进行了相应检索,具体情况见表 1 - 1。

① Regulatory issues and doha development agenda: an explanatory issues paper, 2003.
② 日本总务厅:《放松规制白皮书》,大藏省印刷局,2000 - 12,117 页。转引自徐梅:《日本的规制改革》,北京,中国经济出版社,2003。
③ OMB report to congress on the costs and benefits of federal regulations(sept. 30, 1997).
④ OMB and OIRA. The regulatory plan and the unified agenda of federal regulations, Washington: government printing office, 2001.
⑤ 唐祖爱:《行政组织法视野中的电力监管机构研究工作——以独立性为中心》,武汉大学博士学位论文,2007 - 05,国家图书馆。

表 1 - 1　1994—2010 年国务院《政府工作报告》"监管"使用频率及内容

年份	次数	内容
1994	1	严格资本项目外汇收支的监管
1995	1	规范各类金融机构的业务范围并加强监管
1996	1	加强对金融机构的监管
1997	2	金融机构的改革和监管得到加强；继续实行价格调控目标责任制，加强市场物价监管
1998	5	中央银行的调控和监管职能开始增强；金融监管不够健全；完善和强化中国人民银行的金融调控和监管体系；理顺和完善证券监管体系；国务院机构改革的重点，是调整和撤销那些直接管理经济的专业部门，加强宏观调控和执法监管部门
1999	6	加强粮食市场监管；推进政企分开，健全监管制度；必须加强国家对企业的监管；实行金融监管责任制，切实加强对各类金融机构的监管；强化市场监管，整顿市场秩序，严厉惩治制售假冒伪劣商品以及其他违法活动
2000	3	强化金融监管和法治；加强和改善对国有大中型企业的稽查和监管；切实加强对金融机构的监管
2001	5	特别要建立和完善对国有企业的监管机制；完善市场监督机制，运用现代科技手段，加大监管力度；改善和强化金融监管；同时要加强监管，防止国有资产流失；加强对垄断行业个人收入分配的监管
2002	6	加强对金融机构的监管；加强金融法治和监管；进一步提高通关效率和监管水平；广泛采用现代化监管手段；切实把政府职能转到经济调节、市场监管、社会管理和公共服务上来；推广电子政务，提高工作效率和监管有效性
2003	8	建立了全国统一的证券、保险监管体制；坚持"法治、监管、自律、规范"的方针；金融监管逐步加强；大力加强企业外部监管；进一步把综合经济部门改组为宏观调控部门，调整和减少专业经济部门，加强执法监管部门；进一步提升市场执法监管部门的职能和地位；政府职能主要是经济调节、市场监管、社会管理和公共服务；加强金融监管
2004	11	国有资产监管体制框架初步建立；加强对金融企业的监管；加强市场和价格监管；要完善国有资产管理体制和监管方式；改进政府对非公有制企业的服务和监管；完善金融监管体系，加强和改进金融监管；健全政府投资监管制度；建立健全境外国有资产监管制度；完善煤矿安全监管体制和机制；在继续抓好经济调节、市场监管的同时……
2005	12	国有资产监管体制框架初步建立；加强食品、药品安全监管；加强对金融企业的监管；加强对市场和价格监管；要完善国有资产管理体制和监管方式；改进政府对非公有制企业的服务和监管；完善金融监管体系，加强和改进金融监管；健全政府投资监管制度；建立健全境外国有资产监管制度；完善煤矿安全监管体制和机制；在继续抓好经济调节、市场监管的同时……

续表

年份	次数	内容
2006	8	加强财政监管；完善国有资产监管体制；依法强化市场监管；加强和改进金融监管；加强生产和流通全过程的监管；加大社会保险费征缴和基金监管力度；加强对药品、医疗服务的价格监管；尤其要严格执法和监管（生产安全）
2007	8	加强房地产市场调控和监管；国有经济布局调整、国有企业股份制改革和国有资产监管取得新进展；存在这些问题，根本在于制度不健全、监管不到位；优化商品房供应结构，加强房价监管和调控，抑制房地产价格过快上涨；深入整顿和规范房地产市场秩序，强化房地产市场监管；地方各级政府要对房地产市场的调控和监管切实负起责任；要依法加强监管，严肃查处安全生产事故；完善市场管理制度，强化市场监管
2008	14	高度重视安全生产工作，健全安全监管体制；完善结售汇制度，加强跨境资本流动监管；加强市场和价格监管；加强和改进对全社会各类投资活动的引导、调控和监管；健全产品质量安全监管体系；加强食品、药品等重点监管工作；深化垄断行业改革，引入竞争机制，加强政府监管和社会监督；加快金融体制改革，加强金融监管；加强对垄断行业企业工资监管；采取多种方式充实社会保障基金，强化基金监管；坚持加强对房地产市场的调控和监管；要加强市场监管，严格房地产企业市场准入和退出条件；依法加强监管，严肃查处安全生产事故；在加强和改善经济调节、市场监管的同时，更加注重社会管理和公共服务
2009	13	市场秩序不规范，市场监管和执法不到位；加强和改进金融监管；处理好金融创新、金融开放与金融监管的关系；健全基层农业技术推广、动植物疫病防控、农产品质量监管等公共服务机构；进一步强化重点行业安全生产监管；健全金融监管协调机制；制定出台电信体制改革配套监管政策；优化海关、质检、外汇等方面监管和服务；加强企业对外投资的风险控制和监管；切实加强社会保障基金监管；重点改革管理体制、运行机制和监管机制；建立由有关机构、群众代表和专家参与的质量监管和评价制度；今年政府投资力度大、新上项目多，要确保监管到位
2010	6	加强风险管理，提高金融监管有效性；切实加强市场监管和诚信体系建设；加快建设乡镇和区域性农技推广、动植物疫病防控、农产品质量监管等公共服务机构；要多渠道增加全国社会保障基金，加强监管，实现保值增值；严格规范国有企业、金融机构经营管理人员特别是高管的收入，完善监管办法；加强食品药品质量监管，做好安全生产工作

资料来源：1994—2006 年见唐祖爱：《行政组织法视野中的电力监管机构研究工作——以独立性为中心》，武汉大学博士学位论文，2007 - 05，国家图书馆；2007—2010 年见中国网，http：//www. china. com. cn/policy/txt/2010 - 03/14/content_ 17444081. htm。

从上述《政府工作报告》对"监管"一词的运用来看，我国政府虽然已经设立了诸如中国银行业监督管理委员会、中国证券监督管理委员会、中国保险监督管理委员会、国家电力监管委员会、国家食品药品监督管理局、国务院质量监督检验检疫总局、国家安全生产监督管理局等专业监管机构，但拥有监管职责的国家机构（监管主体）并不限于专业监管机构，还包括了大部分政府行政机构（如报告中提到的价格监管、市场监管、粮食监管等），没有根据不同政府机构的法律性质和地位进行区分；从监管领域来看，既包括宏观经济政策方面的监管，如结售汇、跨境资本流动、外汇收支、收入分配、政府投资监管等，也包括对具体经济行为的监管，如对粮食市场、生产安全、房地产、食品及药品安全、金融业的监管和对非公有制企业的监管等，还包括政府以所有者身份对国有资产、国有企业的监管，甚至还有对垄断企业职工工资的监管，如加强对垄断行业企业工资监管等。从监管对象来看，涵盖了所有参与市场的主体，还包括对行政机构自身的监管，如财政监管。[1]

与美国及 OECD 对"监管"的界定相比，我国政府在管理实践领域对"监管"的使用有以下特点：一是监管主体的泛政府化。一方面，基本上将全部政府部门都列入监管主体，而美国及 OECD 一般将普通的行政机关（政府核心部门）排斥在外，除非该机关或者其内设的局同时行使监管职能；另一方面，将非政府组织和自我监管组织排斥在外，而 OECD 则将根据政府授权履行监管职能的非政府组织以及自我监管组织也列入其中。二是监管范围宽泛与不足并存。我国与美国、OECD 一样，大部分监管实践都发生在经济和社会领域，相应地，基本监管范围也可分为经济性监管与社会性监管。我国政府的监管范围很宽泛，但却尚未认识到对监管者自身进行监管的必要性，而无论是美国的过程性监管还是 OECD 的行政性监管都意识到了对监管者进行监管的重要性。上述我国政府监管实践的特点，也是中西方政府部门对监管理解的差异。

四、本书观点

由以上论述可知，无论在学术界还是在实践领域，对监管的认识（主要是监管主体、监管范围）尚未达成一致，这也反映了学者研究领域的不同需要和监管面对现实问题的差异。限于学识，笔者无意也无力构建一个真理性的概念，而是出于理论和现实的需要，以论证经济监管机构的法律地位为目的，结合西方发达国家监管实践的演进，从完善经济监管理论的角度，对"监管"的概念进行探讨。

（一）监管目的：维护整体经济利益

任何法律学科"并不只是规则的任意堆砌，不是老师上课灌输的教义，也不只是学生为通过考试而背诵的法条。它是一个有机的体系，这个体系实现人

---

[1] 此处所说的财政监管，主要是对财政资金运用的监管，笔者认为似乎用"稽查"或"监察"更为合适，与美国或 OECD 对监管机构的再监管有根本的区别。前者目的在于稽查财政资金的运用是否合法、合理；后者强调的是针对监管失灵，监督监管机构的运行效率。

的某种目的，并满足社会的某种基本需要"。① 监管首先体现为由一系列监管规则形成的法律体系，其次才表现为监管主体依据这类规则监督管理市场主体的行为。从法学的角度来理解"监管"也应重点辨明监管的目的。在学界，对监管目的有两类不同的观点：②

一是维护公共利益。米尼尔（Minick）认为："管制是针对私人行为的公共行政政策，它是从公共利益出发而制定的规则"。③ Onen 和 Braentigam 则将监管看做是服从公共需要而提供的一种减弱市场运作风险的方式。④ 此观点强调这类规则应按公共利益来制定，监管的目的自然是为了维护公共利益。但是，公共利益的内涵太宽泛，不单单监管可以维护公共利益，整个公法体系都可以将公共利益宣称为其不变的目标。如张千帆等在《比较行政法——体系、制度与过程》中明确提出："本书从社会现实主义的视角，把行政（法）的基本目标设定为实现社会的公共利益"。⑤

此外，对何谓公共利益，在实务和学术领域也未形成统一说法。从我国现行法律来看，并没有明确规定什么是公共利益，如《宪法》第十条和第十三条分别规定："国家为了公共利益的需要，可以依照法律规定对土地实行征收或者征用并给予补偿"。"国家为了公共利益的需要，可以依照法律规定对公民的私有财产实行征收或者征用并给予补偿"。⑥《物权法》第七条和第四十二条分别规定："物权的取得和行使，应当遵守法律，尊重社会公德，不得损害公共利益和他人合法权益。""为了公共利益的需要，依照法律规定的权限和程序可以征收集体所有的土地和单位、个人的房屋及其他不动产"。⑦ 有学者认为公共利益

---

① 张千帆、赵娟、黄建军：《比较行政法——体系、制度与过程》，3 页，北京，法律出版社，2008。

② 这两类观点其实代表了两类传统的经济监管理论：公共利益理论是一种监管的规范分析框架，主要解决应该如何监管的问题，主要代表人物有奥得威克、马歇尔、庇古、威廉姆森等，他们认为监管的目的是为了维护公共利益，增加公众的福利，弥补市场缺陷带来的损失；部门利益理论更侧重于实证分析，说明事物本身的一般规律，解决"是什么"的问题，主要代表人物有 Stigler、Kahn、Peltzman、Becel 等，他们认为经济监管机构代表的并不是"一般公众利益"，往往是某一特殊集团的利益。参见陶爱萍、刘志迎：《国外政府规制理论研究综述》，载《经济纵横》，2003（6）。

③ Minick. B. M. The political economy of regulation. New York：columbia university press，1980.

④ 杨建文：《政府规制：21 世纪理论研究潮流》，8 页，上海，学林出版社。

⑤ 张千帆、赵娟、黄建军：《比较行政法——体系、制度与过程》，3 页，北京，法律出版社，2008。

⑥《中华人民共和国宪法》（2004 年修正），电子版见：http：//www.law-lib.com/law/law_view.asp？id=82529，2010-05-06。

⑦《中华人民共和国物权法》，电子版见：http：//www.law-lib.com/law/law_view.asp？id=193400，2010-05-06。

是全部私人利益的总和，① 诚然，公共利益必然体现为大多数私人的利益，但个体私人利益千差万别，全部私人利益之和未必都表现为公共利益。有学者以"列举"的方式来界定"公共利益"，2000 年中国社会科学院梁慧星研究员组织起草物权法草案时就列举了公共道路交通、公共卫生、灾害防治、科学及文化教育事业、环境保护、文物古迹及风景名胜区保护、公共水源及饮水排水用地区域保护、森林保护事业等属于"公共利益"。② 通过列举，固然可以使"公共利益"得到一定程度的明确，但列举式的解释并不周延。从字面理解，"公共利益"显然是指众人的利益，但众人的范围有多大，应结合具体情况而定，它可以是全球居民，也可以仅指一个村庄的居民；是否是公众的利益，需要每一个当事人进行判断，因此也需要一定的决定程序，如果得到多数人的认可，该事项属于"公共利益"，如果多数人不认可，则该事项必不属于"公共利益"。因此，"公共利益"属于事实判断问题，没有统一标准，符合一定群体的公共利益未必符合其他群体的公共利益，如美国至今未签署防止全球气候变化的《京都议定书》，原因为既得利益集团不愿意签署，显然不签署是符合他们的利益的，③但这种行为却并不符合全球居民的共同利益。如果将公共利益作为监管的目标，容易导致不同层次监管机构选择的所谓公共利益不相同，从而有可能致使监管机构之间作出的监管政策大相径庭。因此，没有统一判断标准和内涵过于宽泛的公共利益不适合成为监管的目标。

二是维护集团利益。波斯纳提出监管并不必然与外部经济或外部不经济的出现或与垄断市场结构有关。许多既非自然垄断也非外部性的产业一直存在价格与进入监管。在现实生活中，厂商往往会支持和促使外部活动来要求监管，因为通过监管可以减少市场的其余竞争者，他们期望通过监管提供稳定的在正常利润之上的利润。④ 美国著名经济学家、1982 年诺贝尔经济学奖获得者乔治·斯蒂格勒，在 20 世纪 60 年代对电力行业做过一个经典的研究，他发现凡是实施电力监管的美国各州，电价比没有监管的各州还要高。斯蒂格勒于是提出"监管俘获"的理论来解释这种现象，即垄断厂商把监管当局和政府俘获了，监管当局成了维护垄断厂商利益的工具。"确立规制的立法机关或政府机构，往往只代表某一特殊集团的利益，而并不是公共利益理论所认为的'一般公共利益'。

---

① 张千帆、赵娟、黄建军：《比较行政法——体系、制度与过程》，3 页，北京，法律出版社，2008。

② 刘贺：《究竟什么是公共利益》，原文电子版见：http://www.wyzxsx.com/Article/Class17/200704/17192.html，2010 - 04 - 21。

③ 《美国为什么不签署京都议定书》，见：http://zhidao.baidu.com/question/128453118.html？fr = ala0，2010 - 05 - 06。

④ 雷华：《规制经济学理论研究综述》，载《当代经济科学》，2003（6）。

政府规制的目的不是保护公共利益，而是为了维护个别集团的利益"。① 部门利益论学者提出上述观点，可能与他们采用的实证分析方法有关。从监管机构实际运行情况来看，确实存在一些监管机构或监管机构的领导者被利益集团所左右，但这种现象只是监管机构运作过程中的非正常现象，大多数监管机构还是能够站在公正立场，为整体经济利益服务，至少从其发布的政策来看，没有公开宣称为利益集团服务的。退一步讲，即使所有监管机构都被利益集团俘获了，那也是实际运行中的错误，而不是监管的出发点，或者说，那只是实证的结果，而不是规范的目的。因此，以监管机构运作过程中存在的问题作为监管的目的是不恰当的。

我们认为，经济监管的目标应是维护整体经济利益。② "整体经济利益是由社会一定范围内，全体个体普遍需要的只有通过经济主体才能满足的整体社会财富创造能力的利益"。③ 一方面，从社会经济的发展角度来看，经济监管的出现是社会经济发展的需要。传统社会是一种个体经济社会，经济活动基本上是在不同个体之间进行，不存在整体经济关系，可分为家庭经济社会和企业经济社会。在家庭经济阶段，社会的核心利益主体是家庭，社会经济组织主体也是家庭，社会经济关系也主要是家庭内部关系，基本上不存在整个社会的整体经济关系。在企业经济阶段，社会的核心利益主体是企业，社会经济组织的主体也是企业，社会经济关系主要是企业内部关系，基本上不存在整个社会的整体经济关系。随着社会经济的发展，企业规模的扩大，产业层次的增多，产业联系范围的拓展，以及不同产业之间与产业内部比例关系要求的严格，最终将社会经济发展成为网络化的整体经济。它使社会个体不再是独立的社会主体，而成为整个社会经济网络中的一个节点，使个体经济活动不可能脱离整体而独立进行，使每种个体经济关系同时也是整体经济关系。整体经济和整体经济关系的最明显表现就是经济的周期性波动，以及由此引起的社会整体创造能力的极大损失。④ 在家庭经济社会和企业经济社会中，国家可以通过行政管理和司法裁判等手段来维护个人家庭和企业法人的利益，但是社会发展到整体经济社会后，家庭、企业利益不再单单表现为社会个体的利益，日渐与整体经济利益紧密联

---

① 杨建文：《政府规制：21世纪理论研究潮流》，10页，北京，学林出版社。

② 刘少军在其《经济本体法论》中第一次对整体经济利益的概念进行了系统阐述，他认为在法部门的本体价值目标上，市民法坚持的是个体基础利益和基本私权优先原则，行政法坚持的是整体行政利益和绝对必要授权原则，而经济法坚持的是整体经济利益和绝对必要规范原则。所谓整体经济利益是由一定社会范围内，全体个体普遍需要的只有通过经济主体才能满足的整体社会财富创造能力的利益。见刘少军：《经济本体法论》，9～10页，北京，中国商业出版社，2000。

③ 刘少军：《法边际均衡论》，117页，北京，中国政法大学出版社，2007。

④ 刘少军：《经济本体法论》，2～6页，北京，中国商业出版社，2000。

系在一起。鉴于整体经济的专业性、技术性越来越强，通过行政管理和个体起诉等措施既无力完整地维护社会个体的利益，也无法全面维护整体经济利益，带有技术性特征、可提前介入经济运行的经济监管活动应时而生，这种经济监管自然成为维护整体经济利益的主要手段。可见，随着人类创造社会财富能力的不断增强，社会经济由个体经济逐步转化为整体经济，需要有公共的第三方力量来维护整体经济利益，而现实中这种第三方力量主要是国家的经济监管活动，因此经济监管的目的自然也应是维护整体经济利益。

另一方面，从法律的角度来看，监管是执法权，其所执行法律的目标必然体现为监管的目标。"社会是为更好地满足人类的需要而形成的，法的目标是由社会需要目标决定"。"要研究法的具体目标，就必须首先研究人的具体需要类型"。① 从人的需要满足的法律属性上来看，可以将需要与满足的关系分为个体基础性需要和整体公共性需要。个体基础性需要是得到社会普遍承认的，法必须保障其得到满足的个体需要，它是个体应无条件享有的基本权利，它的核心价值目标是满足人们的自足性需求；整体公共性需要是得到社会普遍承认的，通过法规范在整个社会范围内组织起来的，依靠整体的力量通过特定手段提供满足的需要，它的核心价值目标是满足人的他足性公共需要。整体公共性需要主要包括两个方面：整体生活环境性需要和整体财产性需要。整体生活环境性需要是得到社会普遍承认的，只有通过社会整体性力量才能得到更好满足的社会公共生活环境需要，它的核心目标是为每个社会个体提供一个良好的社会生活环境。整体财产性需要是得到社会普遍承认的，只有通过社会整体性力量才能得到更好满足的社会财富创造能力的需要，它的核心目标是为每个社会个体提供相对充足的生活消费品。② 与此相对应，市民法是以满足得到社会普遍承认的个体基础性需要（维护的是个体利益）为价值目标，调整不同社会个体之间的需要与满足关系的社会强制性行为规范。行政法是以充分满足得到社会普遍承认的公共生活环境需要（维护的是整体行政利益）为价值目标，调整不同社会范围内整体生活环境的需要与满足关系的社会强制性行为规范。经济法是以充分满足得到社会普遍承认的整体性社会财富创造能力需要（维护的是整体经济利益）为价值目标，调整不同社会范围内整体社会财富创造能力需要与满足关系的社会强制性行为规范。③ 而监管法律规范属于经济法律规范，满足的是提高整体社会财富创造能力的需要，维护的自然是整体经济利益。

此外，从监管的原因和目标来看，经济学家们认为，国家必须对经济进行

---

① 刘少军：《法边际均衡论》，98 页，北京，中国政法大学出版社，2007。
② 刘少军：《法边际均衡论》，109 页，北京，中国政法大学出版社，2007。
③ 刘少军：《法边际均衡论》，110 页，北京，中国政法大学出版社，2007。

监管的原因包括外部性（如企业生产导致的环境污染）、信息不对称问题（如消费品上的标签）、公共服务产业的存在（如银行体系）、自然垄断（在这种情况下，在任何产出水平上，如果市场上只有一个企业的话，它的单位成本就比市场上有两个或更多企业的时候要低）以及反竞争的行为（导致价格歧视或共谋）等，[①] Cass Sunstein 界定了监管的八种目标：对市场失灵作出回应；为公共利益而进行资源再分配；实现集体性期望与抱负；促进经验和偏好多样化；减少社会等级差距；减少不符合需要的偏好；防止对下一代造成不可挽回的损害性结果；实现利益集团的转移支付等。[②] 从社会经济发展的角度来看，上述现存问题或拟解决的问题在家庭经济阶段和企业经济阶段根本不存在或并不是主要问题，随着经济逐步发展为网络化的整体经济，上述问题逐渐上升为经济发展的主要矛盾，需要第三方力量来消除或缓解这些矛盾。而经济监管的出现顺应了经济发展的要求，成为解决整体经济缺陷的主要方式。可见经济监管的目标是致力于缓解整体经济存在的问题，维护的正是整体经济利益。

我们将监管目的确定为维护整体经济利益，可以明确以下问题：一是监管应是国家公权力的一种形式，因为整体经济利益的维护需要代表整体利益的力量的推动，目前能代表一国整体利益的机构只能是国家公权力部门，因此监管主体也必定是某种国家公权力部门。二是监管应以"公平"为第一要义，整体经济并不是全部个体经济的简单相加，其内含的机制往往会产生 $1+1>2$ 或 $1+1<2$ 的效果，只有公平对待每一类市场主体，才能使整体经济利益达到最大化；如果刻意偏袒某一类主体，常常会使整体经济利益受到更大的损害。

（二）监管主体：独立于行政机关的经济监管机构

一般意义上的监管，其主体涵盖了国家公权力部门、行业自律组织、企业、个人等。诚然，从维护整体经济利益的角度出发，如果能够充分发挥行业自律组织、企业，甚至个人的作用，构建相互配合、相互补充的多层次监管体系，对于减轻国家监管负担、提高国家监管效率具有重要作用。在现实生活中，随着市场竞争程度的日益激烈，利益诉求相似的团体组成的社会自治组织逐渐增多，其行业内的监管也日渐加强；同时，企业在同业竞争压力下，自律意识也日益增强，因此市场经济本身也为自律性监管创造了条件。但是，我们也要看到，国家监管与自律性监管在本质上是不同的，自律性监管的目的是维护小团体的利益，提高本行业的竞争力，与国家监管维护整体经济利益的目的并不一致，有时甚至是相悖的；此外，国家监管与自律性监管在监管权的来源、监管

---

① ［美］斯坦利·L. 恩格尔曼、罗伯特·E. 高尔曼主编，高德步等译：《剑桥美国经济史》，第三卷，702 页，北京，中国人民大学出版社，2008。

② Cass Sunstein. After the rights revolution: reconceiving the regulatory state, 1990, 48.

依据、监管工具、监管程序等方面也存在很大差异，自律性监管者本身也是国家监管的对象。因此，从我们定义的监管目的来看，行业自律组织、企业、个人受自身条件的限制，不可能承担维护整体经济利益的职责。在现实生活中，只有国家公权力部门才有可能具备维护整体经济利益的条件。

按照传统理论，国家公权力部门主要包括行政、司法、立法三大类。从发达国家特别是英、美国家经济监管机构的设置来看，主要的经济监管机构并未设置在上述三大类部门之中，而是成立了集监管权、准立法权、准司法权于一体的"无顶头上司的第四部门"。① 主要原因在于监管权属于执法权，如果由立法、司法机关行使，不符合用权力制约权力的现代民主要求，再加上司法机关是公平裁判机构，实行不告不理的事后消极纠正机制，难以胜任一般需事前积极介入监管事务的职责。此外，经济监管涉及的监管专业性、技术性很强，民选政治家领导的行政机关由于受政治影响较大，再加上官僚化的人员选拔机制，很难独立、公正、有效地承担相应的监管职责。事实上，经济监管机构在权力来源、法律地位、组织形式、工作程序等方面与三大类机构有明显的差异②，其突出特点在于普遍实行委员会制，具有高度的专业性、专一性和独立性，相对来说能够独立、公正地行使监管执法权。当然，由于各国宪政体制的差异，监管机构的独立程度也各不相同。③ 在我国，虽然部分监管机构被设置为国务院事业单位，但在人员任命、组织方式、决策管理、经费来源等方面仍然按照一般行政机构来对待，并没有相对的独立性。笔者认为，无论从发达国家的实践来看，还是从监管机构职责的特殊性来看，监管主体均应为独立于立法、司法，特别是行政机构的经济监管机构。

（三）监管范围：具体经济行为④

从以上学界的各类观点来看，监管机构履行的是国家的经济职能。在古典自由市场经济条件下，国家的经济职能仅限于维持社会及市场自由交易秩序以及提供公共物品。19世纪末20世纪初，随着市场范围与规模的扩大以及市场交易行为日趋复杂，经济危机的频繁发生，国家的经济职能得到了空前的扩大。西方学者大多认为现代国家的经济职能包括配置职能、分配职能、调节职能、

---

① ［美］丹尼尔·F. 史普博著，余晖等译：《管制与市场》，87页，上海，上海人民出版社，2008。

② 事实上，在英、美国家，The Executive Department（一般译为行政部门）与 Administrative Agencies、Executive Agencies（一般译为行政机关）不是同一个概念，后者一般被称为"第四部门"，这也反映了监管机构与一般行政部门是不相同的。参见戴维·M. 沃克著，李双元译：《牛津法律大辞典》，23页、405页，北京，法律出版社，2003。

③ 关于独立监管机构的法律地位问题，是本书的中心议题，具体分析见第五章内容。

④ 法学上所说的市场主体的具体经济行为，在经济学上一般属于微观经济领域的研究对象。

稳定职能。① 我国学者余晖将现行国家经济职能划分为一般管理、宏观调控、微观监管、微观管理职能。② 一般管理职能类似于古典自由市场经济条件下国家运用行政权力维持市场正常秩序的职能，包括对所有市场主体普遍性的市场交易行为进行管理的行为，如执行《公司法》对公司的设立以及变更等行为进行规范，对违反市场交易规则的行为进行惩罚；③ 宏观调控是指国家运用宏观经济政策对宏观经济运行所进行的"控制"或"调节"，它是国家通过调整其所掌握的某些经济变量（如财政支出、货币供给）来影响市场经济中各种变量的取值，从而影响私人经济部门行为的政策过程；微观监管是国家针对微观经济层面上的部分市场失灵（不完全竞争、自然垄断、外部不经济、非价值物品、信息偏在、内部不经济）而制定的公共政策和行政法律制度，它是行政机关通过法律授权制定并执行的直接干预市场配置机制或间接改变企业和消费者供需决策的一般规则或具体行为；微观管理作为一种公共物品提供政策，是国家站在出资者立场上依靠行政命令，以参与企业治理结构或直接介入市场的方式对微观经济主体实施的一种直接管理，主要指国家和地方政府机构对公企业或国有企业的直接管理活动。④ 此外，转型期的国家还应承担体制转型的特殊经济职能：部分地替代市场，在市场机制尚不能发挥作用的领域，由国家代替市场行使部分资源配置的职能；培育市场；推进市场化改革等。

可见，微观监管职能已成为独立于一般管理、宏观调控、微观管理职能的一重要国家职能。弗洛伦丝·A. 黑夫兰（Florence A. Heffron）区别了三类监管职能：经济性监管、社会性监管和辅助性监管，经济性监管涉及产业行为的市场方面（费率、服务质量和数量、竞争行为等）；社会性监管用以纠正不安全或不健康的产品以及生产过程中的有毒副产品；辅助性监管泛指与执行各类社会福利计划（如社会保险、公费医疗、药品、食品标签、老兵福利计划等）有关的监管措施，如对健康护理业（医师、医院、家庭护士及药房等）的控制就是一个例子。⑤ 按照国家职能的分类，国家社会职能"通常是指政府实施社会福利和社会救济、建立和完善社会保障体系、保护环境、调控人口数量以及提供社会服务的职能"⑥。上述黑夫兰所述的辅助性监管中除药品、食品标签外已不属

① ［英］C. V. 布朗、P. M. 杰克逊著，张馨主译：《公共部门经济学》，23～40 页，北京，中国人民大学出版社，2000。

② 余晖：《政府管制改革的方向》，载《战略管理》，2002（5）。

③ 唐祖爱：《行政组织法视野中的电力监管机构研究工作——以独立性为中心》，武汉大学博士学位论文，2007－05，国家图书馆。

④ 薛刚凌：《行政体制改革研究》，123～125 页，北京，北京大学出版社，2006。

⑤ Florence A. Heffron. The administrative regulatory process, Longman. 1983，349－358.

⑥ 薛刚凌：《行政体制改革研究》，145 页，北京，北京大学出版社，2006。

于国家经济职能，而属于国家社会职能；鉴于其所称的社会性监管主要用于纠正市场主体经济活动中产生的有毒副产品，将其归于微观经济监管范围是合理的。植草益认为，国家监管包括经济性监管和社会性监管，经济性监管是为防止发生资源配置低效和确保利用者的公平利用，国家用法律权限对企业的进入和退出、价格、服务的数量和质量、投资、财务会计等有关行为加以监管；社会性监管是以保障劳动者和消费者的安全、健康、卫生以及环境保护、防止灾害为目的，对物品和服务的质量和伴随着它们而产生的各种活动制定一定的标准，并禁止、限制特定行为的监管。① 植草益所述的社会性监管中，笔者认为由于市场主体的经济活动而产生的损害劳动者和消费者安全健康、造成环境污染和相应灾害性事件等情况，应归入经济监管的范围，而对于不是由市场主体经济活动而产生的环境、灾害事件和对人们安全健康的损害的管理应归入国家的社会职能。

台湾学者陈樱琴在经济管制、社会管制之外，还划分出政治管制，并将三者区分如下：

表1－2　　　　　　经济管制、社会管制与政治管制②

管制区别	经济管制	社会管制	政治管制
介入理由	经济效益	社会正义	政治目的
管制工具	进入市场 设厂基准 生产数量 费率管制 投资管制 配额制度	安全基准 健康考量 环境保护 弱势保护 公共政策 福利政策	历史因素 政局安定 财政需要 民族工业 非常法治 意识形态
达成目的	经济成长	公序良俗	政商利益
关联性	与特定经营者、产业主或市场有关	与消费者、劳工或社会弱势群体有关	与政治、经济、社会或文化变迁有关
利弊评估	如何避免管制失灵	属于保护性管制	如何确保理性管制

从表1－2我们可以看出，陈樱琴所述社会管制中弱势保护、公共政策、福利政策属于典型的国家社会职能，不必要也不可能通过监管市场主体来解决这

① ［日］植草益著，朱绍文、胡欣欣等译：《微观规制经济学》，22页、27页，北京，中国发展出版社，1992。

② 陈樱琴：《管制革新之法律基础与政策调适》，载刘孔中、施俊吉主编《管制革新》，台北"中央研究院"中山人文社会科学研究所，22页，2001。

类社会问题，它需要通过国家的直接治理或管理来达到保护弱者、增进社会福利（如开展社会保险）的目的；① 此外，为了确保理性管制的政治管制属于对监管者的再监管，与政治行政、宪政体制有关，但并不属于本书论述的对市场主体进行监管的监管范围。

可见，从上述国家监管职能的具体内容来看，主要是对市场主体的具体经济行为的监管，因此，监管范围应界定为市场主体的具体经济行为。此外，市场主体的具体经济行为可能引发一系列经济问题和社会问题，这些问题也应该列入经济监管必须解决的问题。

综上所述，我们认为，监管是经济监管机构依据经济法律法规（包括监管机构依据法律授权制定的规范性文件）的规定，利用价格管制、调控、市场进入和退出、质量要求、生产经营规范、风险控制、监督检查等管理手段，采取处罚、仲裁、诉讼等保障措施，影响市场主体的行为选择，以实现维护整体经济利益的行为。

第二节　经济监管机构的定义和分类

不同的国家，其经济监管机构②的设置形态、功能定位、权力配置及运作程序等不尽相同，甚至同一国家的不同监管机构，其设置模式也不是整齐划一的。从笔者掌握的资料来看，学者们对"监管"的定义讨论较多，而对经济监管机构下定义的则较少，一方面，是由于对监管问题探讨最多的经济学家们（包括法经济学学者）关注的中心是经济效率（并不需要对监管机构进行专门研究，如果需要可以方便地将它们统一称为国家或相应的组织体），法学家们研究最多的是影响公平正义的监管立法和监管程序等问题，将经济监管机构列入重点研究对象的并不多；另一方面，也许学者们认为如果辨析清楚监管的内涵，也就大致可以确定经济监管机构的范围，并不需要对设置模式各异的监管机构再抽象出一个共同的定义。但是，鉴于本书的中心议题，对经济监管机构进行定义

---

① 当然，保护弱者可以通过各类维权组织来达成，社会保险也可以由非营利性组织来开展，但这已属于国家职能社会化问题，与本书探讨的国家公权力通过监管市场主体来管制经济的微观监管行为无关。

② 在行政法学理论上，一般将具有行政主体资格的行政组织称为"行政机关"（包括各级政府及政府职能部门、地方政府派出机关、国务院的直属机构和国务院各部、委管理的国家局等），而将不具有行政主体资格的行政组织称为"行政机构"（包括政府和政府部门的内部机构、政府部门的派出机构、临时性行政机构等）。我们在这里之所以将监管主体称为"经济监管机构"而不称为"经济监管机关"，主要原因：一是机构也不完全如行政法学所说的那样归于"非行政主体"，如国务院直属机构具有行政主体资格，也不称"直属机关"而称为"直属机构"；二是我国部分监管主体正好是国务院直属机构（如银监会、保监会、证监会等）；三是为了与学界和国外习惯于称监管主体为"监管机构"相一致。因此，本书一律称监管主体为经济监管机构。

是一个必须解决的问题。本节拟梳理部分学者的观点，界定经济监管机构的含义，并以美国为例对监管机构进行大致分类。

一、经济监管机构的定义

美国马弗·伯恩斯坦认为监管机构是指"如联邦商务委员会（ICC）、联邦通信委员会（FCC）、联邦贸易委员会（FTC）、证券交易委员会（SEC）、民用航空局（CAB）及其他一些'由简写字母代表的机构'（alphabet soup agencies），它们采用委员会制，独立于总统的直接控制之外，它们针对特定产业部门发布有关企业运作的规则，颁发许可证"。① 这种列举式的定义只是对现存监管机构的描述，不可能涵盖各类监管机构，更不能对监管机构应该是什么进行判断。事实上，有些监管机构并不针对特定产业，而是针对消费品安全、劳工安全、环境安全等特定事项实行跨行业的监管。此后，美国学者又提出："监管机构是指凡有制定标准、针对私人经济活动课以限制或给予利益，并透过准司法的行政程序以发展执行这些标准的机关"。② 这一定义将监管对象限定在私人活动而有失偏颇。事实上，为防范政府机构行为对环境造成的危害，美国1969年颁布了《国家环境政策法》（the National Environmental Policy Act，NEPA），对联邦土地的使用以及州和联邦发展机构的行为施加新的限制，要求每一联邦机关必须对有可能影响环境的计划或法律递交附有建议的环境影响报告；此外，《濒危物种法》及其他许多横向监管规则也都将监管目标对准了政府机构，而不仅仅是私人部门。

茅铭晨认为："政府管制机构是依法具有管制职权、行政管制权力的行政主体"。③ "行政主体，是指享有国家行政权，能以自己的名义行使行政权并能独立地承担因此而产生的相应法律责任的组织"。④ 马英娟认为："政府监管机构是指具有一定的独立性、通过依法制定相关规范标准，对市场主体的经济活动以及伴随其经济活动而产生的社会问题进行规范和控制，并透过准司法的行政程序执行和发展这些标准的行政机构"。⑤ 上述定义揭示了监管机构的部分特征，概括提出了其履行职能的三个要素：制定标准、执行、裁决，但却没有将行政权与监管权相分离，而把监管机构依然作为行政机构的一部分。

结合以上关于"监管"的内容分析，笔者认为，经济监管机构是指独立于立法、司法、行政机构，在法律的授权范围内，利用价格管制、调控、市场进

---

① Marver H. Bernstein. Regulatory business by independent commission, princeton university press. 1955, 2.
② Federal regulatory directory, congressional quarterly, inc. , 1994, 427 - 443.
③ 茅铭晨：《政府管制法学原论》，27页，上海，上海财经大学出版社，2005。
④ 罗豪才：《行政法学》，34页，北京，北京大学出版社，2001。
⑤ 马英娟：《政府监管机构研究》，32页，北京，北京大学出版社，2007。

入和退出、质量要求、生产经营规范、风险控制、监督检查等管理手段，采取处罚、仲裁、诉讼等保障措施，规范和控制市场主体的经济活动以及伴随其经济活动而产生的社会问题，以实现维护整体经济利益的组织体。本书所界定的经济监管机构具有以下特征：一是行使国家监管权（一种公权力），依法履行国家对市场经济的监管职能，具有国家强制力，不同于自律性监管组织；二是独立于立法、司法、行政机关，与行政机关共同履行执法权力，但在执法方式、程序等方面要有别于行政机关；三是具有规则制定、监督与检查、执行与制裁的权力，即准立法权、监管权和准司法权；四是监管范围为各类市场主体的具体经济行为及由此产生的种种经济社会问题。

二、经济监管机构的分类

现实生活中，经济监管机构的数量繁多，按照不同的划分标准可以有不同的分类结果，有些监管机构的归属性质可能并不清晰，而有些机构可能同时属于两种类别，因此只能对监管机构划分出大致的类别，交叉和重复自然在所难免（以美国为例，其主要监管机构见表1-3）。为了研究的方便，结合本书论述重点，我们将监管机构按三类划分标准分为以下几种：

（一）经济性监管机构和社会性监管机构

根据以上对监管概念的分析，我们将监管范围定义为以市场为主体的具体经济行为及由此而产生的相关经济社会问题。所以，如按监管对象来划分，监管机构可分为经济性监管机构和社会性监管机构。经济性监管是指在自然垄断和存在信息偏在的领域，主要为了防止发生资源配置低效和确保利用者的公平使用，监管机关用法律权限，通过许可和认可等手段，对企业的进入和退出、价格、服务的数量和质量、投资、财务会计等有关行为进行监管。[①] 经济性监管部门主要包括金融监管部门、能源监管部门、运输监管部门、反垄断部门、电信监管部门、食品药品监管部门、产品质量监管部门、工商行政监管部门、商标专利监管部门、商品贸易监管部门、水务等公用事业监管部门等。社会性监管是以保障劳动者和消费者的安全、健康、卫生、环境保护为目的，对产品和服务的质量和伴随着它们而产生的各种活动制定一定的标准，并禁止、限制特定行为的规则。[②] 与经济性监管不同，社会性监管一般不是针对特定行业，而是对某个领域实施的跨行业的监管，社会性监管部门主要包括劳动用工监管部门、

---

① ［日］植草益著，朱绍文、胡欣欣等译：《微观规制经济学》，27 页，北京，中国发展出版社，1992。

② ［日］植草益著，朱绍文、胡欣欣等译：《微观规制经济学》，22 页，北京，中国发展出版社，1992。

安全健康监管部门、环境保护监管部门等。

（二）综合性监管部门和行业性监管部门

按监管是否跨行业来划分，可以将监管部门分为综合性监管部门（如反垄断部门、产品质量监管部门、工商行政监管部门、商品贸易监管部门、商标专利监管部门及相关社会性监管部门等）和行业性监管部门（如金融监管部门、能源监管部门等）。

（三）隶属于行政部门的监管部门和独立于行政部门的监管部门

按监管部门相对于行政部门的独立程度来划分，可以将监管部门分为隶属于行政部门的监管部门和独立于行政部门的监管部门。[①] 隶属于行政部门的监管机构存在于行政系统内，不能完全摆脱政府首脑和部门领导的影响，但法律赋予它们较大的独立履行职责的权力，如美国食品药品管理局之于卫生和公共服务部，国家公路交通安全管理局之于交通部等；独立于行政部门的监管机构不属于行政官僚科层体制内，独立履行法律赋予的国家经济监管权力，如美国联邦贸易委员会、联邦储备委员会、证券交易委员会等。

表 1-3　　　　　　　　　　　美国主要经济监管机构[②]

监管项目	DRA 或 IRC	DRA 所属部	监管机构	成立时间	授权法案
金融行业	IRC		联邦储备委员会（Federal Reserve Board）	1913	1913 年《联邦储备法》
	IRC		农业信贷局（Farm Credit Administration）	1933	1933 年第 6084 号行政命令
	IRC		联邦储蓄保险公司（Federal Deposit Insurance Corporation）	1933	1933 年的《银行法》
	IRC		国家信用合作社管理局（National Credit Union Administration）	1970	1970 年的《联邦信用合作社法》
	DRA	住宅和城市发展部	美国政府国民抵押贷款协会（Government National Mortgage Association）		
	DRA	财政部	全国银行监管局（National Bank Supervisor）	2007	2007 年 6 月的金融改革方案

---

① 其实，从履行监管职责的角度来说，有些行政部门直接行使了相关监管职责，也应作为按此划分标准划分出来的一类，但其并不属于单独履行监管职责的监管机构，数量也较少，在此不再论述。

② 笔者根据 2008 年美国监管机构改革方案修改绘制而成。基础资料来源：马英娟：《政府监管机构研究》，41～43 页，北京，北京大学出版社，2007。

续表

监管项目	DRA 或 IRC	DRA 所属部	监管机构	成立时间	授权法案
金融行业	DRA	财政部	全国保险办公室（Office of National Insurance）	2007	2007 年 6 月的金融改革方案
			消费者金融保护局	2007	2007 年 6 月的金融改革方案
			金融服务监督委员会（Financial Services Oversight Council）	2007	2007 年 6 月的金融改革方案
	IRC		证券交易委员会（Securities and Exchange Commission）	1935	1934 年的《证券交易法》
商业贸易	IRC		国际贸易委员会（International Trade Commission）	1974	1974 年的《贸易法》
	IRC		联邦贸易委员会（Federal Trade Commission）	1916	1914 年的《联邦贸易委员会法》
	IRC		州际商务委员会（Interstate Commerce Commission）	1887	1887 年的《州际商务法》
	IRC		商品期货交易委员会（Commodity Futures Trading Commission）	1936	1936 年的《商品交易法》
反垄断	DRA	司法部	反垄断局（Antitrust Division）		
交通运输	DRA	交通部	联邦航空局（Federal Aviation Administration）	1967	
	DRA	交通部	联邦铁路局（Federal Railroad Administration）		
	DRA	交通部	联邦公路局（Federal Highway Administration）	1966	
	DRA	交通部	国家公路交通安全局（National Highway Traffic Safety Administration）		
	IRC		联邦海事委员会（Federal Maritime Commission）	1962	1936 年的《商船海事法》
	IRC		国家交通安全委员会（National Transportation Safety Board）	1975	1974 年的《独立安全委员会法》
	IRC		建筑和交通障碍消除委员会（Architectural and Transportation Barriers Compliance Board）	1982	

监管项目	DRA 或 IRC	DRA 所属部	监管机构	成立时间	授权法案
能源	DRA		能源部（Energy Programs）		
		能源部	联邦能源监管委员会（Federal Energy Regulatory Commission）		
电信	IRC		联邦通讯委员会（Federal Communication Commission）	1934	1934 年的《通讯法》
食品药品	DRA	农业部	农业营销处（Agricultural Marketing Service）（以前 Consumer and Marketing Service）	1972	
	DRA		食品安全检验处（Food Safety and Inspection Service）（以前的 Food Safety and Quality Service）	1977	
	DRA		谷类检验、包装食品生产厂和牲畜围场管理局（Grain Inspection, Packers and Stockyards Administration）		
	DRA	卫生和公共服务部	食品药品管理局（Food and Drug Administration）	1931	1906 年的《食品和药品法》
	DRA	司法部	药品执行局（Drug Enforcement Administration）	1973	
安全健康	IRC		消费者产品安全委员会（Consumer Product Safety Commission）	1973	1972 年的《消费者产品安全法》
	IRC		联邦矿山安全与健康检查委员会（Federal Mine Safety and Health Review Commission）	1977	1977 年的《联邦矿山安全与健康法》
	DRA	劳动部	美国工业场所办公室（Office of American Workplace）		
	DRA	劳动部	矿山安全与健康管理局（Mine Safety and Health Administration）	1978	1977 年的《联邦矿山安全与健康法》
	DRA	劳动部	职业安全与健康管理局（Occupational Safety and Health Administration）	1973	1970 年的《职业安全与健康法》

监管项目	DRA或IRC	DRA所属部	监管机构	成立时间	授权法案
安全健康	IRC		职业安全与健康检查委员会（Occupational Safety and Health Review Commission）	1970	1970年的《职业安全与健康法》
	DRA	劳动部	职业标准局（Employment Standards Administration）	1970	
环境保护	DRA	总统执行办公室	环境质量理事会（Council on Environmental Quality）		
	DRA	独立执行机构	环境保护局（Environmental Protection Agency）	1970	1970年第三重组计划
其他	DRA	总统执行办公室	工资和物价稳定理事会（Council on Wage and Price Stability，1981年撤销）		
	DRA	商务部	美国专利和商标办公室（U. S. Patent and Trademark Office）		
	DRA	国会图书馆	著作权办公室（Copyright Office）		

注：IRC指独立监管委员会（Independent Regulatory Commission），DRA指从属性监管机构（Dependent Regulatory Agency）。

第二章 经济监管机构的职权和设置模式

"机构（管制机构）做政府三个分支所做的一切。它们制定法律（Law），它们调查对这些规则的违反，它们举行审讯以裁决对这些规则的违反"。① ——史蒂文·J. 卡恩

"这些（独立）管理委员会在美国的社会中执行着强而有力的管制职能，而且还存在于行政机关之外，不受总统的管辖"。② ——肯尼思·F. 沃伦

我们在明确了研究对象的范围之后，接下来应对经济监管机构的现有职权和设置模式进行静态分析或现状描述，为论述监管机构的法律地位奠定现实基础。以下将以美国、英国、法国、德国、日本、韩国等六个主要资本主义国家的经济监管机构为分析对象，以总结监管机构的共同特点和一般发展趋势。

第一节 集立法、监管、司法权于一体的混合性权力

既然我们认为监管范围为市场这一主体的具体经济行为及由此产生的经济社会问题，那么监管机构的职权自然应表现为对市场主体进行监管的权力。现实中的监管机构一般按照特定产业（如能源、通信、金融、交通等）或特定领域（如环境保护、食品卫生、生产安全、消费者保护等）而设置，具体职责围绕特定产业或领域而设定。各国由于历史传统、宪政体制等方面的差异，赋予经济监管机构的职权也有所不同；即便在一国内部，考虑到监管领域的实际情况，赋予经济监管机构的权力也不尽相同。一般来说，"规制机构行使着一种集立法、行政、司法权于一体的混合性权力"，③ 包括制定规则（准立法权）、裁决争议（准司法权）和监督法律法规的执行并对违规行为进行相应的处罚（监管权）等权力。下文以主要国家为例进行具体分析。

---

① ［美］史蒂文·J. 卡恩著，张梦中、曾二秀、蔡立辉等译：《行政法原理与案例》，22页，广州，中山大学出版社，2004。

② ［美］肯尼思·F. 沃伦著，王丛虎、牛文展、任端平等译：《政治体制中的行政法》，第三版，58页，北京，中国人民大学出版社，2005。

③ ［英］A. W. 布拉德利、K. D. 尤因著，程洁译：《宪法与行政法》，第14版，582页，北京，商务印书馆，2008。

一、美国

美国是最早设立现代监管机构的国家，其赋予监管机构的国家公权力是相当宽泛的。如联邦贸易委员会（Federal Trade Commission）成立于1914年，主要职能是促进公平竞争，禁止各种不正当竞争行为，包括固定价格协议、竞争者之间非法结合、价格歧视及联合抵制等；保护广大消费者，维护市场信息的真实性，禁止错误或欺骗性的产品或服务广告、虚假标签或不准确的信用报告。联邦电力委员会（FERC）被赋予的职责有：监管跨州输电价格和服务；监管电力批发市场，包括价格、服务和输电网的开放；监管电力企业的兼并、重组、转让和证券发行；监管电力企业会计标准和电网可靠性标准；发放非联邦政府拥有的水电项目许可证，监管水电站大坝的安全；负责组织实施《联邦电力法》、《联邦天然气法》和相关的能源政策法案。① FERC在实施电力监管的过程中，可以对电价、电力服务或电力运行安全技术标准进行检查和监督，这时行使的是监督管理权；为了针对个别案件进行裁决，可以举行听证、搜集有关事实，行使的是司法权；根据国会的授权，可以制定法规，对电力市场运行以及电价进行规范，行使的是立法权。② 再如美国联邦通信委员会（FCC）的职责包括：价格规制权，所有的依法定义的公共电信公司必须事先提交资费明细表，联邦通信委员会有权让电信公司停止执行其提交的资费明细；设施与服务审批权，电信公司新增通信设施和服务必须事先得到联邦通信委员会的批准；互联规制权，在经过适当的听证并确定有必要并符合公共利益的前提下，联邦通信委员会有权要求各公司网络进行互联；商用无线电频率的分配，制定维护公平竞争和保护消费者利益的规章，各种电信服务的授权和执行。其管理涉及的范围包括：无线广播和电视、电话、电报、有线电视的经营、双向无线电传输、无线电台和卫星通信。③ FCC也兼有立法、司法、监管职能，即制定规章、仲裁争议、执行各项法规的权力，可以制定维护公平竞争和保护消费者利益的规章，对电信争议进行仲裁，批准新增通信设施和服务等。④

正如美国政治学、法学者所说："议会授予了这些（管制）委员会的工作人员极大的准司法和准立法的权力。他们被授权在必要的时候制定规章和命令来

---

① 唐祖爱：《中国电力监管机构研究》，49页，北京，中国水利水电出版社，2008。

② 朱成章、杨名舟、黄元生：《电力工业管制与市场监管》，230页，北京，中国电力出版社，2003。

③ 张红凤、杨慧等：《西方国家政府规制变迁与中国政府规制改革》，54～55页，北京，经济科学出版社，2007。

④ 张红凤、杨慧等：《西方国家政府规制变迁与中国政府规制改革》，54～55页，北京，经济科学出版社，2007。

管制某些特定的企业。他们也被授予有限的权力决定被管制的单位是否遵守了规章和命令并对违法者实施处罚，常常是罚款、吊销许可证、禁止再次许可等"。① "机构（管制机构）做政府三个分支（指立法、行政、司法机构——笔者注）所做的一切。它们制定法律（Law），它们调查对这些规则的违反，它们举行审讯以裁决对这些规则的违反"。② 可见，美国监管机构"拥有广泛的权力及执行其政令的多种手段。管制机构以行政规章的形式创制法律。管制机构通过守法的监督和实施法律制裁来贯彻法律。因此，管制机构的权力和程序与政府立法、行政及司法三权机关的权力和程序相似"。③

二、英国

与美国一样，英国监管机构一般也具有集立法、行政、司法权于一体的混合性权力。如英国金融监管局（FSA）④，直接负责对吸收存款业、保险业和证券投资业的监管，主要职责是核准在银行、投资事业和保险三部门内运营的公司；审批在上述部门以不同方式运营的个人；制定政策和规则（目前仅对投资事业和保险有此权限）；信息收集和调查权力；干预权，如要求公司停止涉及新业务；金融处罚权（powers to impose financial penalties）；消费者教育以及行业性培训；加强国际交流。同时拥有以下执法及调查权限：强制取缔未经许可的事业，并予以起诉；管理交易所及自律组织，监视市场重大不法行为；协调配合重大调查案件，并有充分权力采取民事诉讼行为；涉嫌犯罪行为，交由检察官或商工部（Department of Trade & Industry）执行起诉，前者负责财务报告虚伪不实及市场操纵等犯罪行为的起诉，后者则负责内幕交易的起诉；依法律规定有权对投资事业进行审问及强制制作文件等。⑤ 再如天然气与电力市场管理局，有权发布行政条例（立法权）、签发许可证、变更许可证条件、管理许可证持有者

---

① ［美］肯尼思·F. 沃伦著，王丛虎、牛文展、任端平等译：《政治体制中的行政法》，第三版，30 页，北京，中国人民大学出版社，2005。

② ［美］史蒂文·J. 卡恩著，张梦中、曾二秀、蔡立辉等译：《行政法原理与案例》，16 页，广州，中山大学出版社，2004。

③ ［美］丹尼尔·F. 史普博，余晖等译：《管制与市场》（Regulation and Markets），88 页，上海，格致出版社，上海人民出版社，2008。

④ 该局成立于 1997 年，是英国金融业的统一监管机构。2010 年 6 月，新任英国财政大臣奥斯本（George Osborne）表示，未来两年 FSA 的职能将由三个机构取代，它们分别是：英国央行——英格兰银行下辖的金融政策委员会，主管宏观经济风险；央行下辖的风险管理局，负责监管金融机构，包括银行业、保险业等的风险；以及独立的消费者保护局，负责监管向一般消费者提供服务的金融机构，并稳定金融市场。这表明 FSA 将面临被分拆的命运，但并不意味着负责金融业监管的机构的权力会有所缩小。见理查德－杰林沃特：《英国金融监管改革重回老路》，http：//finance. sina. com. cn/roll/20100622/21438158155. shtml，2010 – 09 – 26。

⑤ http：//www. fsa. gov. uk/Pages/About/index. shtml，2010 – 05 – 12。

（行政权）和处理消费者的投诉（准司法权）。根据《2000 年公用事业法》，规制机构还有权在许可证持有者违反许可证条件时对其施以经济处罚。[1]

三、法国

在法国，经济监管机构被归属于独立行政机构，享有广泛的监管权，法律赋予经济监管组织的权力主要包括规章制定权、调查权、建议权、报告权、处罚权。[2] 以金融市场监督局[3]为例，其负责监督投资行为、管理投资信息、确保金融市场的良好运行，享有如下权限：规章制定权，可以制定规章，发布指令和建议，对金融市场进行规范，包括公开集资发行者的操作规范以及金融交易所的规则，公开集资的要约收购规则，金融主体的行为规则和职业义务，投资服务提供者的相关规定，资金存放机构、金融清偿和交付系统的规范等；许可权，对公开集资文件的审核，证券管理公司或者证券集体投资机构的许可等；监督调查权，有权对公开投资的发行者、所有证券市场的交易者的行为进行监督和调查，被调查对象必须配合提供资料、接受调查，否则可能被处以罚金或监禁；处罚权，对于违反金融法律、扰乱市场的行为，金融监管机构可以进行处罚，由理事会提起处罚申请并附相关调查报告，处罚决定由处罚委员会作出，处罚方式有警告、处分、暂停或者最终终止全部或部分业务、罚金，对违反法律或者违反金融从业人员职业纪律的人员和行为进行处罚，对于构成犯罪的案件，负责移送共和国检察官。[4] 上述权限涵盖了发布规则（立法权）、检查规则执行情况并对不遵守规则的行为给予制裁（监管权）等，并没有包括司法权。

再如证券交易所业务委员会（COB）的主要职责为：一是对受其监督的证券市场制定运作规则，或者颁布"行业实践规则"。二是为保障其颁布的规则得到遵守，可以对公开募集资本的公司将要发布的信息说明书进行签证，向上市公司发出指令，责令其停止违规操作等。三是可以作为有特权的司法助理人员开展活动，在法院对公司因违反自我监督与申报控股界限的规则提起追诉时，向法院提出相关意见；在发生涉及公司的犯罪时，委员会可以告诉；可以请求法院向从事不符合规定的活动、足以损害储蓄人利益的公司发出司法命令；可以向法院提起诉讼，请求撤销会计监察人的职务，或者请求其回避，并且能够向法院请求指定管理鉴定人；可以作为那些不愿意或不能够提起诉讼的股东的

---

① ［英］A. W. 布拉德利、K. D. 尤因著，程洁译：《宪法与行政法》，第 14 版，582 页，北京，商务印书馆，2008。

② 潘小娟：《法国行政体制》，52 页，北京，中国法制出版社，1997。

③ 该局是 2003 年在整合了股票交易委员会、金融市场委员会、金融管理纪律委员会 3 个委员会的基础上成立的。

④ http：//www. amf - france. org/affiche - page. asp? urldoc = lesmissionsdmf，2010 - 05 - 10。

保护人。① 但是赋予证券交易委员会请求法院发布司法命令的权力，不等同于承认该机构直接宣布命令的权力，因此看不出委员会拥有一定的司法权。法国竞争委员会的权限为：受理涉及可能产生反竞争效果的做法的案件，主要是受理有关"默契"和"滥用支配地位"的做法的案件；有限实施行政罚款，并且有权命令当事人停止违规行为；在发生重大违规行为的情况下，向经济部长提出自己的意见；应政府的要求，双方人数对等的委员会以及行业组织应就有关竞争方面的任何问题听取竞争委员会的意见。② 可以看出，竞争委员会的主要职能是受理反竞争案件，拥有相当程度的司法权。虽然如此，法国宪法委员会认为其仍然属于独立行政机关，而不是司法机关。③ 可见，法国经济监管机构的权限与美国、英国相关机构相比有所缩减，有些并不拥有司法权。

四、德国

与西方其他国家一样，德国经济监管机构一般也拥有较强的监管权、准立法权和准司法权。如 2002 年在整合联邦信贷监管局、证券监管局、保险监管局的基础上成立的联邦金融服务监管局，统一负责对整个金融业的监管。根本监管目标是保障德国金融系统的安全、稳定和完整，主要职责是金融经营许可证的颁发和管理、具体金融活动的监管、投资者权益保护、洗钱调查监管等。拥有以下权力：发布适当且必要的指令；暂时中止单个或数个金融工具的交易；要求相关人员或机构提供信息或资料；传唤并询问有关人员；进入相关机构或相关人员私人居所调查和取证；调阅德国中央银行有关资料等。④

如联邦卡特尔局的职权为：在其职责范围内依法批准各种合法卡特尔；主管经批准的合法卡特尔的合同决议，并在卡特尔登记簿上登记；对种种违反《反对限制竞争法》的扰乱治安行为的司法制裁提出建议；对出版销售合同中价格限制的范围进行审查，在其职权范围内依法管理大型企业的兼并，并受理企业兼并形成垄断的案件；对邮政部门、铁路部门违反《反对限制竞争法》规定的行为予以处理等。此外，联邦卡特尔局局长可以颁布工作条例，规定联邦卡特尔局的业务分工和业务程序，但须经联邦经济部确认。为履行上述职责，《反

---

① ［法］伊夫·居荣（Yves Guyon）著，罗结珍、赵海峰译：《法国商法》，841~844 页，北京，法律出版社，2004。

② ［法］伊夫·居荣（Yves Guyon）著，罗结珍、赵海峰译：《法国商法》，845 页，北京，法律出版社，2004。

③ 法国宪法委员会，1987 年 1 月 22 日与 23 日判决，《法律档案》，1987 年Ⅱ，20854，塞斯提耶述评。转引自［法］伊夫·居荣（Yves Guyon）著，罗结珍、赵海峰译：《法国商法》，北京，法律出版社，2004。

④ 上海期货交易所"境外期货法制研究"课题组：《德国期货市场法律规范研究》，35~37 页，北京，中国金融出版社，2007。

对限制竞争法》赋予卡特尔局享有下列权力：讯问权；查阅和检察权；搜查和扣押权；对已登记卡特尔的异议权；命令经济同业团体接纳特定企业的权力；许可废止权；命令企业变更卡特尔契约或协议的权力；企业结合的解散权；告诫权；对卡特尔契约或协议作出不准生效的处置权；禁止权；罚款权等。[1] 再如，"联邦消费者保护及食品安全局的主要职能是负责食品安全风险的管理，颁布有关实施细则，以及负责联邦德国各个州之间、德国和欧盟成员国之间、德国和欧盟之间的事务协调，该局设有监控委员会，负责颁布和实施关于消费者健康和食品安全的监控程序"。[2]

五、日本

日本经济监管机构一般设在行政机关内部，其权限根据具体监管事项而有所不同。如日本禁止垄断组织公正交易委员会，其职权包括：通过裁决的形式，命令行为人排除其违法行为，并且向违法行为中——特别是影响价格的共同行为的行为人发出征缴课征金的命令等行政措施；负责违法行为的事实认定，即使在对其进行司法审查的撤回裁决之诉中，也必须尊重公正交易委员会所作的事实认定，该事实认定对仅依据"实质证据"的法院具有约束力；垄断受害者如拟在审判上主张无过失损害赔偿请求权，则须以公正交易委员会对相应违法行为的裁决已存在并予以确认为前提条件，而且这一民事措施的发动，也取决于委员会的态度；法院有义务就违法行为造成损害的金额，征求公正交易委员会的意见；若没有委员会的告发，检察官不得对违反禁止垄断法构成犯罪的行为提起诉讼。[3] "行政委员会的制度……其任务是，从事裁决、审议等准司法作用，制定规则等准立法作用，以及像从事警察、行政裁判等那样的政治中立性被高度要求的行政作用"。[4] 再如作为审议会（其概念见下文日本监管机构设置模式中的论述）的经济监管机构负责基于调查审议的结果，进行一定的政策或法案等的提案劝告；对行政处分进行不服审查；在法律制定以及公共收费，甚至在作出许可、检定等个别处分时，接受主务大臣的咨询而进行审议决议；就纠纷处理进行调解、仲裁等。[5] 从上述资料可以看出，日本部分经济监管机构至

---

① 章毓：《反垄断执法体制比较研究及对我国的启示》，华东政法学院硕士学位论文，2004 年 4 月，15~17 页，来源于万方数据。

② 刘波、罗旋、陆萍等：《德国食品安全法律体系与研究》，5 页，厦门，厦门大学出版社，2004。

③ ［日］根岸哲、舟田正之著，王为农、陈杰译：《日本禁止垄断法概论》，第三版，北京，中国法制出版社，2007。

④ ［日］芦部信喜著，林来梵、凌维兹、龙绚丽译：《宪法》，第三版，295 页，北京，北京大学出版社，2006。

⑤ ［日］盐野宏著，杨建顺译：《行政组织法》，58 页，北京，北京大学出版社，2008。

少拥有广泛的监管权、准立法权和相当程度的准司法权。

六、韩国

在韩国，经济监管机构一般为中央行政委员会。"行政委员会尽管有职能范围的差异，但一般都由专家、各阶层各党派的利益代表、政治中立者等组成。其权限不仅包括行政权限，通过包括有针对争讼的判定与规则制订等的准司法、准立法性权限"。[①] 如公平交易委员会作为独立的中央行政机关具有以下职责：规制滥用市场支配地位的行为；处理有关限制企业结合及抑制经济力集中的事项；规制不当共同行为及经营者团体的限制竞争行为；规制不公平交易行为及维持转售价格行为；限制订立不当国际合同的行为；调整、协议限制竞争的法律及行政处分，有关促进竞争政策的事项；其他法令规定由公平交易委员会管辖的事项。公平交易委员会拥有的权限包括：制定执行《垄断规制法》所必要的标准；接受对违反《垄断规制法》行为的举报；认定《垄断规制法》禁止行为的例外情形；调查违反《垄断规制法》的行为；责令采取相应纠正措施；课以课征金；行使控告权；还可以进行与外国政府签订执行《垄断规制法》的协定、支援外国政府的法律执行等国际协助活动。可见，"公平交易委员会为集准立法权、准司法权、行政权于一身的独立规制机关"。[②]

此外，韩国《金融监督机构法》第17条规定金融监督委员会的主要职能为：有关金融监管规则的制定或修改；管制检查金融机构经营范围与项目；对金融机构的检查或制裁；证券与期货交易监管；依照其他法规的规定，委托金融监管或重整工作。[③] 韩国通信委员会作为独立监管机构，其职责为：互联互通和管理企业间的协议；运营商之间和运营商与客户之间的仲裁；要求每个运营商将通信的报告书报至委员会进行检查；号码资源管理等。[④] 可见，韩国经济监管机构的权限与西方国家一样，也包括监管权、准立法权、准司法权，虽然这些权力的行使由于监管机构隶属于政府的原因可能或多或少要受到政府的干涉。

总之，不管是民主管理意识较强的美国、英国，还是具有中央集权传统的法国、德国、日本、韩国，虽然范围、程度不一，但经济监管机构一般都实行了"三权合一"。"所谓三权合一：在法律授权下，规制机构可以制定抽象的规则去管理具体的行政相对人；同时，能够执法、监督、检查、处罚行政相对人；还有行政裁决权，等于把司法系统的程序拷贝到了行政机关，如价格听证、医

---

① ［韩］金东熙著，赵峰译：《行政法Ⅱ》，第9版，34页，北京，中国人民大学出版社，2008。

② ［韩］权五乘著，崔吉子译：《韩国经济法》，258页，北京，北京大学出版社，2009。

③ 高贤升：《对中国金融监管模式选择的研究——以中国、韩国监管模式改革事例分析》，复旦大学硕士学位论文，2003年5月，27页。

④ 何霞：《韩国电信市场发展与政府管制》，载《世界电信》，2005（9），11页。

疗事故鉴定等。"① 具体来说：一是准立法权。立法权本专属于立法机构，但随着社会的发展、专业分工的细化，独立监管机构所管辖的事务大都具有复杂性、技术性和变更迅速等特点，立法机构没有时间和能力制定法律详细规定，于是将部分立法权力授予独立监管机构，这些权力包括：制定行政法规，又称委任立法或次级立法，立法机构只规定一般的政策和目的，由独立监管机构根据授权制定详细法规，实现立法机构的目的；制定标准，立法机构制定一个意义广泛的普遍性标准，由独立监管机构制定更具体的执行标准，如美国法律规定铁路运输收费必须公平合理，州际商业委员会根据这个标准制定各种运输中的收费标准；提出立法建议，立法机关在设立独立监管机构的法律中，通常规定独立监管机构在其管辖范围内有向立法机构提出制定法律或修改法律建议的义务。二是监管权，除了制定相关规则外，独立监管机构还要负责将相关法律法规应用于实际，处理具体监管事务。例如，收集并向社会公布有关信息、进行现场检查、批准某些行为、禁止某些行为、依据法定程序对违反有关法律法规的市场主体进行处罚等。三是准司法权，独立规制机构具有对违法行为进行裁决的权力，这使它承担了部分的司法权。准司法权一方面表现在规制机构对特殊案件的具体裁决过程上，另一方面表现在规制机构享有法院的某些职能。例如，规制机构可就某项诉讼主持听证会，并进行裁决；规制机构可以收集证据并且采用它认为需要采用的规则来起诉和处罚违规的企业，即建立起一种类似于法庭的机制使特殊权力得以实施。

第二节 相对独立的设置模式和集体决策机制

一、美国：独立的监管委员会

（一）设置模式

王名扬将美国的监管机构分为部内的独立机构、隶属于总统的独立机构和独立的控制委员会。② 独立的控制委员会，即独立于行政部门的委员会，如联邦通讯委员会（FCC）、联邦贸易委员会（FTC）、证券交易委员会（SEC）和消费产品安全委员会（CPSC）等。"这些（独立）管理委员会在美国的社会中执行着强而有力的管制职能，而且还存在于行政机关之外，不受总统的管辖。"③ 在

---

① 余晖：《监管热的冷思考》，天则公用事业研究中心，http：//www.ccppp.org，2010－09－21。
② 王名扬：《美国行政法》（上），172～174页，北京，中国法制出版社，1995。
③ ［美］肯尼思·F.沃伦著，王丛虎、牛文展、任端平等译：《政治体制中的行政法》，第三版，30页，北京，中国人民大学出版社，2005。

经济政策制定方面，许多专家认为联邦储备委员会主席的地位的影响力仅次于总统。①"行政首脑的一个首要目标就是在某种程度上控制机构（独立管制机构——笔者注）的规则制定权力"，但"总统控制机构的规则制定权可能是违宪的——这种机构的规则制定权是由国会命令作出的"。② 事实上，"信赖于意识形态和伙伴关系，许多现代总统倾向于不热衷积极政府并且因而可能愿意试图控制机构预算和规则制定，但是缺乏原始的宪法和法律权力使得他们这样做时困难重重"。③"在对机构控制的问题上，总统虽然有控制的意愿但缺乏相应的权力和权威，而国会虽然拥有权力但缺乏行使该权力的意愿"。④ 因此，在美国，在实际运行中，独立监管机构的独立性是很大的。

部内的独立机构（如美国食品药品管理局，简称 FDA，隶属于卫生和公共服务部；国家公路交通安全管理局，简称 NHTSA，隶属于交通部）和隶属于总统的独立机构（环境保护局为隶属于总统的独立机关）虽然存在于行政系统内，不能完全摆脱部长或最高行政首长的影响，但法律给予它们很大的独立权力，在一定的范围内可以单独决定监管政策，部长和政府首脑对它们的控制不能像对其他行政部门那样广泛和严格。如联邦能源管理委员会（FERC）虽然设在能源部，在行政管理及预算上属于能源部，但并不接受能源部的领导。虽然在决策上为了保持政策上的一致性，FERC 也可能会征求能源部的意见，但能源部不能决定 FERC 的决策。⑤ 再如环境保护局（EPA）、食品药品管理局（FDA），作为独立的管制机构在设立时就被赋予了较大的裁决权，⑥ 保障了它们的独立地位。

（二）决策机制

"为了阻止政治干预这些行政专家的立法和司法裁决，在设立这些机关的同时，议会采取了组织和程序上的预先警告的方式以帮助保护这些机关（监管机构——笔者注）独立于肮脏而又对立的政治压力之外"。⑦ 因此，"和各部不同

---

① ［美］詹姆斯·麦格雷戈·伯恩斯等著，吴爱明、李亚梅等译：《民治政府——美国政府与政治》，404 页，北京，中国人民大学出版社，2007。

② ［美］史蒂文·J. 卡恩著，张梦中、曾二秀、蔡立辉等译：《行政法原理与案例》，22 页，广州，中山大学出版社，2004。

③ ［美］史蒂文·J. 卡恩著，张梦中、曾二秀、蔡立辉等译：《行政法原理与案例》，46 页，广州，中山大学出版社，2004。

④ ［美］史蒂文·J. 卡恩著，张梦中、曾二秀、蔡立辉等译：《行政法原理与案例》，80 页，广州，中山大学出版社，2004。

⑤ 唐祖爱：《中国电力监管机构研究》，60 页，北京，中国水利水电出版社，2008。

⑥ ［美］肯尼思·F. 沃伦著，王丛虎、牛文展、任端平等译：《政治体制中的行政法》，第三版，32 页，北京，中国人民大学出版社，2005。

⑦ ［美］肯尼思·F. 沃伦著，王丛虎、牛文展、任端平等译：《政治体制中的行政法》，第三版，31 页，北京，中国人民大学出版社，2005。

的是，独立管理机构的最高层通常不是由部长一人组成，而是采取由5人或7人组成的委员会集体领导形式。集体决策模式要求两党达成一致意见，委员只有因渎职、疏忽或效率低下才可受到罢免，而不能因政治原因而被随意撤换。当然，例外还是有的，例如环境保护局（EPA）就是由1名总统可以罢免的局长负责"。[1] 如FCC是一个由5名委员组成的独立机构，其委员由总统提名，国会批准，任期5年，每年更换一名，来自同一政党的委员不能超过3人。[2] 可见，美国大部分经济监管机构以委员会制为主，一般由5~7名委员组成，采取集体讨论决策的方式，以克服独任制的不足。委员会由总统提名，经参议院同意后任命，任期一般为5~7年（各委员会任期不同，如联邦储备系统行政委员会任期达14年）。委员会的任期为交错满期，不是同时满期，总统不可能同时任命几位委员。委员会采取两党制，总统不能任命一党的委员在委员会中占绝对多数，以保证委员会能够作出公正的决议。总统享有对委员会任命的自由决定权，但对委员的免职却没有自由决定的权力，只能根据法律规定的理由才能免除委员的职务。但是，总统可不受限制地自由任命委员会的主席。免除职务后的委员会主席仍是委员会的委员。然而也有例外，联邦储备系统行政委员会的主席，法律规定任期为4年，总统不能任意免职。独立监管机构除领导结构和政府部的组织不同之外，其业务组织和部的业务组织相同。这种组织形式有效地限制了总统对独立监管机构的控制，但并不能完全阻止总统对委员会的影响，总统虽然受到两党制和任期交错制的限制，但可任命无党派和反对党中同情总统政策的人充当委员，再加上有些委员在任期届满前离职，也增加了总统任命的机会。[3]

二、英国：非大臣负责的政府部门

（一）设置模式

英国是一个议会内阁制国家，行政权归属于内阁，各部由相关大臣负责，但"规制机构属于宪法上的异类，有时被称为'非大臣负责的政府部门'"，也有人称其不"独立于政府之外"但"拥有强大权力"。[4] 监管机构的性质在英国虽然是一个颇受争议的话题，如罗伯特·鲍德温和克里斯托弗·麦克拉登在《监管与公法》一书中曾指出监管机构"形成了一个有着独特特征的群体，但它

---

① 张千帆、赵娟、黄建军：《比较行政法——体系、制度与过程》，234页，北京，法律出版社，2008。

② 张红凤、杨慧等：《西方国家政府规制变迁与中国政府规制改革》，54~55页，北京，经济科学出版社，2007。

③ 王名扬：《美国行政法》，180页，北京，中国法制出版社，1995。

④ ［英］A. W. 布拉德利、K·D. 尤因著，程洁译：《宪法与行政法》，第14版，582页，北京，商务印书馆，2008。

们隶属于一个范围更大的类别，这个类别被称为半官方机构、边缘组织、非部的公共部门或公法人"，① 但其能够独立行使职权却是一个公认的事实。英国政府在其公共事业监管的蓝皮书中是这样描述监管机构的："在政府规定的体系内，给予规制者独立、自由的经济决策制定权是非常重要的，如价格审查等。如果不是这样，政治因素会干预经济规则，从而使规制风险增大，规制成本提高，并且降低公共事业投资能力和运营能力"。② 如金融监管局是一个独立的非政府机构，根据英国《公司法》注册为一个有担保的有限公司。它由整个金融业提供资金来源，但不从公共部门或国家税收获得资金。它向英国财政部负责，并通过财政部向英国议会负责，必须每年向财政部报告对其法定目标的执行情况，该报告也要求呈交议会。③ 再如，英国许多市政公用事业都建立了独立的专业监管机构，具有很强的独立性，表现在：首先以法律的形式将监管机构的独立性确定下来，以避免政府出于政治目的而任意对监管机构的活动施加影响，同时明确监管机构的职责权限、监管目标、监管内容、监管程序，增加监管机构监管过程的透明度，便于这些特定产业接受监督，例如英国从 20 世纪 80 年代开始先后颁布了《电信法》《自来水法》《电力法》和《铁路法》等一系列法律；其次，资金来源渠道是影响监管机构独立性的重要因素，为了保证规制机构独立于政府行政部门，免受其他政府部门的压力，英国监管机构的资金主要来源于受规制的企业，包括向持有许可证的企业收取许可证费用和其他费用。④当然，所谓的独立性，在某种程度上是受到限制的，"规制机构并没有完全的行为自主权，它们的行为必须在议会规定的限度范围内。此外，其决策和行动还可能要服从于行政部门的指挥或者要受到司法部门的详细检查"⑤。

（二）决策机制

在英国，监管机构的组织方式有的是委员会制，有的是单一领导制。"确定规制机构的结构十分重要。结构方式有多种选择，其中两种最为重要。一种是任命单一的规制者，同时有一组工作人员作为辅助，另一种是成立一个多名成员组成的管理委员会。……是任命单一的规制者还是成立委员会，这取决于各国的惯例。历史上，英国一般选择成立单一的机构（规制者）。比如信息委

---

① Robert Baldwin and Christopher Mccrudden. Regulation and public law, george weidenfeld and nicolson ltd. , 1987, 3.

② A fair deal for consumers – modernising the framework for utility regulation.

③ 马险峰：《英国金融监管模式》，载《银行家》，2004（5），89 页。

④ 范合君、柳学信、王家：《英国、德国市政公用事业监管的经验及对我国的启示》，载《经济与管理研究》，2007（8），83~84 页。

⑤ ［英］伊恩·劳埃德、戴维·米勒著，曾剑秋译：《通信法》，41 页，北京，北京邮电大学出版社，2006。

会、公平交易总局和石油、电力行业和铁路部门委员会等"。[1] 委员会制的机构如金融监管局（FSA），其决策机构是董事会，成员包括 1 名主席、3 名执行董事和 11 名非执行董事。所有董事会成员由财政部任命。董事会制定 FSA 的一切政策。非执行董事组成一个委员会，其主要职责是确保 FSA 高效和经济地进行运作，检查其财务控制机制以及制定董事会执行董事的收入分配政策。FSA 的日常决策和行政管理由执行董事负责。主席负责 FSA 的战略方向和全面管理，3 名执行董事向主席负责，他们 4 人共同组成 FSA 的执行管理层。[2]

三、法国：独立行政机构

（一）设置模式

法国是一个传统的中央集权制国家，其国家政治体制在西方发达国家中别具特色，其行政组织包括中央行政机关、地方国家行政机关、地方团体行政组织、公务法人。经济监管机构在法国一般属于中央行政机关之中的独立行政机构，[3]"最近一个时期以来，国家并不都采取直接监管经济的做法，而是将权力

---

① [英] 伊恩·劳埃德、戴维·米勒著，曾剑秋译：《通信法》，41 页,42 页，北京，北京邮电大学出版社，2006。
② 马险峰：《英国金融监管模式》，载《银行家》，2004（5），89 页。
③ 严格来说，独立行政机构只是在法律赋予其职权时的一种表述，如法国《货币金融法典》第 L621－1 条称金融市场监管局为"一个具有法人资格的独立公共机关"。（见让·里韦罗、让·瓦利纳：《法国行政法》，291 页，北京，商务印书馆，2008。）王名扬所著《法国行政法》（北京大学出版社，2007）在行政机关分类中并没有提及独立行政机构，只是将政府组织分为国家、地方团体和公务法人。地方团体和公务法人来源于法国的分权制，"分权制是行政职务分别由国家及其他行政主体实施，构成其他行政主体的公务，国家对于其他行政主体只有按法律规定的监督权，没有指挥命令权。法国承认两种分权：地方分权和公务分权"（第 35 页），"法国法律上的公务分权是指某一种公务的实施需要一定的独立性时，法律把它从国家和地方团体的一般公务中分离出来，组成一个独立的实体。并且使实施这种公务的机关也脱离国家和地方团体的行政机关，成为一个公务法人，以自己的名义享受权利和负担义务"（第 37 页），"法律规定某种公务脱离一般行政组织，具有独立的管理机构和法律人格，能够享受权利、负义务，这种公务组织就成为公务法人"（第 100 页）。"公务法人的特点是其管理机构具有一定的独立性。正是这个独立性决定它的理由和适用范围"（第 103 页）。"公务法人的组织虽然不同，但有某些共同的形式：（1）公务法人由于具有某种程度的独立性，因而不包括在一般行政的层级组织之中。（2）各类公务法人的职权范围，虽然广狭不同，但都受专门性原则的限制，只能从事一种或几种相关联事务。……（4）大部分公务法人具备两个机关：议决机关和执行机关，议决机关的成员根据各种公务法人的性质和目的的不同，可能是职工代表、利益团体代表、公务员、用户代表、专家；产生方式可能是任命或由有关团体选举产生……"（第 105 页）根据上述公务法人的定义和特点，笔者理解，独立行政机构是由国家权力机关创设的，独立执行某种国家权力的机构，其特点也与公务法人相近，似应该将独立行政机构归类为公务法人。此外，王名扬还认为"公务分权的管理机关很少由选举产生"（第 37 页）。"公务分权的优点在于公务的管理避免一般行政、特别是政治因素的干扰，可以发挥技术人员的优势。缺点在于脱离民主监督，分散行政责任和增加行政费用"（第 38 页）。可见，结合公务法人的特点，将独立行政机构归类为公务法人，也可以论证经济监管机构与一般行政机关的区别，但笔者还是选择了独立行政机构的称谓，一方面，王名扬所称的公务法人包括国有企业等在内的多种类型，不利于突出文中应指的国家权力机构的属性；另一方面，运用独立行政机构的表述既符合法律授权时的原意，也能突出其与一般行政机关的区别。

授予独立的行政管理机关"①。"人们看到，……国家中央政府部门中出现了一些独立行政部门。这是一些独具特色的机构，不服从哪个部的等级制领导，而又不具备法人资格"。②"独立行政机构是法国行政机构中一种较新的组织形式，对公共权力的监督发挥着重要作用，表明了法国政府试图在被管理者和行政机关之间设立新的仲裁方式的愿望"。③ 其实，在法国，经济监管机构种类比较多，是否具有法人资格并不一致，其中有些有法人资格，有些没有。一般而言，早期设立的经济监管机构大多设在某个既存的公法人内部，是没有独立法人资格的④。近年来，有些法律开始明确规定独立行政机构具有法人资格，如"2003年8月1日的《金融安全法》设立了金融市场监管局（AMF），用以代替交易所业务委员会（COB）和金融市场理事会（CMF）。按照《货币金融法典》第L621-1条的说法，金融市场监管局是'一个具有法人资格的独立公共机关'"⑤。经济监管机构设立的方式有三种：国家法律或法令明确规定；宪法委员会的决定，如邮政和电力管理局于1996年7月23日依据宪法委员会的决定成立；国家最高法院的政令，依此成立的机构较多，如银行委员会、国家商业设施委员会、电力管理委员会、消费者保护委员会、竞争委员会等。⑥

经济监管机构在法国虽然被划为行政组织的一种，但不论其是否具有法人资格，其地位、性质等方面都不同于一般的行政组织，是一类非常独特的组织形态，主要特点是不受制于垂直的行政领导体系，具有相当程度的独立性。"无须承认它们的法人资格，它们与那些具有法人资格的公益部门无涉，但它们的重要性恰恰来自于这一事实：它们不服从某个部长，行动完全自由"。⑦ 虽然有些监管机构享有财政自主权，如金融市场监管局、保险与互助金融监管局，有些机构的财政隶属于国家财政，但无论是否享有财政自主权，所有监管机构都相对独立于科层制行政系统，不受行政等级体系的监督和制约。国家法律严格保障它们的独立地位。当然，并不是所有监管机构都完全独立于行政机关，有些机构的决定需要得到行政机关的批准，如股票交易委员会的决定需要得到财政部的批准。独立并不意味着不受任何约束，一方面，它们每年必须公开工作

　　① ［法］伊夫·居荣（Yves Guyon）著，罗结珍、赵海峰译：《法国商法》，840页，北京，法律出版社，2004。
　　② ［法］让·里韦罗、让·瓦利纳：《法国行政法》，291~292页，北京，商务印书馆，2008。
　　③ 邓龙：《法国的行政组织结构分析》，载《科教文汇》，2006年12月（上半月刊），108页。
　　④ 但也有例外，如证券交易所业务委员会是由1967年9月28日法令创设的一个独立的行政机关，并不设于某个公法人内部，但其没有法人资格，也不是裁判机关。见法国最高法院商事庭，1993年10月26日判决，《达罗斯判例汇编》，1994，237，N·德科佩芒述评。
　　⑤ ［法］让·里韦罗、让·瓦利纳：《法国行政法》，292页，北京，商务印书馆，2008。
　　⑥ 王敬波：《法国独立行政机构及其借鉴意义》，载《国家行政学院学报》，2007（3），101页。
　　⑦ ［法］让·里韦罗、让·瓦利纳：《法国行政法》，90页，北京，商务印书馆，2008。

报告；另一方面，根据当事人起诉，行政法院可以审查经济监管机构的所有决定，此种诉讼属于完全管辖权诉讼，法官不仅可以取消它们的决定，也可以要求它们重新作出决定。[1]

（二）决策机制

法国经济监管机构的组织形式也大多属于集体行使权力的委员会制，内部分别设立议事、决策、咨询、执行等机构，这样可以确保决策与执行相分离，避免权力滥用，提高立法的公正性和执法的严肃性；同时，为正确解决涉及的相关专业技术问题，设立咨询机构为决策提供技术支持，以提升决策的科学性。前文所述的金融市场监管局设有理事会，作为议事机构，对于金融市场监管局权限范围内的重大事项进行讨论；主席是执行机构，负责执行理事会的决议；惩罚委员会负责根据理事会的申请和调查，对违法者作出惩罚决定。此外，金融监管局还设有专门委员会和咨询委员会，负责处理具体问题或者提供咨询意见。[2]

同时，为了避免经济监管机构所代表的利益发生偏颇，法律规定经济监管机构的组成人员来源多样、任命方式特别，以便最大程度地保证不同利益集团以及持不同观点者对于决策的有效参与，多样化的成员组成也可以保证成员之间相互监督。如金融市场监管局理事会包括 16 名成员，主席由政令任命，此外还有 1 名最高行政法院法官、1 名最高法院的法官、1 名审计法院的法官、1 名法兰西银行的代表、1 名国家审计委员会主席、9 名在金融和法律领域拥有丰富经验的资深人士、1 名股东代表。惩罚委员会有 12 名成员，包括 2 名最高行政法院法官、2 名最高法院法官、6 名在金融和证券及法律领域享有丰富经验的资深人士、2 名金融领域员工代表。[3]

此外，为确保经济监管机构的独立性，尽量避免政府直接任命委员会成员。如原证券交易所业务委员会由主席和 9 名成员组成，主席由法令任命，任期为 6 年；9 名成员中包括最高法院法官、最高行政法院法官、最高审计法院法官、法兰西银行代表、金融市场交易委员会成员、会计委员会成员各 1 名，以及由国民议会主席、参议院主席与经济委员会主席任命的 3 名有资格人士。因此，证券交易所业务委员会除主席外，没有一名成员是由政府直接任命的，这样可使该机构享有一定的独立地位。[4] 可见，相对于美国监管委员会的委员都由总统任

---

[1] 王敬波：《法国独立行政机构及其借鉴意义》，载《国家行政学院学报》，2007（3），103 页。

[2] http：//www. amf - france. org/affiche - page. asp？urldoc = lesmissionsdmf，2010 - 05 - 10。

[3] http：www. cne - evaluation. fr/fr/img/lp，转引自王敬波：《法国独立行政机构及其借鉴意义》，载《国家行政学院学报》，2007（3）。

[4] ［法］伊夫·居荣（Yves Guyon）著，罗结珍、赵海峰译：《法国商法》，840～841 页，北京，法律出版社，2004。

命的规定（虽然需要征得参议院的同意），法国经济监管机构的独立性在这方面更强一些。

四、德国：联邦高级机关

（一）设置模式

德国是联邦制国家，"国家权力需经公民选举和投票，并由立法、行政和司法等特别机关行使"①，立法权、行政权、司法权分别由联邦议会、联邦政府和联邦最高法院承担。德国经济监管机构一般属于联邦政府各部及其下设的联邦高级机关。"联邦自身的行政机关包括最高的联邦机关，如联邦经济劳动部、联邦财政部、联邦交通部以及联邦消费者保护部、食品和农业部。这些部构成了行政的最顶端。它们主要作出经济政策方面的重大决定，承担核心的行政任务，并进行监督"。"在这些部以下有一系列联邦高级机关，它们的权限涉及全国。其任务是在经济行政领域实施行政和执行措施，从而减轻各个部的负担，同时这些机关还为经济行政法上的决策提供理论依据"。② 如联邦经济和出口检查局、联邦食品和林业局、联邦环境局、联邦卡特尔局、联邦货物运输局、邮政和电信及电气监管局、联邦金融服务监管局、联邦消费者保护和食品安全局等。

对作为国家行政机关的监管机构来说，并不具有独立性；但对部以下的联邦高级机关而言，法律往往赋予了它们独立行使职权的能力。如联邦金融服务监管局，"在法律上，它受财政部的约束，财政部可对其提出重要指示。然而，在功能与组织上，联邦金监局是一个独立的实体，它在具体监管事务上是不会受到干预的"③。"根据《联邦金融服务监管局法》《关于联邦金融服务监管局章程的条例》和《联邦金融服务监管局章程》的规定，联邦金融监管局是联邦直属的、具有权力能力的、公法上的行政机关，受联邦财政部的法律监督和业务监督，履行对金融市场的国家监管职能，在其职责范围内代表德国参与相关国际事务"。④ 德国联邦金监局是独立法人，其收支独立，有权对被监管的金融机构进行处罚；经费主要来源于对被监管金融机构征收的监管费、对某些市场参与者征收的许可证费以及提供服务收取的费用等；联邦金监局依法独立履行职责，不受行政部门及其他机构的制约。⑤ 再如联邦卡特尔局是一个独立的单位，

① ［德］伯阳：《德国公法导论》，30 页，北京，北京大学出版社，2008。
② ［德］罗尔夫·施托贝尔著，谢立斌译：《经济宪法与经济行政法》，495 页，北京，商务印书馆，2008。
③ 孙珺：《德国金融法律制度初探》，载《德国法研究》，第 3 卷，136 页，哈尔滨，哈尔滨工业大学出版社，2009。
④ 高基生：《德国证券市场行政执法机制研究》，载《证券市场导报》，2005－04，39 页。
⑤ 关键：《德国的金融体系与监管》，载《金融博览》，2008（5）。

向联邦议会负责，不允许有任何经营现象，资金来源于中央财政预算。[①] 但是，与英国明显不同，德国各公用事业没有自己独立的监管机构，而是采用了一种综合的监管模式，联邦政府的职责主要是制定相关监管法律，具体监管职能交由综合监管机构以及各州依法实施，最为重要的两个监管机构是联邦网络服务署和联邦卡特尔局。二者之间建立了监管分工和合作机制，联邦网络服务署从行业和网络的角度进行跨行业监管，联邦卡特尔局则主要从企业行为和市场竞争的角度开展专业化监管。联邦网络服务署 2005 年成立，隶属于德国经济劳动部，负责供电、供气、铁路、电信、邮政等网络型产业监管，依据电信、邮政、能源等方面的法律作出监管决策，这些决策不受经济劳动部或其他部门的干预。[②] 可见，在德国，经济监管机构虽然大部分隶属于政府部门，但在履行职责时具有相当大的独立性。

（二）决策机制

与英国相似，德国部分经济监管机构采用了单一领导制，并利用一个集体决策部门牵制首脑的权限；部分监管机构则实行委员会制。如联邦金融服务监管局的领导机构为主席和行政理事会。主席负责领导监管局，代表监管局参与诉讼和非诉讼活动。行政理事会每年召集两次，其主要职责有两项：一是监督监管局的执行水平；二是为监管局履行职能提供支持。另外，还负责监管局的预算。主席须定期向行政理事会报告工作。行政理事会由 21 名成员组成，其中理事长和副理事长由联邦财政部委派，其他 19 名成员分别来自联邦财政部（2 名）、联邦经济和劳动部（1 人）、联邦司法部（1 人）、联邦众议院（5 人）、信贷机构（5 人）、保险企业（4 人）、投资公司（1 人）。[③] 再如联邦卡特尔局，设局长、副局长各 1 名，由联邦经济部部长任命，一经任命便实行保证制，除非出于特殊原因如犯罪或健康状况等均不得随意变换。[④] 联邦卡特尔局如同一个法院，可以独立地且不受外界影响地对卡特尔案件作出裁决，这些裁决是在决议处作出的，联邦卡特尔局局长不得对具体案件发布指令，只能就有关情况与其协商；对一个事件的调查由部门主席、事件调查人、中立人三人组成一个调查委员会进行，工作原则与法院相似，对一个事件作出判决后，如有异议可以上诉到地方法院、高级法院，一直到联邦法院。[⑤] 而联邦网络服务署实行的则是

---

① 胡明生：《对德国反垄断机制的思考》，载《工商行政管理》，2001（22），49 页。

② 范合君、柳学信、王家：《英国、德国市政公用事业监管的经验及对我国的启示》，载《经济与管理研究》，2007（8），85 页。

③ 上海期货交易所"境外期货法制研究"课题组：《德国期货市场法律规范研究》，37 页，北京，中国金融出版社，2007。

④ 胡明生：《对德国反垄断机制的思考》，载《工商行政管理》，2001（22），49 页。

⑤ 孔祥俊：《反垄断法原理》，722 页，北京，中国法制出版社，2001。

三人委员会领导制，由委员会对具体监管事项作出决策。①

五、日本：行政机关内的委员会和审议会

（一）设置模式

与美国、法国不同，在日本，经济监管机构一般都设置于行政机关内部。虽然如此，深入分析其设置模式，我们依然会发现它们也具有一定的独立性，而且与一般行政机关有所不同。日本宪法规定，国会、内阁、最高法院分别行使立法权、行政权、司法权，国会与内阁的关系为所谓议院内阁制，国会从国会议员中提名内阁总理大臣，国务大臣的过半数必须选于国会议员。② 日本中央行政权集中于内阁，内阁以下设内阁府和省，省下可设官房、局、部、科、室等，也可设置委员会、厅等外局。

日本经济监管机构有的设置为省，如农林水产省、经济产业省、国土交通省、环境省、厚生劳动省等；③ 有的设置为外局（委员会、厅），如证券交易委员会、农地委员会、中央劳动委员会、公正交易委员会和金融厅等。设置为省的监管机构自然无所谓独立性可言，但作为外局的监管机构虽被认为设于省里，但在日本《国组法》中两者还是有区别的，"省和内阁府一起被置于内阁的统辖之下，而委员会和厅则作为其外局而设立（第3条第3款）。省的首长是各省大臣（第5条第1款），而委员会和厅的首长分别是委员长或者长官（由大臣兼任的情形在《国组法》上是不存在的，只有内阁府的外局）"④。可以看出，在《国组法》上，委员会、厅相对于省、内阁府具有一定独立性。"委员会本身是决定国家意思，并向外表示的机关。在这一点上，委员会虽然也是《国组法》上的第3条规定的机关，但是与省是基于概括性机关概念而成立相对（厅也一样），委员会却可以基于行政官厅法理来理解。委员会，根据个别作用法被赋予对外的权限，此时，成为行政厅的，与省厅的情况下是作为其首长的大臣相对，在委员会的情况下，是委员会本身"，按照前述"所指出的现委员会的设置根据，分别或多或少地被赋予了对内阁、进而对其他组织的独立性的正当化理由"。⑤ "这些行政委员会，虽然隶属于内阁及内阁总理大臣管辖（参照《国家公务员法》第3条第1款、《垄断禁止法》第27条第2款、《警察法》第4条），

① 范合君、柳学信、王家：《英国、德国市政公用事业监管的经验及对我国的启示》，载《经济与管理研究》，2007（8），85页。
② 阿部照哉、池田政章、初宿正典等著，周宗宪译：《宪法》（上册），67页，北京，中国政法大学出版社。
③ ［日］南博方著，杨建顺译：《行政法》，第六版，18页，北京，中国人民大学出版社，2009。
④ ［日］盐野宏著，杨建顺译：《行政组织法》，50页，北京，北京大学出版社，2008。
⑤ ［日］盐野宏著，杨建顺译：《行政组织法》，52～53页，北京，北京大学出版社，2008。

但在行使其职务时却是从内阁中独立出来活动"。① 如公正交易委员会"可以不接受内阁总理大臣的指挥命令独立地行使职权，与日本通常的国家行政机关有较大的不同"。② 可见，委员会不但对省、内阁府，而且对内阁来说，都是相对独立的组织。

此外，在日本，还有一种机构是内阁府、省附属机关中的审议会。严格来说，审议会只是咨询机关，但从审议会被赋予的职责来看，部分审议会具有监管机构的职责。一般来说，内阁府、省的内部部局适合于实施规划立案、调整等业务，而作为提供服务以及专业判断等的组织，则是不适合的。因此，有时还附带设置与内部部局不同的机关，在日本这被称为附属机关。"虽然可以谈附属机关的相对独立性，不过，这种相对独立性因附属机关的种类和业务的内容不同而不同"。③ 审议会属于附属机关的一种，是合议制机关，适合于由具有调查审议、不服审查及其他学识经验者等合议处理的事务。盐野宏将审议会分为三类：政策提案型审议会，如食品安全委员会、社会保障审议会等，负责基于调查审议的结果，进行一定的政策或法案等的提案劝告；不服审查型审议会，如电波监理审议会、信息公开审查会、关税等不服审查会等，负责对行政处分进行不服审查；案件处理型审议会，如电波监理审议会、运输审议会、食品安全委员会等，负责在法律制定以及公共收费，甚至在作出许可、检定等个别处分时，接受主务大臣的咨询而进行审议决议，就纠纷处理进行调解、仲裁。有些审议会由于分别具有多项职责，而被分在两种类型之中，如食品安全委员会、电波监理审议会。一般来说，对政策提案型审议会的意见，政府不会受其法的约束；而不服审查型审议会的决定不但可以直接作为国家意思向外部表示，而且就大臣咨询事项的调查审议决定的拘束力也较强，至少在必要的咨询事项上，欠缺咨询的裁决、决定是违法的；④ 案件处理型审议会，可以直接进行调解、仲裁和进行权限内的行政处分，甚至当行政厅没有经过其审议而出具了与审议会决议不一致的处分时，最高法院一般判决欠缺必要咨询的处分是违法的。⑤ 可

① ［日］芦部信喜著，林来梵、凌维慈、龙绚丽译：《宪法》，第三版，295 页，北京，北京大学出版社，2006。

② 根岸哲、舟田正之著，王为农、陈杰译：《日本禁止垄断法概论》，第三版，296 页，北京，中国法制出版社，2007。

③ ［日］盐野宏著，杨建顺译；《行政组织法》，58 页，北京，北京大学出版社，2008。

④ 东京地方法院决定，昭和 40 年 4 月 22 日，《行政例集》，16 卷第 4 号，708 页。［日］盐野宏著，杨建顺译：《行政组织法》，北京，北京大学出版社，2008。

⑤ 最高法院判决，昭和 50 年 5 月 29 日，《民集》，29 卷第 5 号，662 页；《行政判例百选 I》，123 案件。最高法院判决，昭和 46 年 1 月 22 日，《民集》，25 卷第 1 号，45 页；《行政判例百选 I》，118 案件。最高法院判决，昭和 31 年 11 月 22 日，《民集》，10 卷第 11 号，1468 页；《行政判例百选 II》，第四版，128 案件。转引自［日］盐野宏著，杨建顺译：《行政组织法》，北京，北京大学出版社，2008。

见，后两类审议会，如食品安全委员会、电波监理审议会、信息公开审查会、运输审议会等，不但自身可以作出监管决定，进行仲裁、调解（限于第三类审议会），而且其出具的咨询意见对行政厅（总务大臣）也具有一定的拘束力。因此，审议会相对于内阁府、省、厅、委员会等机构来说，具有一定的独立性。

（二）决策机制

在日本，作为委员会和审议会的经济监管机构一般采用"合议制"，实行集体决策。如公正交易委员会是国家行政机关，在国家行政组织法上，隶属于总理大臣管辖，处于内阁府直属单位的地位，是合议制的行政机关，由委员长和4名委员构成，委员长和委员来自年龄35岁以上、具有法律或者经济的相关学识经验者，并由内阁总理大臣在征得参众两议院的同意之后任命；委员长和委员的任期原则上为5年，在任职期间，除受到破产宣告、受到惩戒免职处分、受一定的刑事处分以及因身心障碍公正交易委员会决定其不能行使职务等外，不能违反其意愿予以罢免；委员长和委员的报酬也受到保障，在有关公正交易委员会的裁决诉讼中也不受法务大臣的指挥。通过上述安排，实质性地确保委员长和委员行使职权的独立性。公正交易委员会的重要意思决定通过合议进行，合议是不公开的，需要有委员长和两名以上的委员出席，原则上拥有出席者的过半数方能形成决议，委员长在决议时与其他委员是平等的，只有在赞成和反对票相同的情况下，才取决于委员长的决定。为保证委员长和委员公平和中立的地位，法律禁止他们参加政治运动和商业性活动，以及对外界发表有关案件事实有无及有关适用法律的意见。[①] 可见，日本公正交易委员会的组织方式与美国联邦交易委员会颇为相似，然而其毕竟属于内阁府管辖，在人员任命、法案提出、预算案编制等方面仍然受内阁控制，与美国独立监管机构的法律地位还是有所不同。但无论如何，通过上述组织体制的安排，国家力求将政治因素对公正交易委员会的影响降到最低限度。

六、韩国：各部直属机关和行政委员会

（一）设置模式

同日本一样，韩国经济监管机构也一般设置于行政机构内部。韩国现行宪法上的统治结构采取总统制，总统是国家行政首脑。韩国政府机关可分为总统及其直属机关、国务会议、国务总理及其直属机关、行政各部及其所属中央行

---

① 根岸哲、舟田正之著，王为农、陈杰译：《日本禁止垄断法概论》，第三版，296～298页，北京，中国法制出版社，2007。

政机关（包括厅、行政委员会及其他行政机关）。① 韩国经济监管机关有属于总理直属机关的，如金融监督委员会；有属于行政各部的，如农林部、产业资源部、信息通信部、环境部、劳动部、建设交通部、海洋水产部等；有属于行政各部直属机关的，如中央劳动委员会、公正交易委员会、通信委员会等。其中，总理直属机关和行政各部是典型的行政机关，而"行政委员会在组织上有时也属于行政各部，在其职务执行过程中，通常有一定的独立性"②，《政府组织法》第5条规定："当有必要独立执行部分所管事务时，可以依据法律规定，在行政机关中设立行政委员会等合议制行政机关。""行政委员会制度原本是19世纪末和20世纪初为将随英、美资本主义制度发展而出现的多种社会、经济问题纳入行政而引进、发展起来的。在这些新的行政事务处理中，要求担当机关具有政治中立性、专业性以及遵循更为慎重的程序，适应这种要求而设立的机构有独立规制委员会等各种行政委员会"。③

可见，在韩国，属于行政委员会的经济监管机构在形式上归属行政各部管辖，但执行职权时却具有一定的独立性。但与日本相比，韩国属于行政委员会的监管机构的独立性较差，主要表现在：一是日本行政委员会不但相对独立于各省，而且相较于内阁也有一定的独立性，而韩国行政委员会只相对于各部来讲具有一定的独立性；二是日本任命委员会首脑如公平交易委员会委员长，一般要征得参众两院的同意，而韩国任命公平交易委员会委员长采取的程序是总理提名，总统任命，使得委员会对政府的依附性更强。④ 此外，总理直属机关也具有一定独立性，如依照《金融监督机构法》第3条规定，金融监督委员会是国务总理的直辖机构，独立地实施监管工作。将金融监督委员会交由国务总理直辖，主要目的是防止财政经济部的影响。1999年5月《政府组织法》修改时，将财政经济部拥有的金融机构设立认可权移转予金融监督委员会，同时，财政经济部必须经过与金融监督委员会的磋商而修改有关金融监管法规，以强化金融监督委员会的独立性。⑤

① ［韩］金东熙著，赵峰译：《行政法Ⅱ》，第9版，30～34页，北京，中国人民大学出版社，2008。

② ［韩］金东熙著，赵峰译：《行政法Ⅱ》，第9版，33页，北京，中国人民大学出版社，2008。

③ ［韩］金东熙著，赵峰译：《行政法Ⅱ》，第9版，34页，北京，中国人民大学出版社，2008。

④ ［韩］权五乘著，崔吉子译：《韩国经济法》，259页，北京，北京大学出版社，2009。

⑤ 高贤升：《对中国金融监管模式选择的研究——以中国、韩国监管模式改革事例分析》，复旦大学硕士学位论文，2003－05，28页。

（二）决策机制

韩国行政委员会制式的经济监管机构一般采用合议制。"这种行政委员会在形式上是行政机关的一部分，归属于行政各部或行政首脑，作为具有职务独立性的合议制行政官厅，担负部分行政权，直接对国民执行该所管事务的行政业务。"① 如公平交易委员会由1名委员长、1名副委员长和7名委员组成，其中非常任委员有4人。委员长和副委员长根据国务院总理的提名，由总统任命；其他委员根据委员长提名，由总统任命。委员的资格包括从事法官、检察官、律师工作15年以上，有法律、经济、管理或消费者保护领域的专业经历并在大学或公认的研究机构担任副教授职务或相当职务7年以上，从事企业经营或消费者保护活动15年以上等，以保障委员会的专业性。同时规定，委员除被宣告禁锢以上的徒刑或因身心衰弱长期不能执行职务等情形外，不得被免职，以确保委员会的延续性、独立性。委员会决议实行合议制，决议事项须由全体委员过半数赞成方可通过，以保证决议事项的科学性和相对正确性。再如，金融监督委员会依照《金融监督机构法》第3条的规定为合议制行政机构，是韩国金融监督的最终裁决机构。② "（韩国金融监督委员会）除了委员长（直接由总统指派）和副委员长各1席外，另包括7席委员：财政经济部副部长、韩国银行副总裁和存款保险公司董事长为兼任，财政经济部、金融监督委员会、法务部与韩国商会各推荐1人为专职委员"。③

从以上国家经济监管机构的设置模式来看，无论是总统制国家（如美国、韩国）还是议会内阁制国家（如法国、日本），都在一定程度上赋予了经济监管机构一定的独立性。根据 OECD 秘书处 2005 年对电信、能源、金融领域的调查结果，OECD 的 30 个成员国 97 个经济性监管机构中大约 60% 的监管机构采用独立监管机构模式，具体为：电信领域设立独立监管机构的有 23 个国家，独立咨询机构的有 1 个国家，部内执行机构的有 7 个国家，由内阁部兼行监管职能的只有日本 1 个国家；能源领域设立独立监管机构的有 15 个国家，独立咨询机构的有 5 个国家，部内执行机构的有 4 个国家，由内阁兼行监管职能的有 4 个国家；金融领域设立独立监管机构的有 23 个国家，独立咨询机构的有 1 个国家，部内执行机构的有 13 个国家。④

① ［韩］金东熙著，赵峰译：《行政法Ⅱ》，第9版，34页，北京，中国人民大学出版社，2008。

② 丁同民：《加强我国金融监管的法律支撑》，载《金融理论与实践》，2002（5），31页。

③ 王立军：《韩国金融体系改革的措施与成效》，载《国际金融研究》，2000（10），26页。

④ Stephane Jacobzone. Independent regulatory authorities in OECD countries: an overview, on OECD proceedings of an expert meeting in London, UK, 10 – 11 January 2005, 82.

所谓独立性，是指监管机构立于传统多层次的行政官僚体系之外，免于不当的政治干预和行政影响，独立自主运作，且其成员受一定的保障，不得任意免职。[①] 相对于行政机关，经济监管机构的独立性主要体现在以下几个方面：一是法律地位独立，法律往往授予监管机构独立的法律地位，无论其级别高低，都能相对中立超然、公平公正地行使监管职权；而行政机关的科层官僚体制往往无法保障监管决策的客观公正。二是人事安排独立，监管机构决策层的人事安排一般由法律规定，并经过法定程序予以任免，任何人无权任意变更，具有较大的稳定性。如通过任期保障制（包括除特殊情况外，总统不得任意免职和交错任期制等），避免因上级机关好恶的变动、政党轮换或政府更迭带来的人事变迁；通过对监管机构成员党派组织比例的规定，维持机关人员独立行使职权的中立性，免受政党的干涉。三是职权行使独立，监管机构在职权范围内所作出的决定为执法层的最终决定，具有类似于司法判决的效力，只有司法机关才能加以审查。[②] 而且司法机关在审查时，基于监管机构的专业判断和独立地位，原则上也应尊重监管机构的事实认定意见，只作法律适用的审查。同时，为避免上级机关的指挥监督（特别是隶属于部的监管机构）和民意代表机关的关切给监管机构带来的压力，法律一般赋予监管机构依法独立行使其职权的权力，以保证监管机构决策的客观和中立。四是经费来源独立，经费来源是保障监管机构独立性的重要方面，为避免经费压力影响决策的中立性，监管机构的经费多数来源于被监管单位。如欧盟第6次电信规制实施报告中，对15个国家电信监管机构的经费来源进行了说明，其中只有法国、意大利、英国监管机构的经费100%来源于财政。[③]

在组织方式上，有的采用单一领导制，有的采用委员会制，两者各有利弊，单一领导制的优点是权力集中、决策迅速、政策连贯一致，缺点是主要依靠领导的个人魅力和能力，容易产生独断专行，不利于科学决策；委员会制的优点是决策能考虑更多方面利益和借鉴更多经验，更具有科学性，且一旦决策通过就会发挥较大的作用，缺点是产生内部异议的可能性较大，决策较缓慢。但总体来说，采用委员会制的较多，国际电联（ITU）2001年公布的统计数据清楚地表明了这一点，见图2-1。

---

① 陈樱琴：《公平会独立性之研究》，载《公平交易季刊》，第7卷，1999（1），68页。

② 陈樱琴：《公平会独立性之研究》，载《公平交易季刊》，第7卷，1999（1），72页。

③ http://europa. eu. int/comm. /information – society/polity/telecom/6threport/pdf/6repanx3 – en. pdf. ，2010 – 09 – 22.

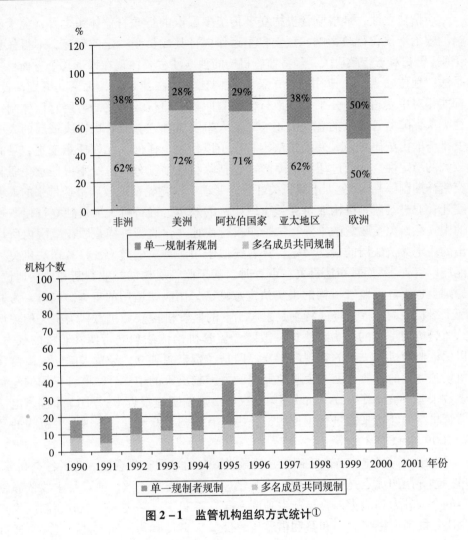

图 2 – 1　监管机构组织方式统计①

---

　　① ［英］伊恩·劳埃德、戴维·米勒著，曾剑秋译：《通信法》，42 页，北京，北京邮电大学出版社，2006。

第三章 经济监管机构的发展史

"任何激变都不是轻易发生的。激变只有在我们不愿去了解预示未来的我们的过去时，才成为一种必要"。——阿蒂拉

"许多事情确实在不同的年代发生了变化，并且是以诸多不规则的方式发生改变的。没有单一的模式，即使最精细和最有策略的模式也会给我们希望追溯的历史既留下阴影，又带来清晰的解释"。——W. 莱文（Letwin）

18 世纪，亚当·斯密与洛克分别提出了自由市场和民主政治的理论架构。自由市场和民主政治的理论体系顺应了资本主义的发展需要，为西方国家统一国内市场、构建夜警政府作出了重要贡献，激发了民众创造财富的热情，促进了西方物质财富迅速积累，至今仍被资本主义国家视为社会发展的重要制度基础。现代意义上的经济监管机构就产生于西方资本主义自由市场和民主政府的不断博弈之中。尽管发展程度有所不同，但采用市场经济的不同国家都建立了某种形式的经济管制。"管制和贸易、投资、企业家精神以及技术一样，都是西方资本主义历史的重要部分"。① 梳理一下经济监管机构的产生和发展史有助于分析其产生原因、总结其发展特点和对经济、政治体系的影响，从而为经济监管机构的法律定位提供重要的借鉴。以下将分别探讨经济监管机构在美国、英国、法国、日本等资本主义国家的发展过程。

第一节 美国：独立监管机构发展最成熟的国家

美国是迄今为止运用自由市场和民主政治最成熟、最成功的资本主义国家。"尽管这个国家具有最强烈的个人主义、自愿主义、地方主义以及反对政府过于主动的传统，但它却发展出了一套最精致、最广泛的依法管制体系"。②

---

① Morton Keller. Regulation of large enterprise: the united states experience in comparative perpective, in law and the formation of the big enterprise in the 19th and early 20th centuries, ed. chandler and daems (goettingen: vandenhoech & ruprecht, 1979), 161.

② 同上，166.

一、联邦经济监管机构的产生（1887 年以前）

"如果将放任政策描述为政府限制直接干涉经济事务的责任，那么任何根据自由放任政策描述的早期美国经济政策都是令人震惊的。历史记载表明美国政府，无论是地方政府还是联邦政府都严重地干涉了经济"。① 例如 1777 年，新英格兰各州通过了一系列相似的"管理条例"（Regulating Acts）来制定农场工人、机械师和商人的工资以及农产品、加工品和诸如饲养马匹和训练马匹等服务的价格。大陆会议建议所有的 13 个州效仿这些模式。美国对一些商品和服务的价格控制一直持续到 19 世纪。这正是首席法官维特（Waite）的证言，1876 年他称："自英国在美洲建立第一块殖民地始，美国就已把管理渡船、普通的运输者、马车夫、面包师、矿场主、码头老板、小旅店的主人等作为惯例，如此做法巩固了最大限度的管理……现在许多州的法律都建立在这样一些或全部的惯例上。"就联邦政府而言，也从事一系列相似的活动。联邦政府直接投入资金，赠送国有土地和提供公共信贷用来资助公路建设、开发运河和铁路建设。联邦政府为渔夫提供资金，为皮毛商颁发许可证和提供担保。②

但是，现代意义上的监管"在美国，起码在联邦层次上，……它的发端一般可以追溯到 1887 年建立的州际商业委员会（ICC）"。③ 美国自脱离英国的殖民统治后，经济取得了长足发展，特别是在南北战争后更是突飞猛进。据统计，1800—1855 年美国国民生产总值年平均增长 3.99％；1855—1890 年国民生产总值年均增长 4％。④ 经济的发展主要得益于以下因素：一是交通的改善。国内交通系统日趋完善，特别是建成了贯通东西部的铁路大动脉，大大降低了商品的运输成本。二是市场的统一。随着交通状况的改善，商品流通的范围得到扩大，速度也明显提高，形成了统一的国内市场，进一步促进了商品的增加。三是技术的进步。机器得到了大规模的使用，制造业企业由小作坊成长为高效率的大工厂，成本和价格不断下降。在经济迅速发展的过程中，产生了一些足以引起社会变革的问题，贫富差距日益严重，生产愈来愈集中，大企业依靠规模或垄断优势攫取高额利润，而小企业主和手工业者的盈利日益微薄，境遇最差的是

---

① M. M. 波斯坦、D. C. 科尔曼著，王春法主译：《剑桥欧洲经济史（第八卷）——工业经济：经济政策和社会政策的发展》，574 页，北京，经济科学出版社，2004。

② M. M. 波斯坦、D. C. 科尔曼著，王春法主译：《剑桥欧洲经济史（第八卷）——工业经济：经济政策和社会政策的发展》，575 页，北京，经济科学出版社，2004。

③ ［美］丹尼尔·F. 史普博著，余晖等译：《管制与市场》（Regulation and Markets），86 页，上海，格致出版社、上海人民出版社，2008。

④ ［美］斯坦利·L. 恩格尔曼、罗伯特·E. 高尔曼主编，高德步等译：《剑桥美国经济史》，第三卷，5 页，北京，中国人民大学出版社，2008。

农民，随着农业生产效率的日益提高，农产品价格也在逐步下降，更为严重的是农产品的运输主要靠铁路，而铁路公司为了自身利益，对零散的农产品等货物制定了高昂的运费，使主要依靠农业收入的农民雪上加霜。为了维护自身利益，农民自发成立了自己的组织——农业协会，1856 年地方和州农业协会已达到 912 个。农业协会组织了声势浩大的农民抗议运动，也就是格兰其（Grange）运动，目标是迫使政府干预铁路公司的经营，降低运价。1873 年的经济危机又加剧了农民的不满情绪，推动他们成立了绿背党（The Greenback Movement），提出了稳定物价、铁路国有化等主张。[1] 这些要求也得到了美国社会其他阶层（主要是小企业主和小铁路公司）的支持，小企业主作为消费者，其立场和农民相似；小铁路公司因不堪与大铁路公司进行价格竞争，也支持政府管制运费。到 1886 年，美国已有 25 个州建立了监管铁路的机构。但是，由于铁路是跨州运行的，最高法院在 1886 年又判定一个州的法律对跨州运输不适用，个别州的限价令无法达到彻底改变铁路运费的目的。1887 年国会依据《宪法》赋予联邦政府管理州际商业的权力，通过了《州际商业法》，创建了州际商业委员会，监管铁路运输企业（以后控制范围逐渐扩大到其他州际商业）。"出现了从州管制向联邦管制和从鼓励、促进向控制的转变"，[2] 真正意义上的政府经济管制在美国出现了。州际商业委员会是联邦政府第一个具有重要地位的独立监管委员会，但并不是新的创举，在此之前美国某些州已经成立了类似的委员会，联邦州际商业委员会是在州委员会作用不够的基础上产生的新型联邦监管机构，它表明经济活动已经超过了州的控制范围，必须由联邦政府控制，代表了州和联邦控制权力的重新调整。

那么，在美国，为什么要通过设立州际商业委员会这种独立监管委员会的形式，而不是采取国有化、政府直接限价等方式来解决铁路运费的问题呢？原因主要有以下几个方面：一是国会缺乏这方面的专业知识，无法直接确定铁路运费价格，只好设立一个公正的专业组织来确定运费；二是即使国会费尽周折确定了当前的公正运费，但当情况发生变化时，还需要重新确定一次运价，国会无法承担对铁路企业的持续控制职责；三是对法院来讲，一旦制定出了统一的铁路运费，就必须裁决运费执行过程中出现的各种争端，但当时的法院忙得已经无暇顾及如此专业性的问题，况且其同样也缺乏这方面的专业知识；四是国有化的路径太过极端，对于信奉自由市场制度的国家来讲，国有化的政策只能是最后的选择。正如弗里德曼所说："传统的政府机构对于管理商业和驾驭国家基础设施感到无能为力，法院完全不是优秀的管理者。它们消极被动，并且

---

[1] 赫冰：《美国政府经济管制的演进》，吉林大学博士论文，国家图书馆，47 页。

[2] 道格拉斯·C. 诺思：《经济史中的结构与变迁》，213 页，上海，上海人民出版社，1994。

没有受过专门训练……在钢轨和电报的时代，镇局和县当局同样庸碌无效。有效的措施首先是州范围内的控制，当各州也不能满足它们各自选区居民的要求时，这些选民便转而求助于联邦政府。许多法律领域都重复了这一过程"。① 因此，政府控制经济的方式，在美国最终被定位在这种独立监管机构的形式。②

此外，州际商业委员会的建立与美国最高法院对芒恩案的判决有很大关系。"芒恩及其合伙人斯科特由于未获得许可证而在芝加哥市经营谷仓，并收取高于州法律确定的仓储费而被伊利诺伊州管制机构判定违反该州 1872 年的货栈法"。③ 芒恩不服伊利诺伊州的判决，上诉到最高法院。最高法院认为"当财产以一种具有公共效应的方式被使用，且对社会产生普遍影响时，它就被赋予了公共利益的意义；因此，当一个人将财产使用在具有公共利益的用途方面时，他实际上就在那种用途上赋予了公众一种利益，而且，出于公共利益的目的，他必须接受公众的管制"④，并在 1877 年维持了伊利诺伊州管制机构的判决。最高法院对"公共利益"的肯定赋予政府更多的行动空间。各州政府作为"公共利益"的执行者开始着手管制某些工商企业的运营，而这种政府管制行为在芒恩案判决之前往往被认为是侵犯了私有产权的。

二、初步发展阶段（1887—1930 年）

州际商业委员会建立的最初几年并没有真正影响到铁路公司的运营。因为它的命令只有在自愿服从时才发生效力，否则只能通过委员会向最高法院提出申请，由最高法院发出禁令来执行。更为不幸的是，法院对州际商业委员会持一种敌对或冷漠的态度，最高法院在 1896—1897 年的几次判决中，裁定州际商业委员会无权确定铁路运费。如美国最高法院在 1897 年判决"亚拉巴马－米德兰铁路公司"案件时宣布：对于铁路公司在运输费率上各种较为常见的差别对待，州际商务委员会不能视为违法。⑤

1906—1917 年发生了著名的进步运动，得到了美国大多数民众的支持，他们认为工业革命引起的问题是全国性的，只能由广泛的联邦管制才能解决，因而希望强有力的重要立法，使企业接受完全的社会管制；并分配政府主要事务给监管委员会，以避免政治影响，使其能够基于专业知识进行公正判断。此后，

---

① ［美］芝伦斯·M. 弗里德曼著，苏彦新等译：《美国法律史》，482 页，北京，中国社会科学出版社，2007。

② 余晖：《美国：政府管制的法律体系》，载《中国工业经济》，1994（12），51 页。

③ 张友伦等：《美国历史上的社会运动和政府改革》，213 页，天津，天津教育出版社，1992。

④ 胡国成：《塑造美国现代经济制度之路》，28 页，北京，中国经济出版社，1995。

⑤ 张红凤、杨慧等：《西方国家政府规制变迁与中国政府规制改革》，80 页，北京，经济科学出版社，2007。

国会逐渐赋予州际商业委员会更多的权力。1906 年美国国会通过了《赫伯恩法》，赋予州际商业委员会判定铁路公司定价是否合理、制定合理运输价格并强制铁路公司执行合理定价的权力，并进一步规定铁路公司的输油管道、车站和簿记方式都要在州际商业委员会的管辖范围之内，从而使监管深入企业日常经营活动之中。1910 年，《曼恩－埃尔金斯法》又进一步加强了州际商业委员会的职能，即规定电话、电报、电缆和无线电公司为运输业范畴，从而使这些行业成为政府经济管制的内容。1912 年，《巴拿马运河条例》又将水运置于州际商业委员会的管理之下。1913 年，《估价法》使州际商业委员会获得了估价铁路财产的权力。至此，美国政府对企业的经济管制从原来仅仅可以干预企业的歧视性定价，发展到可以影响企业的成本与价格。这标志着美国政府与企业之间的关系进入了一个新的发展阶段。州际商业委员会成为以后美国独立管制机构的雏形。

虽然独立监管机构的成立代表了普通阶层的利益，但是最高法院对政府控制经济的做法仍持审慎态度，因此从 1887 年直到 20 世纪 30 年代经济危机前，独立监管机构的发展速度并不快，在此期间成立的独立监管机构有：联邦储备委员会（现在称联邦储备系统，成立于 1913 年）、联邦贸易委员会（成立于 1914 年）、美国船运委员会（现已不存在）、联邦无线电委员会（现已不存在）、联邦能源委员会（成立于 1930 年，1977 年被取消，其职能并入能源部）。

三、大发展时期（20 世纪 30～50 年代）

1929—1933 年的经济危机，给美国带来了空前的大灾难，公司相继倒闭，失业人数剧增，国家经济和人民生活陷入困境。为摆脱困境，富兰克林·罗斯福就任总统后，宣布实行新政，制定了广泛的改革方案。起初，曾经计划利用《全国产业复兴法》来推行新政措施，但最高法院却宣布《全国产业复兴法》违宪。在 1936 年的总统大选中，罗斯福取得压倒性胜利。选民的投票说明罗斯福总统获得了公众的支持，公众的拥戴令罗斯福总统在与最高法院的博弈中占据了优势。罗斯福总统公开表示，"独裁不产生于坚强有效的政府，而产生于软弱无效的政府……自由得以继续存在的唯一确实的屏障就是一个坚强得足以保卫人民利益的政府"。[1] "我们不要求法院给予我们不存在的权力，但我们有权期望我们已被承认的或在法律范围之内的权力，将成为我们争取公共福利的有效工具"。[2] 罗斯福总统在对广大美国公众的讲演中严厉指责最高法院，使最高法院承受了巨大压力。在接下来的 1937 年 4 月和 5 月，最高法院在几次判决中戏剧

---

① 刘绪贻等：《美国通史》，第 5 卷，136 页，北京，人民出版社，2005。

② ［美］富兰克林·德·罗斯福：《罗斯福选集》，181 页，北京，商务印书馆，1982。

性地转变了态度。1937 年 6 月，罗斯福终于可以按照联邦政府的愿望任命 1 名新法官。美国首席法官休斯承认，最高法院受到社会方面的压力而妥协。后来罗斯福共任命了 5 位最高法院法官，最高法院变成了"罗斯福法院"。"罗斯福法院"在解释《宪法》时的态度变化，既深刻又迅速……它给予州和联邦管理机构更大的自由。① 美国政府对经济的控制加强，相继成立了多个独立监管机构：证券交易委员会（成立于 1934 年），联邦电讯委员会（成立于 1934 年），国家劳动关系委员会（成立于 1935 年），生煤委员会（现已不存在），美国海事委员会（成立于 1936 年，1950 年被取消，相关职能最初并入商业部，1961 年后并入联邦海事委员会），民用航空委员会（成立于 1938 年，1940 年被取消，相关职能并入商业部）。

罗斯福的经济监管政策对于美国社会的影响非常深远。它"恢复了人们对于美国国家政治制度的信心，抵消了左翼和右翼的影响，巩固了美国的政治制度"，使管制博弈的参与者对于政府的能量和力量产生了共同的和稳定的信息反馈。乔治·斯蒂纳和约翰·斯蒂纳（1997）评价罗斯福新政的遗产是形成了一种认定市场失灵的理念，深刻影响了美国人对自由市场机制的不疑，使美国人形成了市场机制不是保证经济平稳运行和自身利益的唯一工具的观念。市场制度可以不再是排他性的经济运行机制，试图模拟市场机制的政府经济管制之类的政府制度可以被接受。

四、社会性监管机构的兴起（20 世纪 60～70 年代）

20 世纪 60～70 年代及以后，独立监管机构的发展进入了一个新的阶段。随着经济的快速发展，大规模生产引发的社会和环境问题日益严重，人们通过消费者保护协会等相关组织向政府施加压力，要求政府加强对社会领域的管制，以保护消费者利益，杜绝虚假广告，要求更安全质量、更低价格的食品、药物和燃料等生活必需品，提高职业安全性和生活质量。为此，先后成立了以下独立监管机构：职业安全和卫生审查委员会，1970 年成立，受理对职业安全的控拆；消费者产品安全委员会，成立于 1972 年，避免不合格的产品对消费者造成伤害；国家运输安全委员会，成立于 1975 年，调查运输事故和安全问题，提出改进安全的建议；平等雇佣机会委员会，成立于 1965 年，受理职业歧视的控拆；核控制委员会，成立于 1975 年，主要控制核能发电；保护核设备安全委员会，成立于 1988 年，审查核设备的安全标准，调查核设备可能对公共卫生和安全产生不利影响的行为和事故。值得注意的是，60 年代后成立的社会控制机构，并不全是采取独立监管委员会制。如环保局，负责控制空气、水、土地的污染，

---

① 刘绪贻等：《美国通史》，第 5 卷，139 页，北京，人民出版社，2005。

提高生活质量，属于总统领导的监管机构；职业安全和卫生局，负责制定职业安全标准，调查是否符合标准，属于设在劳动部内的监管机构。[①]

五、放松监管与监管改革（20 世纪 80 年代以后）

经济监管促进了市场经济的健康发展，缓解了经济危机对经济发展的冲击，对 20 世纪 30 年代后美国经济的快速发展起到了重要作用。但是，经济监管机构自身在发展中也出现了一些不容忽视的问题，如监管效率低、成本高、程序繁琐、阻碍竞争等，这些问题遭到了主张经济自由竞争学者的猛烈批评。其实，富兰克林·罗斯福总统设立的布朗洛委员会在 1937 年就发现，"独立委员会构成一个严重且不断加剧的问题"。[②] 1948 年和 1955 年的胡佛委员会[③]，1960 年的兰迪斯报告[④]，1973 年的阿什委员会[⑤]，以及许多其他报告、委员会与研究成果，都对规制机构改革、规制方案与规制过程提出了批评。[⑥] 一些批评者估计，政府每年用于规制的直接花费在 30 亿～60 亿美元之间，[⑦] 包括遵从规制成本在内的间接花费每年在 600 亿～700 亿美元，甚至是这个数字的 2 倍或 3 倍。[⑧] 还有人提出规制过程太过滞后，如食品与药品管理局花了 10 年时间来为花生油中花生应该占的百分比设定标准。[⑨] 总体而言，自 20 世纪 60 年代中期开始，联邦规制机构的数量与规制活动的范围有了极大的拓展。联邦规章在《联邦登记》

---

① 王名扬：《美国行政法》，175 页，北京，中国法制出版社，1995。

② President's committee on administration management（brownlow committee），report of the committee with studies of administrative management in the federal government 39 – 41（Washington，D. C. ，1955）.

③ U. S. commission on organization of the executive branch of the government，the independent regulatory agencies：a report with recommendations（Washington，D. C. ，1949）. U. S. commission on organization of the executive branch of the government，legal services and procedures（Washington D. C. 1955）.

④ J. Landis. report on regulatory agencies to the president – elect，U. S. Senate comm. on the judiciary，subcomm. on administrative practice and procedure，86th cong，2d sess.（comm. . print，1960）.

⑤ President's advisory council on executive organization，a newregulatory framework：report on selected independent regulatory agencies（Washington，D. C. 1971）.

⑥ H. friendly. the federal administrative agencies：the need for a better definition of standards（Cambridge，mass，1962）；U. S. senate comm. on governmental affairs，study on federal regulation，6 Vols. ，and appendix，95th cong，1st sess.（1977）；American bar association commission on law and the economy，federal regulation：roads to reform（Washington，D. C. 1978），以及该报告第 2 章所列出的关于以前研究的丰富文献。转引自 [美] 史蒂芬·布雷耶著，李洪雷等译：《规制及其改革》（Regulation and its Reform），2 页，北京，北京大学出版社，2008。

⑦ P. macavoy，前注 3；以及 M. weidenbaum 为 1979 年 7 月 9 日在斯坦福大学胡佛研究所召开的规制会议撰写的论文 "the trend of government regulation of business"，7 页。

⑧ Sommers，the economecs of regulation：report for the ABA commission on law and the economy（new haven，1978），以及 m. weidenbaum，前注 9，15 页。

⑨ S. Beryer，R. Stewat. administrative law and regulatory policy138 – 144（boston，1979）.

（Federal Register）中的页数从 1936 年的 2 599 页增加到 1977 年的 65 603 页，其中仅在 70 年代页数就增加了 2 倍。联邦规制预算在同一时期增加了 6 倍。规制机构中的常设全职岗位从 1970 年的 28 000 个增加到 1979 年的 81 000 个。① 保罗·麦卡沃伊（Paul Macavoy）估计，1965 年国民生产总值的 8.5% 产生于"被规制"行业。到 1975 年，这一数字已经增加到 23.7%。②

在此背景下，美国开始了放松监管的改革，总体而言，放松的主要是经济性监管，而社会性监管则有加强的趋势。美国国会通过了一系列法律，支持政府放松经济管制。这些法律包括《铁路复兴与铁路管制改革法》《航空货运放松管制法》《航空客运放松管制法》《汽车运输法》《铁路法》《公共汽车管理改革法》《公用事业管制政策法》和《天然气政策法》。此外，还于 1980 年调整了《汽车运输改革法》《普通货物运输法》《存款机构放松管制和货币控制法》《国际航空运输竞争法》《有线电视解除管制法》；1981 年调整了《消费场所设施解除管制和增强服务法》《解除原油和精炼石油产品控制法》《解除无线电管制法》；1982—1989 年调整了《公交管制改革法》《AT&T 解决方案》《关于天然气和电力的建议原则》《关于最高限价的建议原则》《天然气源头价格解除管制法》，以减少经济性管制。里根总统执政后解散了联邦民用航空管理局（CAB），解除了金融、电信、火车运输、电力等行业在罗斯福新政时期形成的"监管体制下的垄断"，在上述行业引入市场竞争。同时，致力于提高监管质量，确立了以成本—收益分析为核心的监管影响评估机制，加强了总统对监管过程的控制。克林顿总统执政后，进一步增强了经济监管机构之间的协调，以降低监管成本，并鼓励民众参与监管过程，以提高监管的民主性。同时，通过总结过去几十年来监管改革的经验，采取多种措施，追求"聪明监管"的方法，主要包括：建立有效的激励和约束机制，要求监管机构提高监管分析质量；制定统一的政府和监管机构指南，改进信息评估质量；信息与监管办公室在科学分析的基础上，提出新的监管措施，加强在本土安全、食品安全等方面的监管，雇用科学家、工程师同经济学家、计算机专家一起工作，提高监管审查的科学性；加强电子化建设，使监管审查更加透明和公开。③

---

① ［美］史蒂芬·布雷耶著，李洪雷等译：《规制及其改革》（Regulation and its Reform），1～2 页，北京，北京大学出版社，2008。

② P. Macavoy. the present condition of the regulated industries（New York，1979）. Chapter 1. 转引自［美］史蒂芬·布雷耶著，李洪雷等译：《规制及其改革》（Regulation and its Reform），2 页，北京，北京大学出版社，2008。

③ 马英娟：《政府监管机构研究》，53 页，北京，北京大学出版社，2007。

六、更加注重系统性监管（2007 年以来）

2007 年以来，由美国次贷危机引发的国际金融危机席卷全球，多国出现了自 1929 年危机以来最大幅度的经济衰退。为应对危机，美国采取了一系列监管改革措施，这些措施主要集中于金融领域。2007 年 6 月 18 日奥巴马政府公布了自 20 世纪 30 年代以来美国最彻底、规模最大、影响最广的金融改革方案（以下简称《方案》），大力加强和改进金融监管。《方案》指出："……规制机构没有将保护整个经济和金融体系视为己任。对银行控股公司的现有规制方法，强调保护附属子银行，而不是对整个机构实行全面规制。投资银行可以选择不同规制机构的不同体制，并借此逃避杠杆率的充分约束。其他金融机构，如美国国际集团，虽拥有参保的存款机构，但由于这些存款机构根据相关法律在技术上不构成'银行'，因而逃避了对控股公司严格规制的约束"。[①] 并提出了对美国金融监管模式与机构进行重大改革的计划，主要改革措施包括：

一是扩大美联储权力，使其成为系统风险监管者和"超级监管者"。第一，赋予美联储对一类金融控股公司进行并表监管的权力，无论其是否拥有参保的存款机构，这些机构都不能通过操纵其法律结构而逃避对其风险活动的监管。根据《方案》的规定，一类金融控股公司是指由于规模、杠杆和关联的结合造成其倒闭会对金融稳定构成威胁的金融机构。第二，还赋予了美联储对互助储蓄控股公司、工业贷款公司、信用卡银行、信托公司和祖父豁免的"非银行"银行（grandfathered "nonbank" banks）进行监管的权力。第三，美联储"收编"了 SEC 在"并表监管实体"（CSEs）和"受监管投资银行控股公司"（SIB-HCs）项目下对证券经纪/交易商公司的并表监管。第四，美联储获得了对金融体系重要的支付、结算、清算系统和对金融体系重要的金融机构活动进行监管的权力，并有权向对金融体系重要的支付、结算、清算系统提供储备银行账户、金融服务和贴现窗口。第五，美联储对对冲基金和其他私人资本基金有部分监管的权力，在特别时期还可以接管陷入困境的大金融机构。

二是增设全国银行监管局和全国保险办公室，健全职能监管。《方案》认为应谨慎划分新设和现有的联邦金融监管机构之间的界限，防止任务重叠。首先，决定把原来对联邦注册银行机构的分割监管进行整合，将货币监理署与储蓄机构监理局合并，在财政部中设立具有独立地位的全国银行监管局（National Bank

---

① "functional regulators" 的字面直译是"功能监管者"，但这些所谓的"功能监管者"实际上是对不同金融机构分别实施监管的不同监管机关，在性质上属于机构监管，而非功能监管。功能监管是指依据金融体系的基本功能和金融产品的性质而设计的监管，一种特定的金融功能由同一监管者进行监管，无论这种业务活动由哪一个金融机构经营。

Supervisor），负责从事国民银行和外国银行的联邦分支机构及代表处的执照发放，并负责对所有的联邦发照存款机构和所有外国银行的联邦分支机构及代表处进行审慎监管和规制。其次，在财政部设立联邦的全国保险办公室（Office of National Insurance），负责监控保险业。

三是增设消费者金融保护局，主要职责包括：在信贷、储蓄、支付和其他金融产品和服务市场上保护消费者，规制金融产品和服务的提供者；具有制定消费者金融保护立法规则的权力；具有监管和执法的权力；与司法部一道，在联邦法院执行归其管辖的法律；有权采取措施，增进有效规制，包括定期对规章进行审查，成立外部咨询委员会，做好与金融服务监督委员会的协调；在执法中贯彻执行透明、简单、公平、责任和所有的人获得金融服务的原则。

四是设立金融服务监督委员会（Financial Services Oversight Council），方便监管机关之间对金融规制政策问题进行讨论和分析，保障对新兴趋势、潜在规制漏洞和跨监管机构问题作出一致应对，使类似的金融机构具有相同的监管标准，没有空缺、漏洞和套利的机会。其成员包括：财政部长，担任主席；联邦储备系统理事会主席；全国银行监管局局长；消费者金融保护局局长；SEC 主席；商品期货交易委员会主席；FDIC 主席；联邦住宅金融局局长。[1]

第二节　英国：第二次世界大战后崛起的监管型国家

一、独立委员会的产生（18 世纪以前）

一般认为，现代监管规则的起源可追溯至 19 世纪。但在英国，监管的历史更为久远。安东尼·奥格斯认为：“在都铎王朝和斯图亚特王朝时期，英国产生了前所未有的干预主义措施。仅在都铎王朝时期，就颁布了大约三百多个管理经济事务的法律，这还不包括公告和其他非议会颁布的法律文件”。[2] 彼时，尚未形成国家干预经济事务的理论基础，但也未形成一种真正意义上的交易自由观念，几乎所有领域的产业和贸易都被施于严格的、细密的法律控制，主要涉及贸易、证券、价格、产品质量、雇佣、农业和土地使用等。在英国历史上，没有哪一个历史时期像都铎和斯图亚特王朝时期那样对工商业实施广泛而深入的监管。尽管可能有一些控制在今天我们看来属于自我规制，因为当时的同业公会被赋予垄断经营权以及对生产方式的规制权。当时监管权主要由中央政府和地方政府行施，尚未形成独立承担监管职责的监管机构。

---

①　戚红梅：《美国金融改革方案对金融监管模式与机构的改革》，载《河北法学》，2009（11）。

②　Anthony Ogus. Regulatory law：some lessons from the past，legal studies，vol. 12，1992，2.

英国早期的法律制度并不统一，地方习惯和商业惯例发挥着重要作用。在当时产生的济贫委员会、铁路委员会、健康委员会类似"微型政府"，它不单执行预先确定的立法命令，而且负责解释界定模糊且经常相互矛盾的行业标准和对相关公共利益的理解。这类委员会就是现代独立监管委员会的雏形。但它面临着缺乏民主基础的情况下如何取得其合法性的问题，"代议制政体的中央集权不习惯也不情愿听任独立监管机构的发展"①。因此，到了18世纪中叶，都铎和斯图亚特王朝时期的行业规制结构已经基本消失了。

二、独立委员会向政府部门的转变（19世纪至第二次世界大战前）

随着英国工业革命的发展，"市场体系在三个方面（工作条件、城市生活条件和赡养穷人的保障）存在市场失灵，不能满足社团（或是一些激进的决策者团体）的需要。但政府对市场失灵的反应是不一致的：对于工作条件和城市生活条件，政府同意采取适当措施进行改善，但对第三种情况政府的态度非常坚决"②。1833年英国通过了《工厂法》，限制儿童的工作时间，并制定了有关通风、温度和工作时间之类的规则，建立了检查员制度；1844年法案把范围扩大到了妇女，1847年规定工作时间为每天10小时，1850年增加了对安全、照明和通风的检查制度。1848年在爱德文·查德威克爵士和其他人的压力下，政府通过了《公共健康法》，授权自治区建立地方健康委员会与不良卫生和疾病作斗争，但是地方对此反应很慢，直到1853年健康委员会仅管理200万英格兰人的健康。1834年通过了《济贫法》，根据乡村负担贫困人口的比率进行救济，并拒绝向工厂之外的强壮劳动者提供救济（这就是著名的"减少合格者"——less eligibility原则）。③

鉴于英国早期的监管机构一般采用委员会体制，由委员会决定监管政策，不受议会的监督控制，被许多人指责为缺少可问责性。"即使在委员会成员恰好也是议会议员的情况下，也没有办法想当然地认为谁应负责任谁就实际控制着委员会的政策。"④而政府部门实行的首长负责制，由首长个人负责作出最后决定，并接受议会的监督，因此议会更愿意将监管权力交给政府部门，而不是监管机构。"从1830年到19世纪末期，中央政府的发展预示着以前流行的中央政

---

① ［英］卡罗尔·哈洛、理查德·罗林斯：《法律与行政》，581页，北京，商务印书馆，2004。

② M. M. 波斯坦、D. C. 科尔曼著，王春法主译：《剑桥欧洲经济史（第八卷）——工业经济：经济政策和社会政策的发展》，547页，北京，经济科学出版社，2004。

③ M. M. 波斯坦、D. C. 科尔曼著，王春法主译：《剑桥欧洲经济史（第八卷）——工业经济：经济政策和社会政策的发展》，548页，北京，经济科学出版社，2004。

④ Robert Baldwin and Christopher Mccrudden. regulation and public law, 13 - 14.

府部门之外的委员会进行管理的体制的衰落"。① 19 世纪 50 年代前，三人济贫委员会、铁路委员会和健康委员会（1858 年在内政部建立了健康局）先后被取消或取代，80 年代时移民、专利和土地管理领域的委员会也被取消，到 20 世纪初只保留了 6 个不受部长控制的委员会。

第一次世界大战后至 20 世纪 30 年代，英国试图不断地恢复维多利亚时代的经济辉煌，但不幸失败了，英国被迫放弃了自由贸易（1932 年《进口税法》标志着英国重新将贸易保护作为普遍的政策）和金本位制。为重振基础产业，英国于 1926 年将四大化学公司合并成帝国化学工业，但对煤、钢、铁、铁路和造船以及棉花加工等行为来说，只能在国有化和合理化改革之间进行选择，虽然工会致力于敦促实行煤和铁路的国有化，但议会没有采取行动。在这期间，1917 年诞生了英国食品部，1919 年成立了卫生部，政府开始加强对食品医院医药行业的管理。②

三、建立国有企业（第二次世界大战至 20 世纪 70 年代）

英国在自然垄断性质的公有事业领域存在着一大批小规模、高成本、低效率的生产经营企业，难以取得规模经济效益，听任市场经济进行优胜劣汰需要一个漫长的过程。为提高经济效率，第二次世界大战后英国在公用事业领域开始了举世瞩目的国有化运动，通过法令强制性收购非国有企业的资产，实行国家所有制。在此期间，收归国有的企业很多，如大英钢铁公司、英国煤气委员会、英国欧洲航空公司、国家煤炭局、英国交通委员会、英国电力总局等。在此之前，英国也已经建立了一批国有企业，如 1926 年建立的英国广播公司、1933 年建立的伦敦客运局和 1939 年建立的英国国际航空公司等。③ 企业的控制由部长通过任命企业董事会成员来实现，而部长又必须服从议会的指令，实际上最终是议会来控制国有企业的战略决策，企业管理者只能进行具体的操作性事务。相对于监管而言，部长对国营企业进行控制的最大问题在于，部长代表国家作为企业所有者所承担的内部控制责任与作为外部监管者所承担的外部约束责任之间界限非常模糊，致使部长用直接干预企业决策代替了外部监管，而且容易出现部长、公务员和国有企业管理者共谋私利而违背公共利益的现象。

四、设立现代独立监管机构（20 世纪 70 年代至 2007 年）

到 20 世纪 70 年代，英国低效率的国有企业严重地制约了经济活力，终于导

---

① Robert Baldwin and Christopher Mccrudden. regulation and public law, 13.

② M. M. 波斯坦、D. C. 科尔曼著，王春法主译：《剑桥欧洲经济史（第八卷）——工业经济：经济政策和社会政策的发展》，566 页，北京，经济科学出版社，2004。

③ 王俊豪：《英国政府管制体制改革研究》，61 页，上海，上海三联书店，1998。

致了 80 年代以来的一系列改革。以国有企业私有化为中心的市场化改革推动了政府行政管理体制的转变,特别是在学习美国经验的基础上结合英国的政治体制建立了一系列独立监管机构,建立了一个现代监管国家的雏形,"政府一直致力于进行管制,尽管在过去的 30 多年中(指 2000 年以前——笔者注),管制活动实体似乎都有显著的增加,足以证明某些学者有理由使用'管制型国家'这一术语"[①]。根据英国"更好监管专项小组"(better regulation task force)的调查,英国的监管机构超过 150 家。[②] 监管改革主要体现在以下几个方面:

一是对自然垄断行业实施民营化改革,同时建立了专业化的监管机构。英国在对电信、电力、铁路、供水、天然气等网络性基础设施进行民营化改革的同时,按照美国的模式成立了专业化、独立运作的监管机构,如天然气管制办公室(OFGAS)、电信管制办公室(OFTEL)、电力供应管制办公室(OFFER)、水务管制办公室(OFWAT)等(现在天然气和电力管制统一由天然气和电力管制办公室负责)。[③] 这些机构按照公正、透明、独立、专业、诚信的原则对民营化以后的私有企业进行严格的监管,以保证有效的市场竞争格局和保护消费者利益。

二是改造行业自律组织,走向更严格的外部监管。英国是现代工业文明的发源地,在其工业化过程中,金融、会计服务、医疗卫生等领域广泛存在的行业自律组织曾经发挥了维持市场竞争秩序的重要作用。在过去 30 多年间,政府加强了对这些行业的监管,以行业外设立的专业化监管机构作为行业监管的主体,自律组织仍然是重要的监管力量之一。例如,英国的证券交易市场、投资基金、银行业等都依靠行业自律,但英国在 1997 年通过了《金融服务法案》,建立了专业的监管机构,并在 2000 年将证券投资局(SIB)、证券期货协会(SFA)、个人投资协会(PIA)、投资管理监管组织(IMRo)、英格兰银行的银行监管部、注册互助委员会(RFC)、住房合作委员会(Bsc)、互助合作委员会(Fsc)、由贸易工业部划转到财政部的保险监管司以及伦敦交易所的英国发行上市监管部(UKLA)等机构合并为一个综合性监管机构——金融服务局(FSA)。[④]

三是社会性监管的扩展。在改革基础设施和工业事业监管和金融监管的同时,英国加强了社会性监管,成立了一系列的专业监管机构,就公平就业机会、

① [英]比尔·考克瑟、林顿·罗宾斯、罗伯特·里奇著,孔新峰、蒋鲲译:《当代英国政治》,第四版,519 页,北京,北京大学出版社,2009。

② OECD proceedings of an expert meeting in London, UK, 10–11 January 2005, 50.

③ [英]比尔·考克瑟、林顿·罗宾斯、罗伯特·里奇著,孔新峰、蒋鲲译:《当代英国政治》,第四版,520 页,北京,北京大学出版社,2009。

④ 马险峰:《英国金融监管模式》,载《银行家》,2004 (5),88 页。

环境保护等进行监管。包括皇家污染监察局、铁路安全与标准理事会，以及 2000 年成立的食品标准局（被认为是英国为弥补过去在食品领域出现监管真空而导致"疯牛病"等恶性事件发生的错误）。

四是对政府的监管。英国有对政府部门进行监管的传统，以保证其对公众负责。过去 30 年间，英国加强了对政府部门的监管，包括建立适当的审查和考核标准，特别是采用公共审计的理念，这种保持距离型的政府管理方式被称为政府内监管（regulation inside goverment）。在过去的 30 年中，英国的许多政府部门被不断地改革、转型为专业的执行和代理机构，因而政府内监管部门大幅度增加。据统计，1976 年到 20 世纪 90 年代中期政府内监管机构人员总数增加 90%，但公共部门的人员总数却下降了，公务员减少了 30%，地方政府工作人员减少了 20%。① Moran 指出，1995 年英国至少有 135 个不同的监管机构、超过 14 000 个雇员和庞大的费用对政府部门进行监管。这个国家内的对政府的监管比对私有部门的监管所动用的资源更多。②

在这期间，特别是 80 年代后政府虽然大力推动"监管放松"改革，但监管机构依然在不断建立或重组。"在管制大为松动的 20 世纪 80 年代，迈克尔·赫塞尔廷曾承诺'扫除繁文缛节'，同时，一些细致的农业管制规定也有所减少"，但是"尽管人们不断批评那种'保姆国家''官僚作风'以及'过度管制'，私人部门不断出现的问题仍然敦促媒体和公众向政府大声疾呼，要求政府采取措施、'有所作为'，呼吁成立新的监管实体"。造成这种状况的主要原因在于"竞争和市场力量若足以保护消费者利益，国家管制或许就没有存在的意义。但是在许多案例中，国家垄断被私人垄断所取代，最好的情况也不过是被非常不充分的竞争所取代，无限制的追逐利益使消费者遭受盘剥。基于此，一系列管制机构得以建立，主要是进行价格控制，同时也监管服务标准和投资，并处理公众投诉"。③

五、增设协调性机构（2007 年以来）

与美国一样，英国应对 2007 年国际金融危机的主要举措集中于金融监管领域。2009 年 2 月，为加强对银行业的监管，维护银行业的稳定，英国议会通过了《2009 银行法》；2009 年 7 月公布了《改革金融市场》白皮书。《2009 银行法》的主要内容是设立特别决议机制（special resolution regime，SRR），完善金

① 高世楫：《OECD 国家监管改革历程及其启示》，载吴敬琏主编《比较》，第 35 辑，103 页。
② 《国外监管制度的演变和中国的改革实践分析》，中国电监会网站，2007 - 01 - 04。
③ ［英］比尔·考克瑟、林顿·罗宾斯、罗伯特·里奇著，孔新峰、蒋鲲译：《当代英国政治》，第四版，519~520 页，北京，北京大学出版社，2009。

融服务赔偿计划，强化稳定金融目标，并规定了银行出现危机后的处理办法；建立一个新的金融稳定委员会（Financial Stability Committee，FSC），同时计划授予央行在动荡市况中保持市场稳定的法定责任，以便在危机时及时作出反应。《改革金融市场》白皮书在监管机构改革方面的内容有：一是新设立金融稳定理事会（the Council for Financial Stability，CFS），以取代原先的常委会，主要目标是分析和检查英国经济金融稳定中出现的风险；二是增强 FSA 的治理安排和法律框架，支持 FSA 集中于审慎性监管、系统层面风险和提供一个清晰的立法权限来采取行动维护金融稳定；三是扩大 FSA 的权力，在原有授权的基础上，确保 FSA 能使用自己的主动许可变化和干预权。[1] 可见，英国金融监管机构改革的重点是扩大 FSA 对系统性风险的监管权力，并增设协调性机构，进一步提高央行与金融监管机构之间的合作水平。[2]

第三节　日本：国家主导经济监管模式

日本所代表的是另外一种监管模式。日本明治维新时，资本主义在西方已发展了二百年之久。为追赶欧美发达国家，日本十分注重保护和扶植国内产业，广泛介入经济生活，而且在不同时期国家对产业保护和扶植的内容、程度也有所不同。总体来讲，在国家主导经济的发展过程中，日本监管经济的强度较欧美国家要大。

一、国家主导经济监管模式的发展（20 世纪 90 年代以前）

明治初期，为增强经济和军事实力，加快资本主义发展，日本从"殖业兴业""富国强兵""文明开化"的战备目标出发，改革旧的封建经济体制，建立以市场机制为中心的经济调节系统，通过给予特权、补助金、借款、赠与等方式，鼓励和扶持私人资本的发展，帮助经营能力差的企业引进欧美先进技术设备，至第一次世界大战时期确立了近代市场经济制度的基础和近代产业。第二次世界大战时又实行战时统制经济体制，对经济活动进行全面、严格的管制。

---

① 杨东：《英国 2009 年金融监管改革的启示》，法制网。

② 2010 年 6 月，新任英国财政大臣奥斯本（George Osborne）表示，金融服务管理局（FSA）并不适合担任监管之责，未来两年 FSA 的职能将由三个机构取代，它们分别是：英国央行——英格兰银行下辖的金融政策委员会，主管宏观经济风险；央行下辖的风险管理局，负责监管金融机构，包括银行业、保险业等的风险；以及独立的消费者保护局，负责监管向一般消费者提供服务的金融机构，并稳定金融市场。这一方案意味着英格兰银行将从 FSA 那里接管金融监管职责，成为唯一的金融监管机构，而英国财政部则保留最后时刻的否决权。事实上，这也是英国金融监管体制改革 13 年后"重回老路"。见理查德－杰林沃特：《英国金融监管改革重回老路》，http://finance.sina.com.cn/roll/20100622/21438158155. shtml，2010－09－26。

第二次世界大战后，在美国的授意下，日本在全国范围内开展了解散财阀、农地改革、劳动立法三大民主改革，实施由统制经济向市场经济的转变，取消了统制经济时期一些阻碍经济发展的制度，颁布实施了一系列有利于发挥市场机制的新制度，如《禁止垄断法》《排除经济力量集中法》，同时根据实际情况，保留或经修改后保留了一部分稳定国内经济的规则，如《粮食管理法》《日本银行法》等，初步形成了新的规制体系框架，但与发达国家市场经济体制相比，仍然带有浓厚的国家干预色彩。① 因此，总体来讲，日本在经济发展过程中，习惯于干预企业经营，在很大程度上代替市场或扭曲市场形成价格，以促进经济高速增长。这种国家主导经济发展的模式与欧洲和美国都不尽相同。

与国家主导经济发展模式相适应，日本并没有形成如美国独立委员会那样与政府保持一定距离的监管机构，其实施规制的主体是中央各省厅，这些机构的权力较大，影响也大。以日美电信业为例，美国联邦通信委员会（FCC）对电信服务和价格实行申报制，对电信企业提供服务不能进行监管指导，对电话公司的企业形态进行监管的权力也很有限，具体监管决定要依据大量材料且要有明确的理由，监管权力只能在法律范围内行使。相对而言，日本对电信服务市场的准入和价格实行事前认可制，邮政省可对服务及其价格进行灵活调节，以约束企业行为，并负责电信法规的修改和立案等事项，邮政省在很大程度上能决定电信业的结构和发展。② 因此，从制度基本特征看，日本与欧美发达国家的明显区别之一就是，日本并不依靠完备而复杂的法律约束企业行为和维系社会秩序。由于历史、文化的原因，政府并不与企业保持一定的距离；相反，政府与企业建立了一种指导与被指导的关系，形成了政府与企业之间紧密的共生关系，这被称为"市场亲善模式"。③ 企业与企业之间也往往不依靠复杂的法律关系作为执行合约的唯一手段，而是依靠政府的干预和企业之间的信任。政府和企业因为共享一种"发展"的目标而出现典型的勾结行为，使市场、企业和政府之间边界的界定并不那么清楚。

二、构建以市场为基础的现代监管体系（20 世纪 90 年代以后）

20 世纪 90 年代以来，日本经历了长期的经济停滞，开始重新反思政府、市场和企业的关系。实际上，日本从 1981 年开始进行监管体系改革，并在 1985 年实行了电信公司的民营化改革，成为除英国外率先实现"制高点产业"民营化

---

① 徐梅：《日本的规制改革》，35～40 页，北京，中国经济出版社，2003。

② 徐梅：《日本的规制改革》，111 页，北京，中国经济出版社，2003。

③ 高世楫、秦海：《从制度变迁的角度看监管体系演进：国际经验的一种诠释和中国改革实践的分析》，40 页，北京，中国政法大学出版社。

的国家。其后，在1994年制定了《今后行政改革推进方案》，决定对250个项目实施放松监管的改革；1995年拟定《放松规制推进计划》，并陆续将放松监管的项目增加到1 797个。按照OECD的分析，1996年开始的全面经济结构调整就是要从国家主导的经济增长模式向市场主导的增长模式转化，从强调事前的政府审批转向企业按照一般性的原则运行、依靠事后对规则的执行情况进行监测，政府对企业的干涉变得透明、更加有规则可依。①

在垄断行业的监管体系改革中，日本并没有采用美国或英国的那种模式建立独立的监管机构。如在电信领域，日本在1985年通过了《电气通信事业法》，实现了政企分开，电信公司从邮政省独立并民营化，并放开电信市场的准入，但未成立类似于美国FCC或英国Oftel那样的专业监管机构，而是由邮政省负责对电信行业的监管。2001年日本通过了电信法修正案并进行政府部门大调整，合并成为公共管理、内务、邮电部（MPHPT）。MPHPT的日本称呼是总务省，由原来的邮电部、总务厅等多家单位（包括公正贸易委员会、环境纠纷协调委员会）合并形成。新成立的MPHPT下设由原来邮电部下属的通信政策局、电信局和广播局重组形成的通信政策局和电信局，负责电信行业的监管。另外，还设立了各种委员会。MPHPT在向上述两个部门或者组建的研究小组提出针对某项目的研究要求后，相关部门或者研究小组有责任收集相关信息进行细致研究并按时向MPHPT提交报告。②

从趋势上看，日本的监管改革就是要重新定位市场和政府的关系，使政府与企业之间保持一定的距离，同时加强政府监管作为对市场竞争的有效补充。OECD的研究认为，日本在高速经济增长时期所采用的那种监管模式已经不适应全球化竞争的需要，必须进行面向市场的改革，建立以市场为基础的现代监管体系将是发展方向。③

三、应对2007年国际金融危机的相关措施

2007年，由美国次贷危机引发的国际金融危机对日本金融机构的直接冲击比较小，这主要得益于日本十余年来对泡沫经济及其后果的深刻认识，由此形成了较为保守、谨慎的经营理念。总体来说，国际金融危机爆发后，日本金融厅虽采取了一系列应急措施，但日本仍然坚持了鼓励金融创新的原则，没有采取过多的金融监管调整措施，这与美、英等国积极进行金融监管改革形成鲜明对比。为了缓和市场价格过度波动对日本实体经济的冲击，日本金融厅制定了

---

① 马英娟：《政府监管机构研究》，65页，北京，北京大学出版社，2007。
② 《国外监管制度的演变和中国的改革实践分析》，中国电监会网站，2007 - 01 - 04。
③ 马英娟：《政府监管机构研究》，66页，北京，北京大学出版社，2007。

以下稳定市场的短期应急措施：一是采取相关会计措施，顺应国际会计动向；二是缓解中小企业贷款难，修改了监管指导和金融检查手册，扩充了变更贷款条件后的中小企业融资中不属于坏账情况的处理方式；三是修改《金融功能强化法》，通过国家注资增强金融机构的金融中介功能，达到支援地方经济和中小企业的目的；四是部分放松自有资本比率监管。

在这些短期措施的基础上，日本金融厅同时制定了中长期监管结构的治理措施：将行政资源尽早投入到对金融危机影响的把握和分析上，尽早采取应对措施；明确证券化商品的原资产的可追查性，充实监管方针中的风险管理和信息公开；对评级公司进行加强监管的讨论；强化金融厅的内部体制，设立新的部门来专门负责把握市场动态。[1]

第四节　法、德：欧盟监管框架内的监管体系建设

一、法国

1804 年，法国颁布了第一部民法典。这部法典和以后公布的商业法典、刑法典等，确立了绝对的个人所有权，提倡自由贸易，强调在法律面前人人平等，稳定了资产阶级社会秩序，促进了资本主义发展，也标志着法国步入了资本主义的轨道。[2] 19 世纪 50～70 年代，法国完成了工业革命，工业、交通、财政经济都获得了巨大发展。这一时期，国家的主要经济政策是支持经济的发展，但并不像德国那样干预经济的运行，1857 年公布法令开始实行"商标"制度，1865 年法令保证银行支票在法国国内合法地自由流通，政府对于正在创办的贴现银行给予官方贷款，1867 年取消了政府对创办股份有限公司的一切限制，实行自由贸易政策；同时，实行铁路修建特许权制度，向铁路公司提供巨额贷款；颁布了《排水法》与《开垦法》，以贷款支持各地农业经济组织，发放农业奖金，促进了农业的发展。[3] 19 世纪后 30 年至第二次世界大战，法国奉行的经济政策总体来讲是自由放任的，国家很少直接干预微观经济的运行。

第二次世界大战后，法国开始了国有化运动，先后收归国有的有法兰西银行、里昂信贷银行等四大私人银行以及全部煤矿、1/2 的汽车工业、80%～90% 的煤气电力企业等，据统计，到 1957 年，国营企业占 36% 左右的国家资产。[4]

---

① 宣晓影、全先银：《日本金融监管体制对全球金融危机的反应及原因》，载《中国金融》，2009（17），46 页。

② 张芝联：《法国通史》，286 页，沈阳，辽宁大学出版社，2000。

③ 张芝联：《法国通史》，402～403 页，沈阳，辽宁大学出版社，2000。

④ 张芝联：《法国通史》，658 页，沈阳，辽宁大学出版社，2000。

同时，法国开始实施"装备和现代化计划"，开始有计划地发展经济。这一时期，随着经济的发展，工商业集中的现象越来越突出，"法国作为一个小企业国家的形象已成为过去，大企业的意义已变得如此巨大。当然有成千上万的小企业，然而它们的作用太小，而且经常是作为大企业的分支"①。为此，法国成立了竞争委员会，负责打击限制竞争的行为。虽然在美国独立监管机构存在了100余年，但在法国直到20世纪后半叶以竞争委员会为代表的现代意义上的独立监管机构才开始出现。美国独立监管机构的成功做法无疑对法国设立独立监管机构起到了推波助澜的作用。法国设立监管机构的目的是监督市场主体，防止资本所有者对市场的随意操纵。此后，法国设立了多个经济监管机构，将其作为"独立行政机构"中的一类，如银行委员会、国家商业设施委员会、电力管理委员会、消费者保护委员会、竞争委员会、股票交易委员会、保险委员会、出版社和通讯社委员会、邮政和电讯管理局等。②

与美国不同，法国属于欧元区，其应对2008年国际金融危机的监管改革措施很大程度上体现在欧洲整体监管改革措施中。欧盟的金融监管改革措施和计划中，也有相当部分是法国所提出或加以推动的。欧盟于2009年6月19日通过了《欧盟金融监管体系改革》方案，拟建立一套全新的泛欧金融监管体系，在欧盟层面上加强金融监管。在监管机构设置方面，主要体现在：一是成立欧盟系统风险委员会（ESRB），负责宏观审慎监管，识别、评估和监控在宏观经济以及整个金融体系运行中出现的各种威胁金融稳定的风险，并对这些风险进行排序，在出现重大风险时发出预警并向政策制定者提供建议，以加强宏观监管功能，控制系统性风险。二是将原欧盟层面的银行、证券和保险监管委员会升级为欧盟监管当局（ESA），在继续承担咨询主体职责的同时，将其权限扩大并赋予其法人地位，负责收集微观审慎监管信息，确保欧盟共同的监管文化和一致性监管操作，协助解决成员国之间的监管分歧，以理顺协调沟通机制，强化微观金融监管。此外，还提出引入前瞻性会计标准、发展坏账准备动态模型、建立逆周期资本缓冲、强化对银行的风险约束、加强对信用评级公司监管等措施和原则性建议。③

在欧盟公布改革方案后，法国自身也进行了多项改革措施，加速推进包括银行和保险监管机构合并等一些实质性的改革计划。法国金融监管改革涉及监管机构的部分主要包括：一是合并银行业、证券业和保险业的监管机构。2008

---

① 法国《世界报》，1959-08-23，转引自金重远著《20世纪的法兰西》，246页，上海，复旦大学出版社，2004。

② 王敬波：《法国独立行政机构及其借鉴意义》，载《国家行政学院学报》，2007（3），101页。

③ 孙兆斌：《从欧盟金融监管方案看金融改革趋势》，载《上海证券报》，2009-10-29。

年 8 月出台的《经济现代化法》中规定，金融监管机构调整的最终目标是将分别监管银行业、保险业和证券业的机构合并组建成一个暂名为"审慎监管局"（ACP）的机构，并置于其中央银行法兰西银行的监督之下。二是进一步突出法国中央银行的作用，中央银行负责监督审慎监管局，从而取得了系统风险和危机处理的管理权，从一般监管事务的牵头地位提升到了负责应对系统风险和强化金融稳定的地位。同时，法国也极力主张欧盟建立以中央银行为主导的欧盟金融监管体系，作为欧盟金融宏观监管的基础。此主张已获欧盟初步通过，但未加入欧盟中央银行体系的英国并不太愿意以欧盟中央银行为主导，因而这一体系在实际中的最终建立和运行尚需进一步的协调和相互妥协。三是发挥市场上调解、认证等中介机构的协管作用。针对华尔街雷曼兄弟等金融机构破产给全球金融市场带来的严重"惜贷"影响，2008 年 10 月法国总统宣布设置信贷调解组织（MC），专门解决银行和企业间的争端，以防止信贷急剧萎缩而导致企业资金链断裂，支持企业融资。这并非官方监管机构，而是一个中介组织，但能在市场上直接起到协调、配合监管的作用，类似于其行业协会。这一做法正是西方市场经济自治理念的体现，中介组织承担了组织市场主体自治的角色。四是强化政府和监管机构的指导作用。要求并指导大型银行采取加强内控体系建设、进行风险压力测试、完善审核支付限额、限制金融机构高管资金发放、加强信贷管理等具体措施。①

二、德国

1871 年的德国实现了统一，建立了德意志帝国。相对于英国、法国，德国是一个后进的资本主义国家。为实现经济的跨越式发展，统一后的德国采取了一系列保护和发展经济的干预措施，"近代以来，国家利用各种行政手段鼓励、支持和干预经济，已成为德国的一种历史传统"②。这些措施包括：一是在 19 世纪 70 年代，相继颁布了《商业法》《营业自由法》《统一的度量衡法》《货币法》《关税法》等经济法规，为经常发展提供了法律保障；二是成立了帝国银行，垄断了货币发行权；三是强化了帝国邮电部职责，由其集中掌握邮电建设大权，统一了全国邮政系统，促进了德国电话电报建设；③ 四是创立了帝国铁路局，协调各所属系统铁路的建设、装备和营运，使铁路运费率实现了统一和系统化，克服了管理混乱和效率低下的分散化管理状况；五是实行贸易保护主义

---

① 本部分内容见李扬主持的 2007 年度国家社会科学基金重大项目课题之一《危机引发法国与欧盟金融监管大提速》，中国证券报，2009 – 09 – 28。

② 吴友法、黄正柏：《德国资本主义发展史》，200 页，武汉，武汉大学出版社，2000。

③ ［法］克拉潘：《1871—1914 年法国和德国的经济发展》，420 页、404 页，北京，商务印书馆，1965。

政策，保护国内工业的发展。① 通过上述政策措施，德国在经济建设上取得了令人吃惊的发展成就。1870—1880 年，经济年均增长率为 4.1%；1880—1890 年，年均增长率为 6.4%；1890—1900 年，年均增长率为 6.1%，增长速度远远超过英、法等国，仅次于美国。② 第一次世界大战后，德国经济遭受了重创，1923 年鲁尔危机后，为防止德国经济的崩溃，美、英、法等国与德国签订了"道威斯计划"，以稳定德国经济。德国乘此机会大量引进了外国的先进技术和科学管理方法，并在美国的帮助下，在全国开展了"工业合理化"运动，鼓励科学技术更加充分、有效、快速地应用于企业的经营与管理之中，生产领域的"福特制化""标准化"盛行一时，出现了"世界经济史中最壮观的一次经济复兴"。③

第二次世界大战后，联邦德国采取了"社会市场经济"的政策。艾哈德把"社会市场经济"原则归纳为"自由 + 秩序"："社会市场经济建立在自由和秩序的原则的基础上，它们结成为一个不可分割的整体；因为，自由不可能存在于那些没有稳定的秩序的地方，在那里，自由有堕入混乱的危险；而秩序也不可能存在于那些没有自由的地方，在那里，秩序很容易导致残暴的强制。"④ 为了达到有秩序的"自由竞争"，联邦德国制定了一系列法律，并成立了相应的机构，如制定了《反对限制竞争法》和《反对不正当竞争法》，成立了联邦卡特尔局和各州的卡特尔局，控制大企业的合并，监督大企业滥用经济力量，创造和改善竞争条件；制定了《联邦银行法》，规定了联邦银行独立于联邦政府，它的任务是调控货币流通和信贷供应、稳定货币等，联邦政府在联邦银行系统最高机构的人事安排上没有决定权，联邦银行虽然在重大问题上要与政府磋商行事，但没有义务执行联邦政府的指示，有时甚至违背联邦和地方政府的意愿行事；再如实行滑动式的中期（5 年）国家经济计划和财政计划，并且还有作为其组成部分的年度计划，为经济的宏观发展提出相应的综合性指标，虽对微观经济体没有约束力，但仍然起到了指明方向、提供参考的作用。⑤ 在社会市场经济的政策下，德国经济实现了快速发展，到 20 世纪 60 年代，德国已成长为世界第二大经济体。

"社会市场经济"虽然强调企业自由、经营自由、职业自由、市场竞争，但国家对经济生活承担责任，进行必要的干预和调控也是社会市场经济的题中之

---

① 吴友法、黄正柏：《德国资本主义发展史》，155～156 页，武汉，武汉大学出版社，2000。

② 樊亢、宋则行：《外国经济史》，第 2 册，110 页，北京，人民出版社，1981。

③ ［德］卡尔·哈达赫：《二十世纪德国经济史》，34 页，北京，商务印书馆，1984。

④ 路德维希·艾哈德：《德国的经济政策：社会市场经济之路》，转引自吴友法、黄正柏：《德国资本主义发展史》，473 页，武汉，武汉大学出版社，2000。

⑤ 安德里亚·波尔特：《欧洲经济：增长与危机》，英国牛津大学出版社，1982 英文版，475 页。转引自裘元伦：《稳定发展的联邦德国经济》，46～54 页，长沙，湖南人民出版社，1988。

义。国家投资新建了一些国有企业，主要集中于铁路、公路、邮电、广播、机场、电站、供水等方面。据统计，1976 年联邦德国国营企业占全国企业净产值的 11.9%，占企业固定资本投资的 6.6%，占企业就业人数的 8.5%。此外，通过了《经济稳定与增长促进法》，成立了以总理为首的"经济内阁"，有联邦、州政府和地方政府组成的"财政计划委员会"和联邦财政部长主持的行情委员会等。可见，联邦德国对经济的监管并没有大规模形成如美国那样的独立监管机构，行使监管权力的依然是政府各部，如联邦经济部、邮电部、铁路局、环境保护部等。但是在欧盟的统一政策下，监管机构的独立性和治理模式也在逐步发生变化。以德国金融监管机构的变迁为例，1961 年联邦德国通过了《银行法》，建立了联邦银行监管局，作为一个独立的联邦监管机构直接隶属于财政部，多年来在德国银行监管中发挥着中心作用。1999 年欧洲中央银行体系确立后，德意志银行失去了独立制定货币政策的权力。为了维护金融体系的稳定，适应混业经营的要求，加强金融监管，2002 年 4 月德国制定了《统一金融服务监管法》，合并原有的银行监管局、保险监督局和证券监督局，成立了金融监管局。虽然内部有"行政理事会"的制约，但存在着决策权力过度集中于局长一人的现象。同时，德国中央银行与金融监管局共同承担了金融监管职责，但职责划分不清，对权力争夺的摩擦时有发生。这种局面也引起了欧洲中央银行的不满，欧洲中央银行曾致函德国政府，批评德国将监管银行业的权力集中于金融监管局，从而阻碍了德国中央银行获取监督银行业所需要的信息。德国政府2007 年 10 月通过了财政部提出的金融监管局管理层内部构架改组方案，根据该方案，金融监管局的决策机构为 5 人组成的理事会，从而改变了由局长一人独揽大权的局面。对中央银行与监管局的职责划分也将提出明确的分工方案。①

通过考察上述各国经济监管机构的发展历程，我们可以得出以下结论：

1. 经济监管已成为解决市场经济固有矛盾的主要方式。虽然对经济的监管在有些国家出现得很早，但那时候监管的目的并不是为了维护整体经济利益，而是为了维护封建领主阶层自身利益（如英国都铎王朝和斯图亚特王朝时期对相关行业的规制）或商人的利益（如重商主义时期对经济的控制）。以维护整体经济利益为目的的现代经济监管出现于美国州际商业委员会成立时期，20 世纪30 年代以经济大萧条为特征的资本主义固有矛盾大爆发后，美国才迅速将现代经济监管运用于大多数经济领域，以加强国家对经济的控制，而有些国家则采取了不同的路径（如英国实行的国有化政策）。20 世纪 70 年代以后，在对解决资本主义固有矛盾的相关实践路径进行比较的基础上，大多数国家选择了美国

① 张宁：《德国金融监管制度的演变》，载刘立群、连玉如主编《德国·欧盟·世界》，340～348页，北京，社会科学文献出版社，2009。

的监管方式，如上文所述的英、法、日等国家的经济监管方式，走上了"监管型国家"之路。

2. 监管机构设置模式的选择与一国的民主政治和法律体系有很大关系。英、美国家素有民主治国的政治基础，并且"发展出了普通法传统，其特色是独立的法官和陪审团，成文法的重要性相对较低，更信赖私人诉讼作为解决社会冲突的办法"①，在监管机构的选择上更多地倾向于设置独立于政府的监管机构；而法、德、日、韩国家有集权专治的历史渊源，"遵循了古罗马的传统，发展出了成熟的民法体系，其特色是由国家雇用法官，实体法和程序法的重要性更强，更依赖政府监管而不是私人诉讼"②，因此，在监管机构的选择上更多地倾向于在政府机构内部设置相对独立的监管机构。

3. 独立的经济监管机构逐渐成为国家监管经济的主要组织形式。由于各国政治制度和法律体系不同，在监管机构设置方式的选择上采取了不同的路径，甚至同一个国家对不同领域监管的机构设置方式也不同，有的单独运行，完全独立于行政机关；有的设置于行政机关内部。但不管是设置在行政机关之内还是之外，保持监管机构的独立运作是各国改革监管机构的主要方向，如法国赋予越来越多的独立行政机构公法人资格，日本提升中央银行地位、提高其运作独立性的改革等。总体来讲，独立经济监管机构逐步增多，无独立资格的监管机构的独立性也在日益增强。如范合君等认为西方国家要在市政公用事业设置独立的监管机构得到了广泛认可，日益成为自然垄断产业规制机构的一个基本要求，1993 年 OECD 国家中只有 7 个建立有独立的电信规制机构，到 2000 年已发展到了 22 个。③ "英国是世界上最早成立电信规制机构的国家之一，现在成立这样的（独立）机构是世界上电信改革的关键组成部分。1990 年时全世界只有 13 个国家成立了规制机构，到 2001 年这一数字上升到 110 个，并且到 2005 年时会达到 140 个左右。在欧盟中，成立国家规制权力机构已经成为民主和自由政策的一个特征"。④ 此外，由于经济监管机构业务事项专业性、技术性强，采用委员会制有利于吸纳各类专业人才的意见，使决策更科学、合理，因此委员会制也成为监管机构实践运作的主要选择。

4. 厘定监管的适度边界、不断提高经济监管机构的监管绩效是各国监管改革的目标。实践中，由于被产业集团"俘获"、采取过度的监管措施、存在监管

---

① 安德烈·施莱弗：《理解监管》，载吴敬琏主编《比较》，第 16 辑，115 页。

② 安德烈·施莱弗：《理解监管》，载吴敬琏主编《比较》，第 16 辑，115 页。

③ 范合君、柳学信、王家：《英国、德国市政公用事业监管的经验及对我国的启示》，载《经济与管理研究》，2007（8），84 页。

④ ［英］伊恩·劳埃德、戴维·米勒著，曾剑秋译：《通信法》，39～40 页，北京，北京邮电大学出版社，2006。

真空等原因，使政府监管也出现了"失灵"现象。自 20 世纪 80 年代以来，各国政府开始了以放松监管为重要内容的监管改革，采取了健全监管体系、调整监管范围、改革监管方式、完善监督机制等措施，在实现高质量监管的同时，提高经济发展效率。2007 年，美国次贷危机引发的国际金融危机席卷全球，部分学者认为这正是近年来放松监管带来的恶果。为此，各国政府纷纷改变了监管措施，采取了更为严厉的监管手段，扩大了监管范围，并将部分金融机构收归国有，提出了建设国际监管机构的主张，以进一步加强对经济金融的监管。监管改革无论从"紧"还是从"松"，目的都是促进经济健康发展，维护整体经济利益，问题的关键是如何找到监管的适度边界，使监管"紧"时不至于影响经济效率，"松"时不至于导致经济危机。因此，厘定监管适度边界、提高监管绩效也许将成为监管改革永恒的目标。

第四章　经济监管机构产生原因分析

"就像欧几里德几何学中的证明一样清楚，贸易不能被管制，贸易应自己管理自己"。

"商人和骗子都告诉我们，商业事务应由自己管理；并且如果经历了不受政府限制的自主发展的阶段的话，它自然能向有利于公众的方向运行……（但）贸易的自我管制已把我们带入了如昔日许多人所处的悲惨境地"。[①]

——约翰·亚当斯

这是18世纪末美国约翰·亚当斯的当时常被当做格言来引用的两段话。从中我们可以体会出他对自由放任经济发展模式的爱与恨，也可以觉察出他对国家监管经济的犹豫不决。二百年后，作为经济学家的美国人卡恩在其《规制经济学》一书中指出了约翰·亚当斯的矛盾心结，他说："支撑目前私营企业经济体制的两个主要制度是竞争性的市场机制和直接规制，将两者结合起来并不容易，但是，如果做不到这一点，就不能提高效率，也不能在其他方面取得良好的经济成果"。[②] 上层建筑决定于经济基础，我们探讨经济监管机构产生的原因，不得不回到二百年前约翰·亚当斯对自由市场经济的无奈，也无法回避自由经济与国家监管的关系。

第一节　经济监管的必要性

对经济监管必要性的分析大多是经济性的。"干预的正当化根据（justification）在于人们所宣称的市场在处理特定结构问题上的无能"。[③] 斯蒂格利茨认为论证监管的必要性至少包括三个层次的分析，第一层次是从帕累托效率的基本

[①] M. M. 波斯坦、D. C. 科尔曼著，王春法译：《剑桥欧洲经济史（第八卷）——工业经济：经济政策和社会政策的发展》，575页，北京，经济科学出版社，2004。

[②] ［日］植草益著，朱绍文、胡欣欣等译：《微观规制经济学》，290页，北京，中国发展出版社，1992。

[③] ［美］史蒂芬·布雷耶著，李洪雷、宋华琳、苏苗罕等译：《规制及其改革》，15页，北京，北京大学出版社，2008。

假设分析而引发的市场失灵，第二层次的分析是非理性，第三层次是分配公平。①

笔者认为，对经济进行监管的根本原因是社会经济发展的需要。随着人类创造社会财富能力的不断增强，社会经济由家庭经济、企业经济逐步转化为整体经济，在家庭经济社会和企业经济社会中，国家可以通过行政管理和司法裁判等手段来维护个人家庭和企业法人的利益，但是社会发展到整体经济社会后，家庭、企业利益不再单单表现为社会个体的利益，而日渐与整体经济利益紧密联系在一起，通过行政管理和个体起诉等措施既无力完整地维护社会个体的利益，也无法全面维护整体经济利益，带有技术性特征、可提前介入经济运行的经济监管活动应时而生。因此，为维护整体经济利益，必须对经济活动进行监管。其实上述斯蒂格利茨提到的三个层次，也都是整体经济发展阶段出现的问题，具体来说，可从以下五个方面分别阐述。

一、维护市场经济发展秩序

20世纪30年代，资本主义国家大多采取自由放任的经济政策，因为在这种"一切听其自由"的社会，人们是受一只"看不见的手"指引，来促进他们完全不放在心上的目的，每个人"通常既不打算促进公共利益，也不知道他自己在什么程度上促进哪种利益。由于他管理产业的方式目的在于使其生产物的价值能达到最大程度，他所盘算的也只是他自己的利益。在这场合，像在其他许多场合一样，他受着一只看不见的手指导，去尽力达到一个并非他本意想要达到的目的。也并不因为事非出于本意，就对社会有害。他追求自己的利益，往往使他能比在真正出于本意的情况下更有效地促进社会的利益"。② 自由的市场经济无需国家的监管，国家的职能极为有限，"第一，保护社会，使不受其他独立社会的侵犯；第二，尽可能保护社会上各个人，使不受社会上其他人的侵害或压迫；第三，建设并维持某些公共事业及公共设施。其建设与维持绝不是为着任何个人或任何少数人的利益。这种事业与设施，在由大社会经营时，其利润常能补偿所费而有余，但若由个人或少数人经营，就绝不能补偿所费"③。这些职能带有明显的守护性质，完全是为了确保市场经济中个人更好地追求自己所认定的利益和更好地积累所获得的财富。然而，自由市场理论是建立在许多假

① 约瑟夫·斯蒂格利茨：《政府失灵与市场失灵监管原则》，载吴敬琏主编《比较》，50页，第2辑，2009。

② ［英］亚当·斯密：《国民财富的性质和原因的研究》（上卷），27页，北京，商务印书馆，1972。

③ ［英］亚当·斯密：《国民财富的性质和原因的研究》（上卷），253页，北京，商务印书馆，1972。

设条件基础上的，"阿罗—德布鲁模型提出了使亚当·斯密的'看不见的手'发挥完美作用的一系列条件，在此基础上，政府无需干预，然而这些条件包括无外部性、无公共品、市场完全竞争等条件，还包括信息完备、存在包括风险市场在内的一系列市场、不存在（内生的）创新等要素"。①　具体来说，要达到所谓的"帕累托最优状态"需要同时满足以下条件：一是所有的服务和物品可以经由市场进行交易；二是在生产技术方面存在不可分割性和规模经济性；三是市场应是完全竞争状态，有为数众多的买者和卖者，可以自由进入和退出等；四是信息完全性，买卖双方对产品具有完全的知识等。但在现实经济生活中，这样的条件不可能同时满足。②

　　市场经济的实际运行也并未像斯密期盼的那样一帆风顺。1825 年英国第一次爆发全国范围的工业危机。1847—1848 年的经济危机席卷了英国、美国和欧洲大陆的许多国家，实际上已具有世界经济危机的性质。随后，在 1857 年、1866 年、1873 年、1882 年、1890 年、1900 年、1907 年、1920 年都爆发了世界性的经济危机。1929—1933 年的危机最为严重，使整个资本主义世界的工业产量下降了 44%，贸易总额下降了 66%；1933 年整个资本主义世界完全失业的人数高达 3 000 万人，使以前就存在的诸如贫困、垄断、欺诈、环境污染、资源浪费、医疗保健等问题更加突出，据统计，美国 1929 年每 1 万人中有 14 人自杀，1932 年上升到 17.4 人，一些学校不能正常开学，有的则干脆关门，"永远没有人能计算出，由于大萧条期间美国儿童所受教育太差，美国文明付出了多少代价"③。在经济危机面前，被人们称为"上帝之手"的市场失灵了，它不能解决或不能如人们所愿地解决层出不穷的社会问题，这直接动摇了人们对私人企业和自由市场制度的信心，使人们将经济复苏的期望寄予政府监管。"在经济衰退期间，一时固定资本及原料存货皆嫌过剩，营运资本又在缩减，资本边际效率可能低到一种程度，以致在实际可能范围内，无论利率如何降低，总无法使新投资率达到令人满意程度。——在自由放任情况下，除非投资市场心理有彻底改变，否则没有办法避免就业量的剧烈变动；然而，我们没有理由可以预料会有此种彻底改变。所以，我的结论是：我们不能把决定当前投资量的职责放在私人手中"。④　因此，国家应该对经济进行直接的调整和监管，"因为要使消费倾向与投资引诱二者互相适应，故政府功能不能不扩大"，这种改变"虽然是对个

---

①　约瑟夫·斯蒂格利茨：《政府失灵与市场失灵监管原则》，载吴敬琏主编《比较》，64 页，第 2 辑，2009。

②　《帕累托最优状态》，载《决策咨询》，2000（8），7 页。

③　戴维·A. 香农：《大萧条》，普伦蒂斯——霍尔公司，1960，93 页。

④　凯恩斯：《就业、利息和货币通论》，319~320 页，北京，商务印书馆，1963。

人主义的极大侵犯"，但"这是可以避免现代经济形态之全部毁灭的唯一切实办法"。①

二、提高市场配置效率

"相当一部分规制的正当化理由在于，不受规制的商品价格不能反映该产品给生产它的社会所造成的真正成本。真实社会成本与不受规制的价格之间的差异就是溢出成本（或收益）——其通常被经济学家称为外部性。"② 按照一般说法，外部性指的是私人收益与社会收益、私人成本与社会成本不一致的现象，是指一种经济力量对另一种经济力量的非市场性附带影响，这种非市场性的附带影响使价格机制不能有效地配置资源。③ 举例来说，当你在屋前栽种的花草对行人产生的赏心悦目的利益，并没有经过市场交易而得到他们支付的价格，这一好处将为许多未向你付款的人所享用，这产生了积极的外部效应，称为正外部性。正外部性是指一种经济行为给外部造成的影响，使他人减少成本，增加收益。当造纸厂排出的生产废水给下游人们的生活和生产带来了损害，但并没有向任何人赔偿损失，从而导致了负外部性。负外部性是指一种经济行为给外部造成消极影响，导致他人成本增加，收益下降。我们一般所说的外部性指负外部性。外部性在许多领域广泛存在，查尔斯（Charles）曾列出外部性的 16 种表现，其中负外部性也有 8 种：（1）工厂产生污染（水、气、噪音等）；（2）滥用森林、土地等自然资源；（3）汽车排放废气、噪音、抢占人行道；（4）车祸中无辜受害；（5）乱扔垃圾、吐痰等；（6）麻将声或音乐声妨碍他人休息；（7）公共场合高谈阔论；（8）高楼挡住较低建筑物的阳光。④ 查尔斯指出的上

① 凯恩斯：《就业、利息和货币通论》，323 页，北京，商务印书馆，1963。

② ［美］史蒂芬·布雷耶著，李洪雷、宋华琳、苏苗罕等译：《规制及其改革》，34 页，北京，北京大学出版社，2008。

③ 最早对外部性问题进行研究的是剑桥学派的两位奠基者亨利·西奇威克和阿弗里德·马歇尔。尤其是马歇尔，他在 1890 年问世的巨著《经济学原理》中首创了"外部经济"和"内部经济"这一对概念。自马歇尔之后，越来越多的经济学家从不同的角度对外部性问题进行了研究。20 世纪 20 年代，美国经济学家庇古出版了《福利经济学》一书，补充了"外部不经济"和"内部不经济"这一对概念：（1）个人收益或成本与社会收益或成本之间的差异，意味着有第三方或者更多方在没有他们许可的情况下获得或者承受一些收益或者成本，这就是外部性；（2）当一个或者一些人没有全部承担他的行动引起的成本或者收益时，反过来说，只要有人承担了他人的行为引起的成本或者收益时，就存在着外部性。史普博将外部性定义为："某种外部性是指在两个当事人缺乏任何相关的经济交易的情况下，由一个当事人向另一个当事人所提供的物品束。"斯蒂格利茨认为，"当个人或厂商的一种行为直接影响到他人，却没有给予支付或得到补偿时，就出现了外部性"，或"未被市场交易所体现的额外成本和额外收益称为外部性"。按萨缪尔森的理解，"生产和消费过程中当有人被强加了非自愿的成本或利润时，外部性就会产生。更为精确地说，外部性是一个经济机构对他人福利施加的一种未在市场交易中反映出来的影响。"

④ 高红贵、万华炜：《外部性问题及其矫正方式研究》，见 www.cenet.org.cn/cn/ceac/2005in/zd-jix010.doc，2010 - 07 - 29。

述表现也仅仅是列举性的。事实上，没有人能穷尽外部性的形形色色的表现。由此可见，外部性是一个内涵极其丰富的概念，不仅涉及人口、生态、环境问题，而且涉及公共产品的效率和制度安排问题。

按照经济学家的解释，对外部性问题进行监管的原因为外部性活动没有经过市场交易，因而当事人不必承担外部性活动对他人所造成的损失，从而导致外部性活动的私人成本与社会成本不一致，不能实现资源的有效配置。"有些自由市场的支持者求助于科斯猜想（有时也称科斯定理），即外部性即使存在，只要产权界定明晰，人们就能够通过交易达到最优结果。但如果信息是不完全的（如个体对外部成本的评估）或者存在交易成本，这种说法就缺乏支撑，而现实正是如此。事实上，监管的基本论据之一是它降低了交易成本"。[①] 以钢铁厂为例，其私人成本包括材料、运输、资本、劳动和管理等成本，但从整个社会来看，生产钢铁的成本，除了上述钢铁厂承担的私人成本外，还包括炼钢所排放的废水、废气对社会所造成的污染成本，这两种成本之和就是社会成本。在竞争性市场经济中，私人的最优活动是按照私人成本等于私人收益的原则进行决策的，此时，如果没有外部性，私人成本与社会成本是一致的，因而市场是有效率的。在存在外部不经济性的情况下，就发生了私人成本与社会成本的差异，其利润最大化行为并不能自动导致有效率的资源配置，只能使某些私人福利达到最大，却无法使社会福利达到最大。"有些物品（如环境污染）的生产和供应，由于缺乏直接相关的交易或补偿性支付，意味着资源的配置无法达到帕累托最优。……这就使得法律制度或公共管制在界定产权和削减交易成本方面具备了潜在的作用"。[②] 因此，必须引入国家监管，使私人成本与社会成本相一致。

三、避免自然资源的浪费

在经济学领域，早期的自然垄断概念与资源条件的集中有关，主要是指由于资源条件的分布集中而无法竞争或不适宜竞争所形成的垄断。在现代，这种情况引起的垄断已不多见，我们现在所说的传统意义上的自然垄断与规模经济紧密相连。[③] 如果一个行业具有规模经济的特点，则规模大的企业在生产成本上比规模小的企业具有优势，一方面，最先进入的企业生产规模越大，成本就会越低，必然具有把生产规模扩大到独占市场的趋势；另一方面，在垄断企业存在的情况下，任何新进企业将面临较高的壁垒，无法与垄断者展开竞争，在具

① 约瑟夫·斯蒂格利茨：《政府失灵与市场失灵监管原则》，载吴敬琏主编《比较》，第2辑，2009，48页。

② ［美］丹尼尔·F.史普博著，余晖译：《管制与市场》，55页，上海，上海人民出版社，2008。

③ 于立、肖兴志：《自然垄断理论演进综述》，载《经济学动态》，2000（6），18页。

有规模经济特征的行业，如煤气、电报电话、电力、供水、铁路、航空等，垄断的产生不可避免。经济学理论认为，如果在自然垄断领域内有两个以上的企业提供服务，则其服务的单位成本将会急剧提高，在一个企业就足以胜任的地方，如果让几个同质的企业分别提供服务，则会造成资源的巨大浪费，导致社会福利的损失。"政府规制企业定价和利润的最传统和最持久的理据，在于'自然垄断'的存在。据称，某些行业不能有效地支持两个以上的企业。……这种规模经济非常大，以至于如果在特定地域内有两个以上的企业提供服务，则其服务的单位成本将会急剧提高。在一个企业就足以胜任的地方，与其让三个相互连接的电话公司分别建设线路，还不如授予其中一个企业以垄断地位，但同时要求其服从政府对价格和利润的规制更有效率"。[①] 因此，为促进效率改进和社会福利的提高，最经济的方法就是引入政府管制，授予一家企业以垄断地位，同时要求其服从政府对服务质量、价格和利润的监管。

四、保护市场竞争环境

"由市场力量导致的配置无效和垄断租金传统上被当做价格管制和反托拉斯法的理由"。[②] 一般来说，经济垄断是经济主体（企业等）利用自己的垄断地位限制竞争的行为，主要类型有卡特尔、辛迪加、托拉斯、康采恩等。主要表现在两个方面：一是利用优势地位限制市场准入。一旦出现了经济垄断，进入市场的机会就被个别经营者独占，其不仅不同他人分享进入市场的机会，而且也不与其他经营者分享新的进入市场的机会。二是借用优势地位采取不正当竞争的措施。如经营者为获得垄断利润而在价格、销售市场、生产规模和其他方面签订协议，或通过签订共同销售商品和采购原材料的协议来协调价格，从而获得垄断利润，或直接形成一家生产同类产品或相关产品的股份公司，实行产、供、销、人、财、物统一管理等。市场机制要发挥其应有的作用，必须建立自由公平的市场竞争秩序，经济垄断是对建立竞争关系的直接或间接的拒绝，它窒息一定交易领域内的竞争，不利于社会整体效率的提高。因此，应有公正的第三方对经济垄断进行监管。

五、保障经济安全和维护社会公平

标准的竞争均衡模型假设所有个体都是理性的，但行为经济学的最新研究发现，"个体不见得是理性的，甚至从根本上偏离理性状态。迷途之人需要拯

---

① 〔美〕史蒂芬·布雷耶著，李洪雷、宋华琳、苏苗罕等译：《规制及其改革》，20 页，北京，北京大学出版社，2008。

② 〔美〕丹尼尔·F. 史普博著，余晖译：《管制与市场》，48 页，上海，上海人民出版社，2008。

救，社会更是如此。例如，市场会陷入非理性繁荣或非理性悲观，人们不一定会储蓄足够的退休金等"①。如在反思2007年美国次贷危机引发的全球金融危机时，发达国家大多提到了加强系统监管的问题，从某种意义上说，这也是为防范社会非理性行为而采取的管制措施。"在某种意义上，如果迫使个人有所为有所不为，他们会过得更好"②。如一个容易酗酒的人可能意识到自己会沉迷于此而不能自拔。在上瘾之前，他清楚自己将为此悔恨，但恶习难改。因此，他希望政府使他无法染上恶习，至少不会那么轻易地染上，如提高酒类产品的消费税、抬高价格、实行销售限制等。

"政府干预的第三类理由是：尽管市场经济的最妙之处在于它能产生有效的结果，但不一定能够实现社会公平。尤其当政府面临严格的预算约束时，监管可作为实现分配目标的重要工具"③。这包括两个方面：一是防止"控制租"的影响。"如果一家企业控制着一个比当时市场更为便宜的市场来源，它即获得一种经济租。如果这种更加便宜的货源无法满足整个市场的需要，则企业由此所获得的就是经济租而不是垄断利润"④。与垄断利润不同，租的存在并不意味着"无效率"或者"配置浪费"。租在所有经济领域中都是存在的，既存在于竞争性行业，也存在于非竞争性行业，任何一家企业如果找到了更有效率的生产流程或取了更先进的生产技术等，就有可能赚取一种租。通过才华或技能获得租是应受到鼓励的，它可以促进企业追求更高的生产效率。对租进行监管的目的与对自然垄断进行监管的目的不同，其不在于更有效地使用世界资源或促使社会效用最大化，而在于更加公平地分配收入。二是分配稀缺性资源。"规制有时候以稀缺为其正当依据。以稀缺为依据的规制反映了蓄意放弃市场的决定，因为短缺或稀缺通常可以不经规制而通过允许价格上涨达到缓解"⑤。但是，由于有些资源相对于人们的需求来讲，永远处于稀缺状态，需要第三方介入来进行分配，如无线电频率等；有些是因为突然供给失灵，如依赖价格机制将会给许多使用者带来非常严重的困难，他们根本没有能力支付因供给失灵所导致的价格急剧上涨，如20世纪70年代的阿拉伯石油禁运事件。此外，"需要规制的稀

---

① 约瑟夫·斯蒂格利茨：《政府失灵与市场失灵监管原则》，载吴敬琏主编《比较》，第2辑，50页，2009。

② 约瑟夫·斯蒂格利茨：《政府失灵与市场失灵监管原则》，载吴敬琏主编《比较》，第2辑，50页，2009。

③ 约瑟夫·斯蒂格利茨：《政府失灵与市场失灵监管原则》，载吴敬琏主编《比较》，第2辑，50～51页，2009。

④ ［美］史蒂芬·布雷耶著，李洪雷、宋华琳、苏苗罕等译：《规制及其改革》，31页，北京，北京大学出版社，2008。

⑤ ［美］史蒂芬·布雷耶著，李洪雷、宋华琳、苏苗罕等译：《规制及其改革》，51页，北京，北京大学出版社，2008。

缺或短缺，也可能是现行规制方案所导致的结果，例如，为了控制租必须对天然气进行分配，以及行政机关颁发行业准入许可证"。①

总之，由于垄断和外部性等问题的存在，不受约束的市场经常有失灵的时候，而国家监管可以有效地解决市场无法或不能达到的目的。但是，在竞争秩序不能解决市场失灵的时候，法庭不是也可以作为处理冲突问题的有效渠道吗？即使采用国家监管，那么国家监管就一定是有效的吗？布拉德福特·德龙认为市场失灵是引发国家监管的一个重要原因，但却并不是引出国家监管的充分必要条件，因为国家监管也同样面临着监管失灵的问题。② 正如史普博所说："必须再次强调的是，市场失灵的存在仅是管制的必要条件，而非充分条件。管制可能引起很高的行政成本。管制政策的形成和执行不但有收入再分配的性质，而且会干预配置效率。市场的管制常常导致所有伴随着经济计划而出现的问题。管制者也是在信息不完全的情况下工作的。控制政策可能是次优的，反映在'一刀切'的法规、复杂的行政程序以及制度约束之上"。③

第二节　独立监管机构的比较优势

由于存在市场失灵，经济发展需要第三方的力量来调整和监管，以实现整体经济利益。钱颖一指出，"有些时候约束经济人的行为仅仅靠保护产权和实施合同是不够的"，"我们不能假定政府退出以后市场就可以自动解决问题，一个有效而有限的政府在此至关重要"。④ 德龙也认为："没有民间工商业，政府就兑现不了它对公民所作的创造和维护繁荣的承诺。没有政府，没有政府的规制作用和监管作用，工商业根本就转不动"。⑤

从我们对监管概念的分析来看，履行监管职责的主体是国家，那么国家又该采取何种方式行使监管职权呢？历史上，有些国家选择了以国家所有的方式解决市场失灵问题，有些国家则选择了成立监管机构的形式。在监管机构选择上，大多数国家选择了独立监管机构（或在行政机构内部成立相对独立的机构），而没有选择立法机构、司法机关或直接依靠现有行政机关，其原因何在？下文将逐一阐述。

---

① ［美］史蒂芬·布雷耶著，李洪雷、宋华琳、苏苗罕等译：《规制及其改革》，52 页，北京，北京大学出版社，2008。

② 布拉德福特·德龙：《政府与市场：回顾过去百年的经济发展》，载吴敬琏主编《比较》，第 13 辑，63 页。

③ ［美］丹尼尔.F. 史普博著，余晖译：《管制与市场》，78 页，上海，上海人民出版社，2008。

④ 钱颖一：《政府与法治》，载吴敬琏主编《比较》，第 5 辑，10 ~ 12 页。

⑤ J. 布拉德福特·德龙：《政府与工商业的双人舞》，载吴敬琏主编《比较》，第 1 辑，121 页。

一、国家所有制：不适合大范围推广的解决办法

国家所有制最宏伟的构想便是社会主义公有制实践。在马克思看来，经济危机的根源在于资本主义私有制，解决经济危机的根本办法就是用社会主义公有制取代资本主义私有制，并实行计划经济。从逻辑上来讲，马克思在《资本论》中对资本主义矛盾的分析无懈可击，对经济危机原因的解释极其深刻，资本主义私有制确实是万恶之源。但是他所设想的生产力高度发达的完全社会所有制下的计划经济，以前没有出现过，以后能不能出现也还是个疑问。从前苏联、中国等社会主义国家实践来看，生产过剩的经济危机的确没有出现过，但普遍的生产不足与市场短缺却成为另一种危机，其危害甚至超过了经济危机。这种极端的公有制形式被实践证明是一种失败的制度。"国家社会主义经济体系的悲壮失败，不过是专制造成的问题的最典型的表现，在那样的体系里，所有经济问题的解决，其目标都是服务于执政党继续政治统治的需要"。[①]

当前，另一种国家所有制在部分国家不同程度地存在着，表现为国家出资成立具有法人资格的国有企业或通过控股形式成立股份公司，如中国现有的国有企业形式和英国 20 世纪五六十年代的国有公司等。它们以独立法人的名义参与市场竞争，自担风险、自负盈亏，虽然常常出现行政垄断和经营亏损由政府买单的情况，但与计划经济中的企业相比，其自主性有了很大提高。由于政府是公司大股东，可以通过公司内部控制来实现政府政策目标，因此可以作为政府解决市场失灵的一种途径，但是国有企业固有的软约束机制，致使低效率、腐败等问题不可避免，只有到其他途径无法达到目标的时候才可以使用。"尽管在某些情况下利用政府所有权的手段解决无序问题是需要的，但国有制本身显然存在严重的公权滥用和专制问题。由于政府要利用对企业的控制来追求自己的政治目标，所以世界各国的企业的经营业绩都乏善可陈"。[②] 这也是 20 世纪七八十年代以来，中国等社会主义国家进行市场化改革和以英国为代表的欧洲国家进行民营化改革的原因之一。

二、独立监管机构：实践中的最优选择

亲历 20 世纪 30 年代大危机的凯恩斯虽然与马克思对经济危机的原因分析有相似之处，但开出的药方却并不相同。凯恩斯所谓的有效需求，是指与国民收入相一致的需求，由有效需求决定的国民收入并不一定是充分就业的国民收入。所谓均衡国民收入也并非真正均衡，因为均衡意味着全体生产者愿意且能够销

---

① 安德烈·施莱弗：《理解监管》，载吴敬琏主编《比较》，第 16 辑，114 页。
② 安德烈·施莱弗：《理解监管》，载吴敬琏主编《比较》，第 16 辑，114 页。

售的数量等于全体消费者愿意且能够购买的数量，意味着全体生产者和消费者都能实现自己的交换计划。但是，如果商品市场是均衡的，所有商品都能找到销路，那么劳动市场也应该是均衡的，所有劳动者都能够找到工作，而实际上这个均衡的国民收入并不能保证劳动市场的均衡，因此它是低于充分就业的均衡。凯恩斯看到了资本主义市场经济条件下生产与消费的矛盾，把有效需求不足看做经济危机的原因，而有效需求不足又是由于消费需求不足，消费需求的不足在于没有被消费的部分形成了储蓄。如果所有储蓄都能转化为投资，形成对资本物品的需求，则经济危机也不会发生。问题在于资本家投资的目的是获取利润，投资作为对资本物品的需求，是由对消费品的最终需求派生出来的，归根到底取决于消费需求的状况。因此，经济危机的根源还在于消费需求的不足，那么解决危机的办法自然是扩大需求，刺激消费和投资当然可以，但效果有限，最有效的办法还是扩大政府支出，为此又必须实行赤字财政政策。凯恩斯本人也认为他这个医治经济危机的处方只是治标的办法，不能治本，短期内尚可一用，但长期应用会导致财政赤字越来越大，如发行货币弥补财政赤字会导致通货膨胀，如靠发行国债也会导致国债规模不断膨胀。

熊彼特认为，马克思与凯恩斯提出的解决经济危机的方法截然不同。马克思认为资本主义无药可救，无产阶级应通过革命颠覆资本主义社会；凯恩斯则认为，虽然经济周期是资本主义内部不可治愈的顽疾，但可以对其进行有效治理，减少危害，资本主义制度本身几乎是不可能被颠覆的，其开出的处方虽不能根治经济危机，但产生的副作用与马克思的处方相比要小得多。也正因为如此，资本主义国家在充分发展市场经济的基础上，纷纷加强政府监管，努力做好宏观调控和经济监管，避免市场经济弊端对经济发展的过分危害；社会主义国家也在逐步放松政府统管，实行改革开放，努力健全市场经济体系，同时改变政府管理方式，采用更多的监管措施来管理市场经济，希望利用市场效率和强势政府促进本国经济的发展。可以说，在两种理论的博弈中，"监管型国家"正日益成为各国政府改革的目标。那么哪一种类型的国家机构更适合承担经济监管的职责呢？从应然的角度来讲，由于监管权属于执法权，立法机关、司法机关不能承担监管职责的主要原因在于保护民主自由的立法、执法、司法三权分立原则的要求，行政机关不能承担监管职责的原因在于行政权与监管权的目的不同，具体内容下一章将予以重点论述，在此不再赘述。本章只是从实然的角度来论述实践中立法机关、司法机关为何不能起到维护整体经济利益的作用，现有行政机关为何没有被赋予监管经济的权力。

（一）立法机关：技术变革的落伍者

如果立法机关能够将需要监管的事项以法律的形式予以发布，明确有关经济行为的准则，制定损害行为的赔偿标准，可以对蓄意破坏市场秩序的行为起到一定的吓阻作用，从而达到规制市场经济的目的。就像史普博所说的，"亚当·斯密'看不见的手（掌）'依赖于管制市场交换的法律这一'看得见的手臂'"。① 法律为市场确定初始的权利义务框架，国家通过法律界定产权，告诉人们什么东西归谁所有；通过合同法保障合同自由；通过侵权法对侵权行为加以惩罚；通过反垄断法，维护自由竞争……所以，立法是形成和维护市场的基础。任何一个国家都非常注重运用立法手段来规范市场运行、防范市场失灵。②

但是，立法机关人员有限、时间有限、专业知识水准更有限。在资本主义初期，市场交易比较简单，立法机关还能够满足当时的立法需求。随着市场经济的发展，技术进步推动的分工日益深化，各类交易事项错综复杂，具体的经济活动复杂多样，不仅具有很强的专业性，而且变化迅速，需要一种专业的、持续的监管（constant, day-to-day regulation）。③ 而立法程序繁琐，立法机构专业人才也比较缺乏，不能满足监管立法的专业技术性要求，也不能根据监管需要不断调整经济法律。因此，"技术的变革会使得起初非常完备的法律变得不完备"④，要么存在空白，无法处理某些损害行为；要么无法清楚地界定法律的边界，使得对某些损害行为的处理有很大的裁量余地，特别是随着社会经济和技术的日益复杂和快速变革，为解决"老"问题而设计的法律解决方案不断受到挑战，新问题不断出现。在法律不完备的前提下，为实现法律对破坏市场的行为的阻吓作用和对市场失灵的矫正作用，立法机关就需要将自由裁量权授予一个有效的执法机制。⑤ 这也是独立监管机构拥有准立法权的重要原因。

（二）司法机关：法律的消极执行者

如果具备了比较完备的经济监管法律，通过当事人起诉的司法途径也可以实现对经济的监管。科斯就认为，在竞争和私人秩序不能成功解决市场失灵的少数情况下，可以由公正的法院来强制执行合同和法律，制止侵权行为。⑥ 如化工厂附近的居民可以联合起诉化工厂，要求停止污染，赔偿损失，甚至强制拆迁；受到欺骗的投资者可以起诉发行商或承销商，要求退回投资款，并弥补损失；等等。只要一切都运转顺利，受害人积极起诉，法院判决及时，侵害者赔偿迅速，由法院执行相关的合同和法律，就可以实现有效的资源配置和社会正

---

① ［美］丹尼尔·F.史普博著，余晖译：《管制与市场》，31页，上海，上海人民出版社，2008。

② 马英娟：《政府监管机构研究》，70页，北京，北京大学出版社，2007。

③ Thomas W. Dunfee and Frank F. Gibson. legal aspects of government regulation of business, john wiley sons, 1984, p. 60. 转引自马英娟：《政府监管机构研究》，71页，北京，北京大学出版社，2007。

④ ［美］卡塔琳娜·皮斯托，许成钢：《不完备的法律——一种概念分析框架及其在金融市场监管发展中的应用》，载吴敬琏主编《比较》，第3辑，115页。

⑤ 见［美］卡塔琳娜·皮斯托，许成钢：《不完备的法律——一种概念分析框架及其在金融市场监管发展中的应用》，载吴敬琏主编《比较》，第3、4辑。

⑥ Ronald Coase. the problem of social cost, journal of law and economics, vol. 3, 1960, 1-44.

义。事实上，19 世纪以前的美国就是主要通过法庭来解决商业纠纷的。私人诉讼争端的解决无关政治，与政府没有特殊利益，在合同的执行中，法官也可以积累经验和专业知识，从而有助于有效迅速地处理争端。①

但是，现实经济运行中的诉讼并没有想象中的完美，以下因素会影响其在解决市场失灵问题时的效果：一是在双方当事人地位不平等或者法官不独立的地方，法官容易受到金钱或政治的俘获，法庭诉讼可能成为维护强权而不是正义的方式。格莱泽及施莱弗教授通过分析 1865—1906 年美国镀金时代金钱和权力是如何频繁破坏司法机制正常运作，探讨了美国监管型国家崛起的原因。"那些制约私人秩序的力量也会对法院施加类似的影响，其结果会使法院的行为发生扭曲，让强权而不是正义获得胜利。某些可以对法院产生影响的机制甚至完全是合法的，比如雇用非常出色的法律专业人士，使用合法的拖延阻挠技巧。……还有其他某些机制，也许不那么合法，但同样常见，如对法官的判决施加政治影响，尤其是在那些法官没有完全独立于政治的国家"。② 他们指出："在法官更容易受到干扰的地方或争端类型中，或者在诉讼双方的力量对比悬殊的局面下，私人诉讼难以成为保证社会良好秩序的有效途径"。③

二是法庭诉讼的被动式执法和事后解决机制不能有效防止和制裁侵权行为，更不能满足持续维护市场秩序的要求。表现在：法庭的被动执法和事后解决机制不利于防止和制裁侵权行为，如果受到损害的当事人提起诉讼的激励不足，尤其是集团诉讼的当事人普遍存在搭便车心理时（特别是在集体受到损害时，如污染事例等），便可能造成无人起诉的局面，使对社会造成损害的行为不能得到制止和惩罚，况且法庭的事后执法机制只能在损害发生后启动，不能对侵权行为和损害后果起到预先防范的作用。"法庭被设计成被动执法者，只有在另一方——国家或私人——起诉之后，法庭才能开始行动。法庭本身不能发起调查，因为这会削弱其中立性和公正性。……相反，监管者却可以主动执法。他们主动监督各种行为，开展调查，禁止或惩罚损害行为"。④ 法庭诉讼无法解决重大侵权行为带来的负面影响，比如重大证券欺诈行为不仅直接侵害特定公司的股东，而且影响普通投资者，危及金融市场的声誉，导致投资者对证券投资丧失信心。法庭的个案式纠纷解决机制，不能形成持续、系统的法律规范来应付市场失灵问题，法庭虽然可以通过个案判决形成判例或法律解释，但主要针对已

---

① ［美］安德烈·施莱弗：《理解监管》，载吴敬琏主编《比较》第 16 辑，110 页。

② ［美］安德烈·施莱弗：《理解监管》，载吴敬琏主编《比较》，第 16 辑，110～111 页。

③ ［美］爱德华·L. 格莱泽、安德烈·施莱弗：《监管型政府的崛起》，载吴敬琏主编《比较》，第 2 辑，50 页。

④ 卡塔琳娜·皮斯托，许成钢：《不完备的法律——一种概念分析框架及其在金融市场监管发展中的应用》，载吴敬琏主编《比较》，第 3 辑，115 页。

经发生的市场失灵问题，缺乏系统性、持续性和预见性，而"工业活动和社会生活的某些领域需要一种特殊的、连续的控制形式，因此……依靠个人零星的普通法诉讼是不够的"[1]。此外，个案解决机制成本很大，也影响监管的效率，如针对环境污染案件，"通过司法程序，在每一个案件中反复决定空气污染的最低成本避免者，显而易见是高成本、低效益的做法"[2]。

三是法庭的人员配备和知识结构不能适应监管的需要，随着市场经济的不断发展，市场失灵问题也日益广泛、复杂、多样，法庭的人员配备及其知识结构越来越不能适应现实的需要；加之法庭判决程序冗长，也不能适应社会经济和技术条件变化的需要。[3] 上述内容也是独立监管机构被赋予准司法权的重要原因。

（三）行政机关：政治角逐的主要领域

既然立法机关、司法机关履行监管职责都有缺陷，那么将监管权力赋予本身就是执法机构的行政机关是最便利的选择，但是从以上我们对监管机构设置模式的探讨来看，实践中各国即使将某些监管权力交由现有行政机关去执行，也大多选择在该机关内部成立较为独立的部门来从事监管事务，其主要原因在于监管与行政处理的事务有很大不同。行政是政治的延续，监管则是市场经济发展的需要，更多地体现为技术事务，与政治无关。[4] 此外，行政机关不适宜担当监管职权还有以下两个方面的原因：一是行政往往代表着竞选集团的利益。在现代民主国家中，政客逐渐成为一种职业，他们受各种各样利益集团的控制，组建自身竞选团体，发布眼花缭乱的竞选纲领，散布无所不能的承诺，而他们一旦主政，最先照顾的往往是他们所代表的团体的利益；而且行政机关实行的是首长负责制，个人握有各类事件的决断权，在较短的任期内自然不会过多地考虑长远的经济政策。因此，如果将监管权力赋予行政机关，行政官员极有可能将经济监管政策建立在短期竞选目标上，致使经济政策受个人好恶和政治因素的左右，而不是首先尊重经济发展规律的要求，也不利于监管的客观公正和一致性。二是需要实行监管的经济事项往往具有很强的专业性，行政机关人员的素质无法达到专业化的目标，其职务多属于例行公事性质，很难对高度专业

---

[1] Robert Baidwin and Christopher Mccrudden. regulation and public law, 22.

[2] ［美］丹尼尔·F. 史普博著，余晖译：《管制与市场》，62 页，上海，上海人民出版社，2008。

[3] 卡塔琳娜·皮斯托和许成钢提出的法律不完备性理论，很好地解释了监管者出现的原因，认为其是针对高度不完备法律下执行无效的问题而产生的，并详细考察了英国、美国、德国金融市场监管中，剩余立法权和执法权如何从法庭向监管者进行迁移。具体论证详见卡塔琳娜·皮斯托、许成钢：《不完备的法律——一种概念分析框架及其在金融市场监管发展中的应用》（上），载吴敬琏主编《比较》，第 3 辑，115 页；《不完备的法律——一种概念分析框架及其在金融市场监管发展中的应用》（下），载吴敬琏主编，《比较》，第 4 辑，97 页。

[4] 监管权与行政权的区别具体可参见本书第五章有关内容。

的监管问题作出有效裁决。此外，即使通过任命或雇用专业人才来提高行政人员素质也达不到目的，因为这种专门知识有时需要综合制定规章、作出决定和裁决等多项职能，对于现有的部来讲是不适合的，而且有时部也不能提供运用专门技术必需的相对于政府的独立性。①

（四）经济监管机构：实践中的最优选择

现实经济生活中，各国选择成立了独立经济监管机构，专司监管经济运行职责。西方学者在探讨其原因时，往往将监管机构的优势与司法机关相比较，如爱德华·L. 格莱泽和安德烈·施莱弗认为，与司法机关相比，"一是监管者可能比法官有更强烈的动机进行高代价的调查以便证实出现了违法现象，这种动机可能源于对职业生涯的考虑，监管者是否会因发现违规现象而得到奖励，抑或源于监管者所受到的更专业化的训练。二是因为监管者能够代表原告们共同的利益，进而解决任何附带问题。三是诉讼是在危害已形成之后进行赔偿，而监管则进行事前预防。监管可以被设计得更能以低成本来鉴别违法行为并且更为容易"。② 兰迪斯（Landis）于 1933 年被任命为美国证券交易委员会委员，针对监管机构的出现，他解释道：一方面，在工业化过程中社会经济关系的复杂性日益增长；另一方面，在该情势下司法机构的立法和执法不足。③ 我国学者余晖认为："之所以产生经济监管机构，除了纠正市场失灵的合理性外，在管理技术方面还有以下几个原因：第一，专业化的规制机构拥有对行业管理的知识和信息优势，可以弥补法院单纯依靠法庭证词可能不足的缺陷；第二，现代社会经济活动日趋复杂且变化较快，立法机构的决策程序缓慢，难以适应行政管理的需要；第三，大量由政府直接投资和经营的国有垄断产业在引入竞争机制和私有化后，对其垄断保留环节显然缺乏相应的管理体系；第四，规制机构的行为主动性使得它在保护公民健康安全方面能够发挥预防作用，弥补法院不告不理的缺陷"。④ 我们则将其原因总结为以下几点：

一是有利于适应监管专业性的要求。监管的出现是市场经济自身发展的需要，往往具有很强的专业性。而经济监管机构依监管事项而设，并在该领域专家或学者中选择相应的官员和员工，且更接近被监管产业，更容易收集所需要的信息，"设立管制机构的目的就是执行某一专门工作任务，委员会的精力集中于它的工作，它的成员能成为专家"，⑤ 因此更能够胜任监管职责。"与法官不

---

① Robert Baldwin and Christopher Mccrudden. Regulation and public law, 4.

② ［美］爱德华·L. 格莱泽、安德烈·施莱弗：《监管型政府的崛起》，载吴敬琏主编《比较》，第2 辑，59 页。

③ Landis. The administrative process，(1938)，33.

④ 余晖：《论行政体制改革中的政府监管》，载《江海学刊》，2004（1）。

⑤ 伯纳德·施瓦茨：《行政法》，14 页。

同，公共监管机构的官员拥有专业知识，以及在特定领域追求社会公益目标的动力。——如监管者对于招股说明书的内容是否有遗漏拥有专业判断，可以给市场参与者制定具体的行为准则，并动用自己的资源来确保规则的遵守，施加自己的处罚或者帮助法院进行判决"。① "不仅如此，在决定企业的治理污染投资的成本是否高于或低于消费者的避免成本时，需要具备高度的技术知识。而每一个管制机构在处理各种产业和各地域内的污染案件时，能够提供所需的知识和经验，从而适合于作出上述决定"。②

二是有利于减少政治影响。独立监管机构大多实行的是委员会制，委员虽然由立法机关或行政机关提名并任命，但一般要从技术专家中选择，且在任职期限和轮流任职方面实行特殊制度以减少国家其他机关对委员决策的干涉，具体来说，与行政官员相比，委员们任职较长，较少受日常政治影响和选举集团的控制，从而使监管政策连续性较强，能够为经营者提供一个稳定和可预测的监管环境。如日本学者在论述公正交易委员会的独立性时认为："禁止垄断法必须依据有关法律及经济的高度专业的技术知识来运行，如果期待公正交易委员会发挥其专门技术性作用的话，那么就需要脱离政治党派独立地行使职权。并且，为确保专门技术的法律运用，将禁止垄断法的运行机关委任公正交易委员会这样的合议制机关来担任，这也正是赋予其行使职权的独立性之根据。因为，如果是在内阁总理大臣、总务大臣的指挥命令下运行禁止垄断法，那么，还是独任制的行政机关有效率且是适宜的"。③ 施莱弗也认为："由于监管者可以被赋予执行社会公益政策的特殊动力，他们在原则上可能比缺乏特殊动力的法官更难以被利益集团操纵，于是专业和动机因素的结合，就能使公共强制策略在某些情况下比私人执行更有效率"。④ 比如，市政建设一般都具有投资周期长、资本密集、流动性差等特点，如果没有稳定的监管政策，很难吸引投资者进入；同时，市政建设往往具有自然垄断性，如果没有监管机构确保不会出现供给方因无效率或行使垄断权力而致使价格高、服务差的情况出现，那么市民会因此而阻止市政建设落实。

三是有利于适应经济的快速发展变化。掌握专业知识和具备监管权、准立法权、准司法权的独立监管机构，能够根据外部环境和经济条件的变化较为灵活地调整相关政策，在发现问题、处理问题、决定裁判等方面能更快地适应经济的发展变化。"至关重要的是，监管者不仅是法律制定者，而且是执法者。立

① ［美］安德烈·施莱弗：《理解监管》，载吴敬琏主编《比较》，第16辑，113页。
② ［美］丹尼尔·F. 史普博著，余晖译：《管制与市场》，62页，上海，上海人民出版社，2008。
③ 根岸哲、舟田正之著，王为农、陈杰译：《日本禁止垄断法概论》，第三版，300页，北京，中国法制出版社，2007。
④ ［美］安德烈·施莱弗：《理解监管》，载吴敬琏主编《比较》，第16辑，113页。

法和执法权兼备使得监管者的立法活动能直接得益于其执法活动"。① "多数情况下，法庭在事后即损害发生后才创设及执行法律。事后执法与法庭作为被动式执法者的职能密切相关。……相反，监管者在事前和事后都能创设和执行法律。由于监管者是主动执法的，因此只要发现足够高的预期损害程度，他们就可以开展执法程序。而且，他们可利用立法权改写或变更规则，以回应所观察到的社会经济和技术变革"。②

四是有利于社会公众的参与。由于现代独立监管机构的超然地位，与行政机关相比，其更愿意公开决策过程，允许公众或利害关系人参与决策过程，而不只是对已经作出的决定进行申诉，因此更容易被分散化的利益群体所接受。而且，由于其决策过程的公开与透明，相对于政治选举产生的官员，独立监管机构的工作人员也不容易被强大的特殊利益集团所俘获。③

总体上讲，独立监管机构的设立是在人们解决市场经济无法解决问题的基础上产生的，是在人们对政府监管各种方式进行理论探索和实践的前提下选择的结果，是目前最适合解决市场经济矛盾的方式。

---

① 卡塔琳娜·皮斯托、许成钢：《不完备的法律——一种概念分析框架及其在金融市场监管发展中的应用》（上），载吴敬琏主编《比较》，3 辑，125 页。
② 卡塔琳娜·皮斯托、许成钢：《不完备的法律——一种概念分析框架及其在金融市场监管发展中的应用》（上），载吴敬琏主编《比较》，3 辑，124 页。
③ 马英娟：《政府监管机构研究》，80 页，北京，北京大学出版社，2007。

第五章 经济监管机构的国家机构地位分析

"虽然分权是诸多西方国家权力配置模式的原则，但是分权这一古老的西方思想中孕育的权力需要制约和监督这一精华却是人类智慧的结晶，是人类政治文明长期发展的结果"。[①]

"当他（孟德斯鸠）说：'当立法权和行政权集中于同一个人或同一个机关之手'，或者说'如果司法权不同立法权和行政权分立，就没有自由存在了'，他说这些话时，他的意思并不是说这些部门不应当部分参加或者控制他方的行动，⋯⋯他的意思不过是说，当掌握一部门的全部权力的机关，同时行使另一部门的全部权力的时候，自由宪法的基本原理就遭到破坏了"。[②] ——［美］亚历山大·汉密尔顿

以上我们探讨了经济监管机构的设置模式、决策机制、历史发展和产生原因，勾勒出了经济监管机构作为一种独特的国家机构的现存状态。那么，这种独特的国家机构行使的是何种国家权力？此类国家权力与传统国家权力有何区别？本章将从探讨当前国家职能入手，研究监管机构履行的国家职能与其他国家职能有什么不同，隐蔽在监管机构国家职能背后的国家公权力是什么，其与其他国家公权力的区别在哪里，辨析经济监管机构与行政机关的本质区别，明确监管机构应有的国家地位，为解决行政权的滥觞、回复公民权利和维护整体经济利益提供一个新的思路。

第一节 监管机构履行的国家职能：经济监管职能

我们知道，经济监管的主体是国家经济监管机构，其解决的问题是市场失灵等原因引起的经济问题以及与此相关的社会问题，其履行的是国家经济职能，那么其履行的监管职能与行政机关履行的行政职能有哪些区别呢？本节将对此

---

① 张杰：《西方分权理论与实践研究——以英法美三国为例》，6 页，北京，中央民族大学出版社，2008。

② ［美］亚历山大·汉密尔顿、约翰·杰伊、詹姆斯·麦迪逊：《联邦党人文集》，第三卷，629页，北京，九州出版社，2007。

予以重点探讨。

关于国家职能，《辞海》的解释是："国家在实现统治阶级的政治使命中的基本的和主要的作用，由国家的本质决定"。① 国内大部分学者都同意将国家职能作这样一种界定：所谓国家职能，是指国家机器活动的总方向、总任务及其基本使命和基本目的，是国家在实施其阶级统治和社会管理活动过程中担负的职责和功能。② 也就是说，国家的基本职能是阶级统治和社会管理，任何阶级统治都是以实现一定的社会公共职能为前提的，而这种社会公共职能就是向社会提供公共物品和公共服务。比如，阶级统治的职能主要是建立军队、警察、法庭等暴力机器，维护对内对外的安全等；社会管理的职能主要是管理社会公共事务，包括经济、贸易、财政、外交、国防、文化等，这些都是为了维护阶级社会中对立阶级的共同利益，即社会的公共利益，它们客观上都是为了满足公共需要而为社会提供的公共物品和公共服务。③ 但是，国家职能的理论的源头则在西方国家。大约 17、18 世纪，伴随着现代民族国家和市民社会的形成，出现了最早关于国家职能的理论。在此以后，关于国家职能的认识不断发生变化。在长达几百年的西方国家职能思想发展史中，一直存在着干预与自由放任这两种对立观点的相互交错，自由主义关于国家职能理论侧重于对国家权力进行限制，而干预主义则侧重于发挥国家干预对经济发展的重要作用。由于经济领域在整个社会生活中的独特地位和丰富内涵，特别是因为市场作为社会联系的主要方式的性质，国家经济职能问题成为了西方国家理论的一个核心问题。④

一、自由主义的国家职能理论

关于自由主义的国家职能理论，最早可追溯到 17～18 世纪的古典自由主义时期，自由主义学者主张国家要给予个人和企业最大限度的自由放任，反对国家进行过多干预。早期的自由主义者如洛克、孟德斯鸠等人，都有过减少干预、提倡自由贸易的论述。18 世纪 50～70 年代，欧洲出现了以法国人魁奈为代表的重农主义经济学派，提出了"自然秩序"的观念，认为与国家干涉相比，自由竞争的市场经济能够更有效地实现财富的增长。此后，从亚当·斯密开始，冯·哈耶克、萨伊、詹姆斯·布坎南、弗里德曼以及罗伯特·诺齐克等人都在国家职能问题上提出并论证了自由放任政策的合理性。⑤

亚当·斯密认为国家职能主要有三个方面："第一，保护社会，使之不受其

---

① 辞海编辑委员会：《辞海》，866 页，上海，上海辞书出版社，1989。
② 郭小聪：《论国家职能与政府职能》，载《中山大学学报》，1997（2）。
③ 翟桔红、徐水安：《政府职能厘析》，载《中南财经政法大学学报》，2007（2），45 页。
④ 贾英健：《全球化背景下的民族国家研究》，141～142 页，北京，中国社会科学出版社，2005。
⑤ 贾英健：《全球化背景下的民族国家研究》，142 页，北京，中国社会科学出版社，2005。

他独立社会的侵犯。第二，尽可能保护社会每个人，使之不受社会上任何其他人的侵害和压迫，这就是说，要设立严正的司法机关。第三，建设并维护某些公共事业及某些公共设施，其建设与维护绝不是为着任何个人或任何少数人的利益。这种事业与设施，在由大社会经营时，其利润常能补偿所费而有余，但若由个人或少数人经营，就不能补偿所费"。① 哈耶克认为，每个人都有追求最大限度个人自由的权利，为了保障这种自由权利的实现，必须使经常权力和政治权力相分离，而"竞争制度就是旨在用分散权力的办法把人用来控制人的权力减少到最低限度的唯一制度"②。

布坎南提出了"政府失效"的概念，并以此作为对国家监管行为进行分析的基础，他认为国家对社会经济领域的监管，不仅不能弥补市场失灵，相反可能导致经济发展中出现高额赤字、通货膨胀和高失业率。为此，他指出："市场的缺陷并不是把问题转交给政府去处理的充分理由"。③ 萨伊作为斯密的忠实信徒，对自由竞争条件下国家的职能和范围进行了深入的研究分析，对国家的职能进行了规定，即主要保证经济活动的自由进行，包括以下内容：一是政府所能使用的促进生产的一切方法中，最有效的是保证人身安全和财产安全，这种保证是国家繁荣的源泉。二是有些事业由国家经营，如军火工业和公共工程，国家可以通过制订计划，办理妥善和维修得当的公共土木工程，强有力地刺激私人生产。三是国家创办各类学校、图书馆、博物馆，并提供资金，来鼓励科学研究，促进科学技术知识的传播，从而促进财富的增长。四是国家为了防止明显有害于其他生产事业或公共安全的欺诈行为，对关系到人民生命安全的各类医生、药剂师的业务技能进行考核和资格审查，并禁止厂商滥登名不符实的广告。五是在节制消费和鼓励储蓄方面，国家可以起到重要的促进作用。

弗里德曼认为，国家的主要作用在于保护法律和秩序，保证私人契约的履行，扶植竞争市场，认为政府的职能和作用是："维护法律和制度、规定财产权的内容、制定作为我们能改变财产权的内容和其他经济游戏的规则、对解释规则的争执作出裁决、强制执行合同、促进竞争、提供货币机构、从事对抗技术垄断的活动和从事广泛地被认为重要到使政府能干预的邻近影响的消除，同时，又包括补充私人的慈善事业和私人家庭对不论是疯子还是儿童那样的不能负责任的人的照顾"④。德国学者洪堡在其名著《论国家的作用》一书中阐述的主要

---

① 亚当·斯密：《国民财富的性质和原因的研究》（下卷），252～253 页，北京，商务印书馆，1974。

② F. A. Hayek. The road to serfdom, London：routledge press，1994，108.

③ ［美］布坎南著，吴良健、桑伍、曾获译：《自由、市场和国家》，3 页，北京，北京经济学院出版社，1988。

④ ［美］米尔顿·弗里德曼著，张瑞玉译：《资本主义与自由》，36 页，北京，商务印书馆，1986。

论点就是：国家本身不是目的，国家的基本政治任务就是保障人的自由。他认为，国家不能通过法律来促进公民的积极行为。相反，只有在没有这类法律的情况下，才能产生公民的积极行为。他强调，国家有通过界定公民直接的而且仅仅涉及行为者的行为来关心安全的义务（如警察法律），此外，国家有通过界定公民直接的而且恰恰是涉及他人的行为来关心安全的义务（民法法律），最后，国家有通过在法律上裁决公民争端来关心安全的义务。① 用洪堡的另一种说法就是，国家的主要任务就是关心公民的"负面福利"，即保障公民的权利不受外敌的侵犯和不受公民之间的相互侵犯，"既防范外敌又防范内部冲突，维护安全，必须是国家的目的，必须是它发挥作用的领域"。② 国家应尽量减少对经济的监管范围。也有一些学者从政治哲学的角度对国家职能进行了分析，诺齐克就提出了"最弱意义的国家"，认为一个仅限于防止暴力、盗窃、欺诈及保证契约的履行等狭小保护功能的最小国家是正义的；任何膨胀的国家都会侵犯人们不做某些事情的权利，都是非正义的。

按照自由主义学者的观点，国家的职能范围十分有限。上述斯密的国家理论中，前两大职能属于政治职能，即对外维护国家安全和对内确保社会安定的职能，第三大职能属于经济职能，明确界定了国家介入经济的有限范围和活动领域。在这些范围之外，都是市场机制发挥作用的地方，国家不应涉及。萨伊、弗里德曼的国家观可以说是对斯密经典理论的具体化，进一步提出了国家的文化职能（如国家创办各类学校、图书馆、博物馆）、社会职能③（如对老人和儿童的照顾等）、经济监管职能（如对关系到人民生命安全的各类医生、药剂师的业务技能进行考核和资格审查）和宏观调控职能（如节制消费和鼓励储蓄等），但这些职能仍然是有限的，是以不侵犯个人私人事务和不影响经济效率为底限的。

二、干预主义的国家职能理论

关于干预主义的国家职能理论最早可追溯到重商主义思想。德国学者弗里德里希·李斯特针对自由贸易论，提出了国家要实行关税保护政策的思想；黑格尔也同样表达了通过国家广泛介入以发展资本主义的观点。但国家干预理论

---

① ［德］威廉·冯·洪堡：《论国家的作用》，7 页，北京，中国社会科学出版社，1998。

② ［德］威廉·冯·洪堡：《论国家的作用》，60 页，北京，中国社会科学出版社，1998。

③ 此处的社会职能的内涵与国家职能"二分法"中的社会职能不同，前者仅指增进社会福利等方面的社会事项，而后者指国家组织和管理社会公共事务的职能，它是通过对社会成员的行为和活动进行规范、调适和保障，以实现社会正常运转和获取最佳社会效益的功能。可见，后者要比前者的内涵丰富很多。

的系统论述是由凯恩斯完成的。① 凯恩斯在《就业、利息和货币通论》中对萨伊的市场自动均衡理论进行了激烈的抨击，"繁荣后期之特征，乃一般人对资本品之未来收益作乐观的预期，故即便资本品逐渐增多，其生产成本逐渐加大，或利率上涨，俱不足以阻遏投资增加。……故在乐观过度，购买过多之市场，当失望来临时，来势骤而奇烈"。② "一旦真相大白，代之而起者，乃是过度悲观，……结果是新投资崩溃，产生失业状况。"③ 他提出了有效需求不足的思想，认为为了消除自由经济体制中的缺点，使经济运行能够顺利进行，就必须对宏观经济活动进行控制，通过财政政策和货币政策对宏观经济进行广泛监管，"政府功能不能不扩大，……然而我为之辩护，认为这是唯一切实办法，可以避免现行经济形态之全面毁灭"。④ 他竭力主张政府的作用应从斯密的"守夜人"角色转变为"积极的干预者"，用政府"看得见的手"来弥补市场"看不见的手"的缺陷。但是，他并不是要用"看得见的手"去完全取代"看不见的手"，而是要将两者相互补充，促进经济繁荣。⑤

之后，许多经济学家继续以市场不足的分析为基础界定国家的经济职能，这其中最具代表性的就是市场失灵说，认为市场存在失灵现象，市场本身无法解决，只有通过国家对市场的干预来改善。⑥ 国家干预主要包括：提供公共物品；保持宏观经济稳定；使经济外部性内在化；限制垄断；调节收入和财富的分配；弥补市场的不完全性和信息的不对称性。美国学者萨缪尔森等也从市场失灵的概念出发，把国家经济职能归结为确立法律框架、影响资源配置以改善经济效率、促进收入公平以及支持宏观经济稳定四个方面。⑦ 所谓确立法律体制，即国家依据公平理论和经济的成本—收益分析制定出有关厂商、消费者甚至国家参加的"经济比赛规制"，这包括界定和维护产权、契约和商业企业的规则，工会和资方的义务，以及决定众多的经济环境的法律和条例。宏观经济稳定的目的是试图削平经济周期的高峰和低谷，降低失业和通货膨胀，并促进经济增长，主要运用货币政策和财政政策，当经济过热，出现通货膨胀时，必须采取紧缩性的经济政策，抑制投资和消费需求，保持经济稳定发展；当经济萧条时，采取扩张性的经济政策，刺激总需求的扩大，防止经济衰退。如果说宏

① 贾英健：《全球化背景下的民族国家研究》，142 页，北京，中国社会科学出版社，2005。
② 凯恩斯：《就业、利息和货币通论》，269 页，北京，商务印书馆，1977。
③ 凯恩斯：《就业、利息和货币通论》，274 页，北京，商务印书馆，1977。
④ 凯恩斯：《就业、利息和货币通论》，323 页，北京，商务印书馆，1977。
⑤ 王冰：《西方市场理论的演进》，载《经济学动态》，1997 (3)。
⑥ ［美］布坎南著，吴良健、桑伍、曾获译：《自由、市场和国家》，4 ~ 7 页，北京，北京经济学院出版社，1988。
⑦ ［美］萨缪尔森、诺德豪斯著，胡代光等译：《经济学》，552 页，北京，北京经济学院出版社，1996。

观经济政策是国家的第一经济职能，那么国家优化资源配置则是它的第二项经济职能；由于存在外部性、公共物品、垄断以及分配上的不平等，使市场经济失灵，从而导致资源浪费、效率低下，这需要国家制定微观经济方面的政策，以防止市场垄断，保护竞争，提供公共物品和基础设施。市场经济即便是有效率的，市场竞争的结果也未必是公平的，因此，国家的第四项经济职能是制定收入再分配政策和各项福利政策，调节社会收入，避免贫富差距过分悬殊，以促进收入均等化。①

罗尔斯则从政治哲学的高度对国家干预主义国家理论进行了概括。他认为，"作为公平的正义"奉行的是一种最大限度地改善最少收益者地位的原则，国家需要做的就是如何保证每个人都具有平等享有受教育、受培养的机会，如何通过对公司和私人团体活动的管理，有效地防止在经济活动和职业的自由选择中出现的对于较好地位的垄断性限制；如何确保一种社会的最低受惠值。他还主张把国家分成配给、稳定、分配和转让四个部门，"这些划分不等于政府的通常组织机构的划分，而应被理解为政府机构的不同功能"。②

国家干预主义理论主要扩展了国家的经济职能，其论述的国家经济职能主要有：一是制定并维护市场规则，包括界定和保护产权，"只要为民间的各经济行为主体提供了产权保障，维护市场运行的正常秩序，市场规律本身就会使经济效率得到改进"；③ 制定各种市场规则，正如布坎南所说，由于"任何交易和交换中，个人参加者有一种作伪、欺诈、骗取和违约的自私自利的动机"，如果没有合适的法律和制度，"市场就不会产生体现任何价值最大化意义上的效率"，因此，只有靠法律和制度才能"限制和控制这些短期私利的做法"；④ 既充当法律法规的制定者，又是法律法规的维护者和裁判者，"政府的必要性在于：它是竞赛规则的制定者，又是解释和强制执行这些已被决定的规则的裁判者"，由于国家地位的重要性，国家必须公正地执行法律以维护市场经济的有效运行，如果国家对市场进行任意干预，进行不适当的监管，制约经济自由，市场经济将无法正常运转下去。二是宏观经济的调控者，国家通过其掌握的某些经济变量（如财政支出、货币供给等）影响市场经济中其他变量的取值，从而引导市场主体按照国家意图行事，这就是宏观调控，其最大特点是不直接运用行政手段，而是通过对经济变量的调节来间接影响市场主体的行为。三是公共物品的提供者。现实经济中，社会产品分为两种，一种是私人物品，消费者必须支付这种

---

① 蔡挺：《美国市场经济中政府干预发展演变研究》，中国人民大学博士论文，2002，国家图书馆。
② ［美］约翰·罗尔斯著，何怀宏、何包钢、廖申白译：《正义论》，266页，北京，中国社会科学出版社，1998。
③ 刘军宁：《市场逻辑与国家观念》，18页，北京，三联书店，1995。
④ 刘军宁：《市场逻辑与国家观念》，18页，上海，三联书店，1995。

物品的价格才能使用这种物品，另一种是公共物品，不论消费者是否支付这种物品的价格，他都可以使用这种物品；由于不具有排斥性的可资交换的财产权利，公共物品的需求与供给无法通过市场机制相互适应而取得平衡，因此，最经济和最通行的办法是由国家来提供公共物品，如公路、街道、机场、排水、供水、港口、桥梁等。四是市场竞争秩序的维护者，市场经济的资源配置作用是以充分竞争为前提的，如果某个行业产生垄断，垄断者可以控制价格，那么市场调节将会失灵，"既然规定了（虽然是暂时的）垄断价格，那么技术进步，因而也是其他一切进步的动因，前进的动因，也就在相当程度上消失了"，① 因此，国家必须制定法律法规，限制垄断，保护竞争，维护市场秩序。五是收入和财富的再分配者，由于竞争起点和技术的不平等，市场竞争倾向于使社会收入差距拉大，导致社会分配上的不平等，"有大财产的所在，就有不平等的所在，有一个巨富的人，同时至少必有五百个穷人。少数人的富有，是以多数人的贫穷为前提的"②，因此，国家对收入分配进行调节是必要的，既有利于缩小收入差距，也可以提高市场竞争的有效性，"无论逻辑上或经验事实上都没有显示，把一个现实世界的市场制度同一个比较平等的财富和收入的再分配协调起来是不可能的"③。六是使经济的外部性内在化，国家通过明确产权、制定法律、进行处罚或补贴的方式使价格等于其边际社会成本，以使生产的私人成本与社会成本和私人收益与社会收益相对称。

三、国家职能在实际运行中的不断扩张

上述自由主义理论和干预主义理论中关于国家职能的阐述，有些是理论的逻辑推论，有些是对现实问题的回应，但在现实生活中，"如果从国家职能的扩张与演变的角度来分析，我们也可以发现国家发展的另一条轨迹，即从以暴力统治为根本手段的早期国家到'守夜人'国家或布坎南所谓'保护性国家'再到'生产性国家'、福利国家以至全能主义国家。抽象地看，国家在其漫长的演变过程中，其职能是趋于扩张的。到了现代，国家的作用已越来越深地卷入政治、经济、文化、社会生活的各个领域之中"④。美国经济学家约瑟夫·斯蒂格利茨指出政府戴着六套面具：立法者、调控者、生产者、消费者、保障者和再

---

① 《列宁选集》，第2卷，818页，北京，人民出版社，1972。

② 亚当·斯密：《国民财富的性质和原因的研究》（下卷），272页，北京，商务印书馆，1974。

③ 查尔斯·林德布洛姆：《政治与市场》，57页，上海，三联书店上海分店、上海人民出版社，1994。

④ 龙太江：《现代国家职能的发展演变分析》，载《衡阳师范学院学报（社会科学）》，2001（4），22页。

分配者,① 这从另外一个侧面反映了国家角色和职能的扩张。"国家在资本主义成长的进取时期的作用有六重:规定最广泛的经济活动参数,保持纪律以增加生产,调整宏观经济环境,对私人工业家直接提供补助金,进行战争,以及致力于无法归入任何其他制度的适当范畴的盛装活动"。② 英国著名学者安东尼·吉登斯指出:"监控在现代政治秩序中的扩张以及对'越轨'的警察管制,迅速改变了国家权威与所辖人口的关系。行政力量如今日益进入日常生活的细枝末节,日益渗入最为私密的私人行动和人际关系"。③ 他甚至得出结论:"不管我们喜欢不喜欢,极权趋势都像工业化战争一样,是我们时代的鲜明特征"。④ 瑞典学者托尔斯·腾达尔说:"在 20 世纪,国家与社会进入了一种新的关系,以前由家庭或血缘关系行使的功能——像哺育儿童、老年照顾、家务和保健——都已经制度化而且部分地处于国家监护之下,其他的功能在进入国家控制范围内之前可能就已经改变了它们的社会形式。而且必须指出的是,在 19 世纪,教区、市政或者其他法律单元的地方自治并不被认为是'公共领域'或者可以与国家相提并论,它们更像是自愿团体或者'部分利益'的组合,只有在 20 世纪头 10 年才发生变化,即它们都成为了与国家直接相关的市政单位。"⑤

詹姆斯·安德森也认为,即使像美国这样自由主义传统甚为深厚的国家,也"由于过去一个世纪(尤其是 20 世纪 20 年代)以来在美国社会和经济生活中发生的巨大变化,自由与保守的冲突已从政府是否要干预的问题,转向了什么时候、以什么形式及为谁的利益进行干预的问题"。⑥ 美国国家职能可归纳为:"提供法律框架,各种经济交易在这框架的约束下进行;政府具有调节管理职能;政府具有生产职能;政府还购买商品和服务(正如消费者一样);政府提供社会保险;政府再分配国民收入,即将一些人收入的一部分再分配给其他人"。⑦ 在我国,以 2010 年《政府工作报告》中提到的国家职能为例,"做好今年的政府工作,要……着力搞好宏观调控和保持经济平稳较快发展,着力加快经济发展方式转变和经济结构调整,着力推进改革开放和自主创新,着力改善民生和促进社会和谐稳定,全面推进社会主义经济建设、政治建设、文化建设、社会建设以及生态文明建设,加快全面建设小康社会进程,努力实现经济社会又好

---

① 约瑟夫·斯蒂格利茨:《政府经济学》,88 页,北京,春秋出版社,1988。
② [美]艾伦·沃尔夫著,沈汉等译:《合法性的限度》,43 页,北京,商务印书馆,2005。
③ 安东尼·吉登斯:《民族——国家与暴力》,359 页,北京,三联书店,1998。
④ 安东尼·吉登斯:《民族——国家与暴力》,361 页,北京,三联书店,1998。
⑤ 唐士其:《国家与社会的关系——社会主义国家的理论与实践比较研究》,49 页,北京,北京大学出版社,1998。
⑥ 詹姆斯·安德森:《公共选择》,195 页,北京,华夏出版社,1989。
⑦ 约瑟夫·斯蒂格利茨:《政府经济学》,26 页,北京,春秋出版社,1988。

又快发展。"同时指出 2010 年要重点做好八项工作：提高宏观调控水平，保持经济平稳较快发展；加快转变经济发展方式，调整优化经济结构；加大统筹城乡发展力度，强化农业农村发展基础；全面实施科教兴国战略和人才强国战略；大力加强文化建设；着力保障和改善民生，促进社会和谐进步；坚定不移地推进改革，进一步扩大开放；努力建设人民满意的服务型政府。①

可见，随着社会的发展和科技的进步，国家职能已渗入政治、经济、文化、社会等各个领域，国家要承担防御外敌入侵、维护国内生活秩序的政治职责，也要担负起抑制通货膨胀、促进经济增长、保障充分就业等宏观经济职责，还要履行诸如企业设立条件、商品生产标准、金融运行秩序等方面的微观经济责任，更要承担如医疗、养老等增进国民福利等方面的社会职责。总体来看，国家职能主要包括三个方面：一是政治职能，是国家依靠各种强制性的权力对社会进行协调和控制的功能，"国家政治职能应界定为国家政治活动的总方向、总任务以及实现这种总方向和总任务的形式，它主要表现为国家机关依法应该履行的政治职责及其实现形式，即国家在政治领域内应该管什么，管到什么程度和怎样去管，是国家政治职责与实现职责形式的统一"。② 二是社会职能，包括加强文化建设，运用思想文化的手段影响和塑造人的价值观，培养科技人才；保障和改善民生，增进社会福利，以实现社会正常运转和获取最佳社会效益，促进社会和谐进步。三是经济职能，是国家机构主体为了实现社会经济生活的总体发展，对社会经济生活发展所作的带有全局性的规划、组织、调节和监管，以保证经济的正常运转和发展的功能，包括宏观经济职能和经济监管职能。宏观经济职能主要指加强经济规划力度，优化经济结构，统筹区域发展，培育良好的经济发展方式；实施宏观调控，采取适当的财政政策和货币政策，保持经济平稳发展；开展公共设施和公共工程建设，维护公民公共生活之必需，为经济发展提供基础；实行收入和财富的再分配，纠正社会分配的不平等。经济监管职能主要指制定并维护市场规则，包括界定和保护产权，维护市场运行的正常秩序；制定法律法规，限制垄断，保护竞争，保障正常的市场竞争秩序；制定市场准入标准、生产条件、质量和环保要求等，使经济的外部性内在化，并通过经济处罚或补贴的方式使生产的私人成本与社会成本和私人收益与社会收益相对称等。

四、国家权力来源

国家要行使上述职能必须依靠一定的权力，作为拟制物的国家本身不具有

---

① 电子版见 http：//www. china. com. cn/policy/txt/2009 - 03/14/content_ 17444081. htm，2010 - 06 - 20。

② 刘昌明：《全球化与当代国家政治职能》，32 页，济南，山东大学出版社，2006。

也不应具有任何权力，但现实中的国家权力却是巨大的。"国家让人受益，也对人形成威胁。现在它是'朋友'，然而通常它却是'敌人'。它是一个抽象物，但在它的名义下，人们遭到监禁，或是通过石油损耗补贴和国防缔约变得更加富裕，或者在战争中遭受灭亡"。① 那么国家的这些权力来源于哪里呢？

　　早在古希腊，对于国家权力的来源已有两种相互对立的观点：一种是以普罗泰戈拉为代表的"正义论"，认为国家的权力是人们互相平等地签订契约②而达成"联合意志"的结果；③ 另一种是以特拉西马克为代表的"强权论"，认为国家的权力是社会中的强者为维护自己的利益而以法律的形式制定并规范的，因此，作为国家权力依据或来源的法律只是强权的合法化。④ 后来的学者们围绕"强权论"和"正义论"展开了持久的争论，至今没有统一的答案。

　　从"强权论"角度看，国家是社会中的强者依靠强力建立起来的，或者说是一个阶级或一个组织统治其他阶级和人口的工具。"通常认为马克思主义者持后种观点（强权论），一些新的古典经济学家也持类似观点"。⑤ 马克思主义国家观的基本观点为国家是阶级矛盾不可调和的产物。这种从社会中产生但又自居于社会之上并且日益同社会相异化的力量，就是国家。构成国家这种公共权力的，不仅有武装的人，而且还有物质的附属物，如监狱和各种强制设施。官吏作为同社会相异化的力量，必须用特别的法律来取得尊敬，凭借这种法律，他们享有特殊、神圣和不可侵犯的地位。⑥ 他们为维护自己的特权向社会昭示本阶级的统治意志——法律，被宣布为符合社会公共利益的"普遍意志"。⑦ 恩格斯认为，国家权力是统治阶级为了维护自己的阶级利益而设立的一种"公共权力"。这种公共权力以国家暴力机构为后盾，以法律为手段，强制进行阶级统治和社会管理活动。⑧

　　从"正义论"角度看，以强力建立的国家并不具有合法的权力，卢梭在

　　① ［英］帕特里克·邓利维、布伦登·奥利里著，欧阳景根等译：《国家理论：自由民主的政治学》，2 页，杭州，浙江人民出版社，2007。

　　② 有些历史学家指出，对以契约为基础的国家观念的表达可以追溯至修昔底德，这种理论最常见的形式是把契约理解成是在人民和国家之间缔结的。把契约理解成是在人民之间缔结的霍布斯－洛克式观念也有其早期的先驱者（如普罗泰戈拉），而且这种观念作为确定合法的国家权威的限度的方法得到了复兴（参见斯科特·戈登著，应奇等译：《控制国家——从古雅典至今的宪政史》，凤凰出版传媒集团，南京，江苏人民出版社，2008）。

　　③ 刘绍贤：《欧美政治思想史》，38 页，杭州，浙江人民出版社，1987。

　　④ 刘绍贤：《欧美政治思想史》，39 页，杭州，浙江人民出版社，1987。

　　⑤ 刘军：《国家起源新论》，89 页，北京，中央编译出版社，2008。

　　⑥ 《马克思恩格斯选集》（第四卷），170～172 页，北京，人民出版社，1995。

　　⑦ 施雪华：《政府权能理论》，120 页，杭州，浙江人民出版社，1998。

　　⑧ 恩格斯：《家庭、私有制和国家的起源》，载《马克思恩格斯选集》，第四卷，167 页。

《社会契约论》中指出"强力并不产生权利"①，国家的产生不是某些强者的意志，而是众人的"公意"。洛克说："任何共同体既然只能根据它的各个人的同意而行动，而它作为一个整体又必须行动一致，这就有必要使整体的行动以较大力量的意向为转移，这个较大的力量就是大多数人的同意。""根据自然和理性的法则，大多数具有全体的权力。因而大多数的行为被认为是全体的行为，也当然有决定权了"。② 所以，从性质上讲，国家权力只是来自人民的一种委托权力。③ "政治权威来自于它所统治的人民，而国家是一种功利性的社会产物，它是人们创造出来以使他们从和平有序的市民社会中获益的"。④ 卢梭之所以把国家称做主权者的执行人，是从国家是人民保护自己利益而将治权委托给它的一个"公共机构"这个角度而言的，在卢梭看来，"主权在本质上是由公意构成的"。⑤ 康德把国家权力说成是人民的普遍联合意志，即"在一种政治的'三合体'中的人格化"。⑥ 合法的国家权力必须经全体人民以契约程序或其他方式一致或多数赞同，国家获得权力之日应是这一授权程序完成之时。

从上述争论中，我们不难看出，"强权论"和"正义论"的纷争在于国家权力是否合法的问题。从理论逻辑上讲，一个公共组织的权力只有经过其组织成员全体或多数同意，才能产生对组织成员的普遍约束力，也才是合法的。"强权论"虽然符合历史事实，⑦ 但既然国家权力是一种强力，体现为强者的意志，从逻辑上就可能推出国家职能的无限或全能性，而全能国家模式是前苏联以及"文化大革命"时期的中国政府所采用的模式，已被实践所否定。有限职能是现代和历史上市场经济国家的共识，"干预学派"鼻祖凯恩斯也认为，"国家最重要的议事日程不是涉及那些由私人已经完成的活动，而是那些落在个人活动范围之外，如果国家不出面不会有人去作出决定的事情。对政府来说，重要的不是去干那些正在由私人做的事或者把这些事做得更好些或更坏些的问题，而是去做那些根本就没人去做的事"⑧。但从强权论难以推导出国家职能是有限的，

---

① ［法］卢梭：《社会契约论》，13 页。

② ［英］洛克：《政府论》（下篇），60 页。

③ ［英］洛克：《政府论》（下篇），88 页。

④ ［美］斯科特·戈登著，应奇等译：《控制国家——从古雅典至今的宪政史》，凤凰出版传媒集团，1 页，南京，江苏人民出版社，2008。

⑤ ［法］卢梭：《社会契约论》，125 页。

⑥ ［德］康德：《法的形而上学原理——权利的科学》，139 页。

⑦ 因为，到目前为止，在世界各国古代文明地区原初国家政府发生学研究中，尚未有证据能证明哪个原初国家政府的权力是由氏族或部落全体或绝大多数成员以契约等程序方式"合法地"授予国家政府的。相反，国家政府发生学研究告诉人们，酋长及其贵族阶级是依靠强力建立起国家并取得了统治和管理社会的权力的。（参见施雪华：《政府发生与权能理论研究》，复旦大学博士论文，1994，122 页，国家图书馆。）

⑧ 金华：《政府与市场：走向一种动态的平衡》，载《理论界》，2006（3），153 页。

要从理论上分析国家职能的有限性，只能从"正义论"出发。从"正义论"关于国家的起源可知，国家的权力来自于公民的委托和授权，并受其限制。公民在授权的同时也保留了绝大部分权利，"公民让渡给政府的权力极其有限，仅仅是仲裁纠纷，保护产权，维护秩序促进公平的权力"①。这就意味着公民为了保护生命权、自由权和财产权，最初授权于国家的职能仅限于为社会、为公众生产或提供公共物品和公共服务。随后，经济危机的频繁发生和市场失灵的存在严重影响到人们生活水平的提高，不利于整体经济利益，人们呼吁国家监管经济的呼声日益增强，国家从公民手中接管的权利逐渐增多，国家职能逐步渗入到了经济、文化、社会等人们生活的方方面面。但即使如此，国家的职能也应该是有限的，布坎南认为，"只要政府行为超出保护财产权、人身和个人权利，保护合同履行等范围，政府分配不管在多大程度上介入经济活动，都会导致寻租活动，就会有一部分社会资源用于追逐政府活动所产生的租金，从而导致非生产性的浪费"，② 因此，国家在介入经济领域时，也应该审慎评估市场失灵的成本与寻租破坏成本的高低，有限监管市场经济的运行。

在此，我们承认国家起源"正义论"的合理性，并不是承认其是唯一正确的国家起源说，正如我国学者施雪华在深入考察世界古代文明地区原初国家政府产生情况后所说的，到目前为止，尚未有证据能证明哪个原初国家政府的权力是由氏族或部落全体或绝大多数成员以契约等程序方式"合法地"授予政府的，相反，政府发生学研究告诉人们，酋长及其贵族阶级是依靠强力建立起国家并取得了统治和管理社会的权力的。③"强权论"是唯一得到实证的国家起源学说，当然具有不可辩驳的科学性，但是"正义论"对国家起源的论述，更符合人的理性，对国家产生后国家职能有限性的解释更具有逻辑性，能够为人们限制国家职能的扩张、维护私人领域自治的权利提供重要的理论基础，具有重大现实意义。本书探讨国家起源理论，主旨不在于尊奉一种正确的理论，也无意陷入理论纷争，而在于利用一种理性的起源理论来讨论经济监管职能与其他职能的不同，辨明监管权是一类新型的国家权力。

五、经济监管职能与其他职能的区别

从上述对监管范围的分析和国家职能的描述，我们可以看出，经济监管机构履行的是国家经济监管职能，那么，国家经济监管职能与其他职能有哪些区

---

① 曾国平、郭峰：《论"有限政府"的"有限"内涵》，载《武汉理工大学学报（社会科学版）》，2004（2），217~218页。

② 田文江等：《高等教育：公共物品还是私人物品》，载《科技进步与对策》，2001（11），99页。

③ 施雪华：《政府发生与权能理论研究》，复旦大学博士论文，1994，122页，国家图书馆。

别呢？我们在承认"正义论"的国家权力来源说更符合理性的基础上，认为国家经济监管职能与其他职能存在着以下区别：

（一）主体上的第三方性

国家履行的大部分经济监管职能是以合约第三方或裁判者的角度来行使的，如国家制定产品标准并监督实施的职能，是国家介入市场交换并消除信息不对称、促进市场交易顺利进行的一项基本经济监管职能。在市场发展的初期阶段，用于交换的商品数量、质量是由买卖双方通过合约的方式约定的，但随着商品种类和科技含量的不断增加，部分商品买方很难从外观或通过现场实验等方式在短期内鉴别其是否符合自己的要求（特别是针对一些需长时间使用的固定资产类商品），或者是要达到彻底鉴别的目的将导致过高的交易费用，从而在一定程度上阻碍了交易的实现。因此，市场在客观上需要第三方力量来保证某些商品的质量符合一定的标准，以降低交易费用，促进市场交易的顺利实施，而国家作为具有普遍强制性特点的第三方自然而然地成为承担这项职责的最佳选择。

可见，从本质上来讲，国家是作为第三方或裁判者的立场来参与市场交易的，而不是作为市场交易的一方来履行合约的约定事项。但国家在履行其他职能时则有所不同，如政治职能中维护社会治安的职责，公民将使用暴力维护自身安全的权利让渡给了国家，并通过缴纳税款的方式支持国家拥有维护社会治安的工具——警察和军队，公民和国家之间存在一种契约关系，当公民遭受不法侵害时，国家有义务利用警察权力维护公民的利益，因此在这里，国家是作为合约的一方来履行契约义务，与作为第三方行使监管职责的职能大不相同。如国家履行宏观调控职能，针对的是普遍市场主体，其对利率和货币量等经济参数的调整，大多是通过中央银行对金融机构等市场主体的融资渠道来实现的，在这里国家与市场主体也存在一种契约关系，当国家希望利率下降时，其作为合约的一方承担了按较低价格向市场主体提供融资的职责，以此影响市场利率向下运行，从而达到降低市场利率的目的。再如，国家履行养老保障等社会职能时，与公民也有一种契约关系，公民通过缴纳养老金和税款等方式履行相应义务，而国家作为合约的一方则负责管理和发放养老金，以保障公民的养老之需。

（二）方式上的监管性

与主体上的第三方性相适应，在行使职能的方式上，经济监管职能具有很强的监管性。国家作为市场交易双方的第三方或裁判者，在市场经济中履行的主要是监管职责。以银监会的职责为例，《银行业监督管理法》第三章专门规定了银监会的职责，主要包括：依照法律、行政法规制定并发布对银行业金融机构及其业务活动监督管理的规章、规则；依照法律、行政法规规定的条件和程序，审查批准银行业金融机构的设立、变更、终止以及业务范围；申请设立银行业金融机构，或者银行业金融机构变更持有资本总额或者股份总额达到规定比例以上的股东，国务院银行业监督管理机构应当对股东的资金来源、财务状况、资本补充能力和诚信状况进行审查；银行业金融机构业务范围内的业务品种，应当按照规定经国务院银行业监督管理机构审查批准或者备案；对银行业金融机构的董事和高级管理人员实行任职资格管理；银行业金融机构的审慎经营规则（包括风险管理、内部控制、资本充足率、资产质量、损失准备金、风险集中、关联交易、资产流动性等内容），由法律、行政法规规定，也可以由国务院银行业监督管理机构依照法律、行政法规制定；对银行业金融机构的业务活动及其风险状况进行非现场监管，建立银行业金融机构监督管理信息系统，分析、评价银行业金融机构的风险状况；对银行业金融机构的业务活动及其风险状况进行现场检查。① 从表面上看，上述职责主要是对机构、业务、高级管理人员、主要股东准入变更等事项的直接管理和对业务活动进行现场或非现场检查，并没有表现为第三方的监管，但深入分析，我们会发现，国家对银行进行直接管理的目的是为了维护金融市场的正常运行，降低交易费用，消除市场主体如储户、贷款企业等对银行这类高风险行业信息不对称方面的担心，是对交易弱势一方的保证。对整个金融市场来讲，国家这种"保证"恰恰体现为对市场的第三方"监管"，它不直接参与和管理市场的交易，只是告诉弱势一方这类交易在其"监管"之下是相对安全的，具体到是否能够达成交易则由交易双方来决定。

而国家的其他职能则不同，与经济监管职能相比，政治职能的主要特点是直接强制性②，日本学者星野昭吉认为国家的本质是拥有狭义上的政治职能（对内维持社会秩序，对外抵御外敌侵犯），国家的主要职能不是国民、民族、社会的职能，而是权力机构政治性的、强制性的职能，③ 国家作为合约一方采取直接强制的手段行使政治职能。宏观经济职能具有间接引导性的特点，无论是实行经济计划，还是实施宏观调控，国家主要是通过各项优惠政策和对经济参数的调整来引导市场主体按照国家的意愿来进行投资、生产等，以达到优化经济结

---

① 电子版见 www. law. lib. com/law/law. view. asp？ id＝299670，2010－06－18。

② 当然，从表面上来看，相对于市场主体，经济监管职能也具有强制性的特点，但这种强制性与政治职能的强制性相比是有限的，一方面，经济监管职能的强制性只有在双方无法或无力通过合约的方式解决交易问题的时候才出现，而政治职能的履行则表现为从始至终、全范围的强制性；另一方面，经济监管职能的主要目的是解决市场交易的问题，对于整体市场来讲，国家履行的是保障交易顺利实施的监管职责，其对市场主体实行强制的目的是更好地履行监管职责，而政治职能的主要目的是维持社会秩序和抵御外敌侵犯，国家在此履行的是直接打击敌人和罪犯的职责，表现为直接的强制性。

③ ［日］星野昭吉：《变动中的世界政治——当代国际关系理论沉思录》，245 页，北京，新华出版社，1999。

构和预防经济周期波动的目的。社会职能则更多地体现为直接管理性，国家直接管理公民生老病死等各类社会福利事项，减轻公民个人负担；直接管理文化教育等社会事业，提高公民文化素质和道德水平。

（三）决策上的高透明度和可参与性

经济监管职能的最终目的在于维护整体经济利益，应以经济效益至上，而市场作为有效配置资源的基础手段，通过交易双方的博弈能够促使整体资源配置效率达到最大化。国家作为第三方的市场监管者，其制定和实施的相关措施要达到既消除市场失灵又实现整体经济效益最大化的目的，就必须使相关措施符合市场运行规律和社会实际。这就要求国家在制定相关决策时，应公开决策方案，提高政策制定的透明度，并充分征求公众特别是市场主体的意见，吸收社会各方如学者、市场参与者、利益相关者等的建议，甚至可以直接将相关行业协会制定的标准上升为国家法律法规。当然，从国家权力来源于公民权利让渡的角度来看，国家权力的行使自然应向公民公开，接受公民的监督，在现代代议制政治制度下，最典型的监督形式表现为议会每年审查政府的财务支出和工作报告。但是，具体到政府的单个决策而言，并不是每项决策都应征求公民的意见，如部署打击犯罪的行动、提高利率的决策等，相关部门自身就可以迅速决策并采取行动，主要原因在于法律对相关部门有明确的授权规定，公民将这部分权力以契约的方式让渡给了国家，从合约的角度来看，国家自然应按照合约的约定主动履行自己的义务，在这里，从行权角度上看，国家作为合约的一方将其权力直接作用于公民、交易于市场；而经济监管职能则不同，一方面，由于技术性的原因，法律对监管机构的授权大多是原则性的授权，另一方面，从合约的角度上看，公民将部分权利让渡给国家后，国家有义务维护市场交易的顺利实现，但从行权角度上看，在这里国家行使的是第三方监管者的"保障"职责，其向交易双方保证市场信息是相对完全的、对称的，并未像其他国家职能那样直接交易于市场、作用于公民。因此，经济监管职能与其他国家职能相比，更应该提高决策的透明度，让更多的公众参与决策的制定，提升决策的科学性，在消除市场失灵的同时达到整体经济利益的最大化。

（四）功能上的专业技术性

经济监管职能针对的大多是专业市场领域的技术问题，如国家对电力行业的监管就具有很强的技术性，"电力工业的技术经济特征，推动了电力行业监管政策、电力行业产权结构以及市场结构的变迁，电力工业的技术特征决定了其经济特征，电力行业的技术及经济特征是电力监管制度产生的基础"[1]，而行使

---

[1]　唐祖爱：《行政组织法视野中的电力监管机构研究工作——以独立性为中心》，武汉大学博士学位论文，2007-05，国家图书馆，28页。

这些电力监管制度权限的国家经济监管职能也必须遵循电力工业的相关技术特征。电力具有不可存储性，这就要求国家必须保障电力系统各个环节，保持电力供需的实时平衡性，不然任何一个环节的失序都有可能导致电力系统大面积的不稳定甚至崩溃；电力的不可替代性要求国家通过监管引导并强制电力企业向广大居民提供无差别、无歧视性的普遍的供电服务；电力的网络性要求国家电力网络的建设必须实行统一规划，使发电、输电、供电与用电保持协调发展，促进资源配置优化，避免电网的低负荷运行；电力系统稳定性的特征，客观上需要国家利用监管确保向电力用户提供持续、优质的电力。而其他国家职能所涉及行业大多缺少这样明显的专业技术性，相应地也不必具备如此高度技术性的职能。如政治职能的重点在于协调利益各方的冲突，使各社会团体的利益能够达到均衡，以保持整体社会的稳定有序，在功能上更多地体现为协调能力及谈判技巧，而不必太多地考虑涉及行业的技术性特征；宏观经济职能和社会职能针对的是所有行业的经济运行和社会保障，如利率的提高打击的是所有行业的流动性，社会保障水平的降低影响的是所有公民的福利，它们并不是针对某个行业采取专业化的管理措施；如果说宏观调控有一定技术性的话，其技术性也不是依托于所管理行业的专门技术，而只是表现为调控的技术。

第二节　监管权：与行政权不同的国家权力

从上述讨论中，我们可以看出，监管机构履行的经济监管职能与其他国家职能具有明显的区别。国家职能是国家权力的表现形式，一般来说，国家权力是指："国家、国家机关及其工作人员凭借和利用对资源的控制，以使公民、法人或其他组织服从其意志的一种特殊力量或影响力"[①]。国家权力是民主政治国家享有的权力，为限制权力被滥用，现代民主国家一般采用三权分立、相互制衡的方式，国家权力被分为立法权、行政权、司法权。"立法权是指享有权利来指导如何运用国家的力量以保障这个社会及其成员的权力"，[②] 也就是"制定法律的权力"[③]；司法权是"有关民政法规事项的行政权力"，[④] 是惩罚罪犯和裁决

---

① 公丕祥：《法理学》，199 页，上海，复旦大学出版社，2002。
② ［英］洛克著，叶启芳、瞿菊农译：《政府论》，下篇，89 页，北京，商务印书馆，2003。
③ ［英］洛克著，叶启芳、瞿菊农译：《政府论》，下篇，89 页，北京，商务印书馆，2003。
④ ［法］孟德斯鸠著，张雁深译：《论法的精神》，上册，155 页，北京，商务印书馆，1997。

私人讼争的权力，实际上是一种执行法律的权力；① 孟德斯鸠把行政权②称为"执行公共决议"的权力，一般意义上，学者们认为"现代意义上的行政权是行政机关职务范围内的法定权力和非行政机关行使的法定的管理国家行政事务的权力"，③ 可见，行政权实质上行使的也是一种执行法律的权力。监管机构依法行使经济监管职能履行的自然也是一种执行法律的权力，大多数学者认为监管机构虽然与传统行政机关有所不同，但其行使的依然是行政权，实践中很多国家也将监管机构行使的权力等同于行政权。那么，监管权与行政权真的是一种权力吗？如果答案是肯定的，那么何以与两者相对应的经济监管职能与其他国家职能有很大不同？如果答案是否定的，那么两者的区别又在哪里呢？本节拟从行政的概念入手，对相关问题进行进一步的探讨，以说明监管权是一种不同于行政权的国家权力。

一、"行政"的历史沿革

"行政"一词德文为 verwalftung，英文有两种表述"the executive"和"administration"，前者指三权分立中的"行政"，后者指政治与行政二分法中的"行政"。④ "行政"一词有着悠久的历史，经历了一个漫长的历史演化过程，在不同的时期以及不同的地区，有着不同的用法与含义。"行政的最早表述可以追溯到亚里士多德，亚里士多德将政体分为三个要素，即通常所说的议事、行政和审判（司法）。"⑤ 亚里士多德认为："要是没有某些必不可缺的职司，就不成

---

①　当然，法官可以通过判例来进一步解释法律，在一定意义上具有立法的功能，但这与立法机关的立法权不可相提并论。孟德斯鸠认为法官要依法行使司法权，法院判例应该固定，以便做到裁判只能是法律条文的准确解释，如果裁判只是法官的私人意见的话，则人民生活在社会中将不能确切地知道他所承担的义务。见［法］孟德斯鸠著，张雁深译：《论法的精神》，上册，157 页、162 页，北京，商务印书馆，1997。

②　中文通常译作"行政权"的法文原义，其实是"执行权"，即执行立法机关所制定的各种法律的权力，而不是一般意义上的行政管理；法国 1791 年宪法中的"行政权"也是执行权。类似地，洛克理论中的"行政权"同样是"执行权"（executive power），即执行立法机关制定的法律。由此可见，现在我们称为行政权的那种权力，其实是"执法权"（参见许明龙：《小议孟德斯鸠三权分立之本意》，载《史学理论研究》，2002（3），140～141 页）。

③　陈恺玲：《行政法学》，6 页，长春，吉林人民出版社，2006。

④　我国学者张康之等对两种英文表述的异同进行了分析，他们认为在今天的学术语境中，我们一般是在三权分立的意义上以及在对法律政策的执行活动中使用"execurive"一词的，而在"政治与行政"二分及其以后的行政学探讨中，所使用的都是"administration"一词。在今天，英文中的这两个词的区别主要表现在：executive 被用来描述行政中的动态过程，突出的是活动以及行为的"动"的特征。所以在中文里往往直接翻译成"执行"，而"administration"一词则用来指称一种静态的表现形式，一般是把政府的行政机构、体制、活动特征方面的内容纳入到这个概念中来（见张康之、张桐：《对行政概念的历史考察》，载《社会科学研究》，2010（1），56 页）。

⑤　张康之、张桐：《对行政概念的历史考察》，载《社会科学研究》，2010（1），51 页。

其为城邦，要是没有某些保证社会安全、协调人民生活的机构，同样也不成其为城邦。"① 这里，亚里士多德所称的职司主要有市场管理、城市监护、乡区监护、财务管理、注册事务、执行惩罚等，包括了我们现代所称的行政机关工作人员和监管机构工作人员。他对职司的特别关注导致他所称的行政只能限定于有关官职的职责，而没有深入对整体行政职能的研究。其实，"在古代希腊、罗马时期，行政主要是被作为从事执行的职务或职位来加以认识的，在很多情况下，就是执行官的意思。到了罗马后期以及中世纪，逐渐地出现了把行政作为一种权力来认识的倾向"②。到了马西利乌斯时期，对行政概念的理解有了进一步的深入，他认为行政权力必须作为一个整体单位来执行法律，必须是统一而至高无上的，"行政权力来自全体公民的立法活动。因此，重要的是，这一权力应当按照法律加以执行，它的任务和权限应当由人民确定。行政当局的职责在于国家的每一部分都能为全体的利益履行其本身的义务。如果做不到这一点，同时那个把它选举出来的权力机构即人民可以把它撤换"③。

但是，"早期的思想家们大凡提到行政或执行的时候，都没有明确地在作为执行的'司法'和'行政'之间作出区分"④。维尔认为，马西利乌斯的所谓"执行"，"从根本上是指我们可以描述为司法的职能。由统治者率领的法院的职能，即将法律付诸实施"⑤。事实上，直到中世纪，"司法与行政都是十分相似甚至相同的执行法律的活动或行为，如果说立法与执行已经实现了分化，但是，司法与行政却没有实现分化，它们还处于一种混沌状态"⑥。洛克在《政府论》中阐述了自己的分权思想，提出了"立法权"、"执行权"（the executive power）和"对外权"三种国家权力。从思想史上看，他所提出的"对外权"（即"同共和国之外的一切人和一切社会进行战争与和平，联合与结盟以及一切交往的权力"⑦）是过去未被提及的权力，"执行权"则是古已有之的负责执行已经制定的且仍然有效的法律的权力。从今天的观点来看，对外权属于行政的范畴，洛克自己也认为执行权与对外权"这两种权力几乎总是联合在一起的"，"它们很难分开和同时由不同的人所掌握"⑧，因此，"如果撇开执行权中所包含的被动地执行法律不谈，洛克所说的三权实际上只是二权，三权分立也只是两权分

---

① ［古希腊］亚里士多德著，吴寿彭译：《政治学》，330 页，北京，商务印书馆，1965。
② 张康之、张桐：《对行政概念的历史考察》，载《社会科学研究》，2010（1），54 页。
③ ［美］萨拜因著，盛葵阳等译：《政治学说史》，350 页，北京，商务印书馆，1990。
④ 张康之、张桐：《对行政概念的历史考察》，载《社会科学研究》，2010（1），53 页。
⑤ ［英］M. J. C. 维尔著，苏力译：《宪政与分权》，16 页，北京，三联书店，1997。
⑥ 张康之、张桐：《对行政概念的历史考察》，载《社会科学研究》，2010（1），53 页。
⑦ ［英］洛克著，叶启芳等译：《政府论》（下篇），90 页，北京，商务印书馆，1964。
⑧ ［英］洛克著，叶启芳等译：《政府论》（下篇），90～91 页，北京，商务印书馆，1964。

立"①。可见，洛克并没有突破传统的立法与执行的框架，只是在执行之中增加了"对外权"的内容。

　　"通过一种行政机构而不是司法的程序来实施法律，是关于行政功能的现代观点，它直到18世纪孟德斯鸠和布莱克·斯通提出了政府职能的三分法——立法、行政和司法职能时，才完全形成。"② 孟德斯鸠在《论法的精神》中对行政有三种定义：一是"有关国际法事项的行政权力（executive power）"和"有关民政法规事项的行政权力（executive power）"；③ 二是"媾和或宣战，派遣或接受使节，维护公共安全，防御侵略"的权力，他同时也提出了"惩罚犯罪或裁决私人讼争"的权力，这种权力其实是古已有之的"裁判权"。第三种定义则是"执行公共决议"的权力，可能这一定义才是孟德斯鸠所要阐发的真正意义上的"行政权"，前两种定义则是对传统意义上的执行的借鉴。④ 鉴于"公共决议"包含了国家内外两种事务，因此孟德斯鸠将洛克的对外权纳入到行政之中，同时将"司法"独立出来作为第三种权力。虽然，孟德斯鸠认为"一种权力（立法）不过是国家的一般意志，另一种权力（行政）不过是这种意志的执行而已"，但他的三权分立思想不同于洛克"立法"高于"执行"的权力等级观念，只强调了"立法"先于其他二者的时间顺序。从孟德斯鸠开始，行政权始被看做是与立法权和司法权相平等的权力。

　　但是，近代思想家们虽然对行政概念有了整体性的认识，但还摆脱不了古代希腊、罗马学者在谈论行政时对行政职务和职位的关注，"在17世纪和18世纪初有一种基本倾向，在职能分离的讨论中注意的是行政首脑，而不大注意为行政首脑服务的人员"⑤。事实上，三权分立中的行政分支由两部分构成，"一部分是由选举产生的政治官员。在议会内阁制国家中，包括首相和政府部长，他们通常组成狭义的政府；在总统制国家中，包括总统和由其任命的政治官员，他们通常被称为'当局'（the administration）。另一部分则是常任文官"⑥。英国政治学者安德鲁（Andrew Heywood）认为："广义上，'Executive'是指政府的一个分支，专门负责执行由立法机构制定的法律和政策。从政府首脑到实施机

---

　　① 何华辉、许崇德：《分权学说》，11页，北京，人民出版社，1986。
　　② ［英］戴维·米勒，韦农·波格丹主编，邓正来等译：《布莱克维尔政治学百科全书》，696页，北京，中国政法大学出版社，1992。
　　③ ［法］孟德斯鸠著，张雁深译：《论法的精神》（上册），155～156页、157页、160～161页，北京，商务印书馆，1995。
　　④ ［英］罗伯特·夏克尔顿著，刘明臣等译：《孟德斯鸠评传》，354页，北京，中国社会科学出版社，1991。
　　⑤ ［英］M. J. C. 维尔著，苏力译：《宪政与分权》，25页，北京，三联书店，1997。
　　⑥ 景跃进：《行政概念辨析——从三权分立到政治行政二分法》，载《教学与研究》，2003（9），70页。

构（如警察和军队）的成员均在其范围之内，既包括部长也包括文职人员。但更为通常的用法是狭义的，指一个较小的决策小团体，他们全面负责确定政府政策的方向及协调工作。其中资深的核心人物通常称为'政治首脑/官员'（political executive），大致相当于'时下的政府'（the government of the day），而在总统制国家中，相当于'行政分支/当局'（the administration）。与此相对应的则是行政官员（the official executive）或官僚制（bureaucracy）"。①

正是认识到行政分支中政治官员与文职官员的分离，1887 年美国学者威尔逊在其《行政的研究》一文中说："政治是'所涉事情重大而普遍'的国家活动；行政相反，它是'个人和细琐事情的国家活动'。因此，政治是政治活动家的特殊领域，行政则是技术官员的领域。虽然政策若无行政的支撑便无所作为，但是行政并不因此而就是政治"②。在此基础上，美国行政学家古德诺提出了"政治与行政二分法"，他说："实际上，行政中很大一部分是与政治无关的；所以，即使不能全部，也应该在很大程度上把它从政治团体的控制下解放出来。行政之所以与政治不相干，是因为它包括了半科学、准司法和准商业或商业的活动——这些活动对于真正的国家意志的表达即使有影响也是很小的。为了能最有利于行使行政功能的这一分支，必须组织一套完全不受政治影响的政府机构"③。他进一步认为，一切政治制度中，只有两种基础的功能，即国家意志的表达和国家意志的执行。前者谓之政治，后者谓之行政。④

对于"三权分立"中的行政与"政治与行政二分法"中的行政的不同，我国学者景跃进总结道："三权分立中的行政是大行政（逻辑上既包括狭义的政府概念，也包括官僚制），但是它对行政部门的角色认定却是消极的。政治与行政二分法中的行政是小行政（不包括狭义的政府概念，局限于官僚制），但是它对行政的角色认定却要积极得多"⑤。可见，在三权分立的思想背景下，行政功能体现在国家权力构成层面上，是分享整个国家整体性权力或权威的结果，表现为立法、司法、行政平行权力分工状态下的执行，在此，行政要实现其制衡其他两权的功能，必须也必然与政治相关。但是，在政治与行政二分法中，行政应与政治无关，只是相关决策的忠实执行者，这种认识的进步是有深刻的时代背景的。与三权分立学说的时代不同，19 世纪后半叶的西方已经历了工业革命，

---

① Andrew Heywood Polltics. Hampshire：Macmillan Press Ltd. 1997. 316.

② Woodrow Wilson. The Study of Adminstration，竺乾威、马国泉：《公共行政学经典文选》（英文版），19 页，上海，复旦大学出版社，2000。

③ ［美］古德诺著，王元译：《政治与行政》，47 页，北京，华夏出版社，1987。

④ ［美］古德诺著，王元译：《政治与行政》，12～13 页，北京，华夏出版社，1987。

⑤ 景跃进：《行政概念辨析——从三权分立到政治与行政二分法》，载《教学与研究》，2003（9），72 页。

社会生活开始变得复杂起来，对政府管理也提出了更高的要求，虽然美国大概是政府干预起步最为缓慢，程度也较低的国家。即使如此，在19世纪70年代美国政府也已经开始感受到来自社会方面要求干预的压力。[①] 与此同时，在19世纪后期美国出现了文官改革运动，目的是要把政党政治从公共事务的管理活动中排除出去。经过持续的努力，人们终于否定了自杰克逊以来的政党分赃制，在传统的行政部门进行了一场伟大的人事制度改革。这场改革的结果是，传统的政府行政分支被分割为两个板块：决策的政治与执行的行政，与之相对的则是政治家（政务官）与公务员（事务官）的区分。[②]

虽然古德诺看到了时代的进步，提出了行政应独立于政治的主张，但是在崇尚民主的时代，既然政府首脑必须依据政治规则经选举产生，作为国家机构体系中的一个分支的政府就是一个政治部门，要受立法部门的控制，行政机构又必然在政府首脑领导之下，一切行政活动都是由政府所承载，立法部门在对作为政治部门的政府进行控制的时候，实际上也就影响着行政，因此行政独立于政治的主张也就只能成为一种理想。"这就是为什么'政治与行政二分法'原则确立之后，人们依然看到行政受到政治纠缠的原因，这也是20世纪70年代'新公共行政'运动要求重理政治与行政之关系的根据所在"。[③] 事实上，"政治与行政二分法"的主张本身在逻辑上有其不可克服的矛盾，行政分支中的政治部分要发挥权力相互制衡、以权力制约权力、维护公民自由的作用，而却要求作为政府下属机构的行政机关摆脱政治的干扰并忠实履行执法职责，也就是说，既要求作为政客的政府首脑积极参与政治，又要求其下属远离政治，在科层制的官僚体系下这是不可能达成的目标。其实，作为政府的分支机构，行政本身也不应该远离政治，按照马克思主义者的观点，国家本质上是阶级压迫的工具，国家意志自然体现为统治阶级的意志，国家意志的执行也是统治阶级意志的实现，因此，行政是政治的延续，是统治阶级实现政治目标的工具。

但是，正如古德诺所说，现在所称的"行政"中确实存在与政治不相干的领域，如半科学、准商业或商业活动等，如果我们仔细分析，这些与政治不直接相干的领域无外乎现今国家履行的社会职能、宏观经济职能和经济监管职能中的执法事务。按照我们上面的分析，国家社会职能包括加强文化建设，保障和改善民生，增进社会福利；国家宏观经济职能主要指优化经济结构，统筹区域发展，实施宏观调控，开展公共设施和公共工程建设，实行收入和财富的再

---

① 约翰·F. 沃克、哈罗德·G. 瓦特：《美国大政府的兴起》，22页，重庆，重庆出版社，2001。

② 景跃进：《行政概念辨析——从三权分立到政治与行政二分法》，载《教学与研究》，2003（9），71页。

③ 张康之、张桐：《对行政概念的历史考察》，载《社会科学研究》，2010（1），60~61页。

分配等；国家经济监管职能主要包括制定并维护市场规则，限制垄断保护竞争，规范市场准入标准、生产条件、质量和环保要求等，使经济的外部性内在化等。上述职能中大部分社会职能和宏观经济职能是为阶级统治服务的①，或者说是国家实现阶级统治的基础，实现的是整体行政利益的最大化，如增进社会福利关系到党派选举的成败、文化建设内容的不同体现为阶级立场的差异、财富再分配的目的在于缓和阶级冲突、良好的公共设施可作为政党统治的政绩等，正如恩格斯所说，一切政治权力起先总是以某种经济的、社会的职能为基础的，政治统治到处都是以执行某种社会职能为基础，而且政治统治只有在它执行了它的这种社会职能时才能持续下去。② 而经济监管职能则不同，大部分经济监管职能的履行应尊重市场经济的运行规律和科学技术，而不是党派立场，它实现的是整体经济利益的最大化，如商品质量、生产标准、环保要求的变化体现的是科学技术的进步，反垄断规则体现的是市场经济整体运行效率等，经济监管职能的履行与政治无关。可见，在国家职能中确实存在与政治毫不相干的领域，那就是经济监管职能，当然这种区分只能是相对的，如宏观调控职能也与政治毫不相干，但它却属于宏观经济职能。因此，如果"政治"与"行政"应该分离，那么这个"行政"不是别的，只能是"监管"。

二、行政概念辨析

通过对行政历史沿革的分析，我们可以看出，不同时期的"行政"有不同的内涵，到今天行政好像已涵盖了能够代表国家行使法律的组织机构的所有活动，那么这些活动都应该称为"行政"吗？

行政可分为一般行政和国家行政。一般行政指组织的一种职能，是行使权力、执行政策、管理内外事务的国家职能或其他组织职能；国家行政指国家行政机关执行法律、政策，管理国家内政外交事务的职能。③ 在法学研究中，我们所称的行政一般指国家行政。在法学界，对国家行政的理解也不尽相同，有的从功能或权力分立的角度界定，认为行政是与立法、司法相并列的一种国家权力；有的则从形式意义或实质意义上来理解。归纳起来主要有以下几种：

一是消极说。认为行政是除去立法与司法以外的一切"剩余"的公共权力之行使。持这种观点的学者普遍认为，要给行政下一个积极的定义很难，虽然能说明行政的一些特征，却不能涵盖其全部特征，只能在假定国家职能只有立

---

① 当然，部分宏观经济职能并不体现为阶级统治的工具，如宏观调控职能，它有自身的运行规律，需要在尊重科学的基础上，才能实现物价稳定、充分就业等目标，维护的是整体经济利益。

② 《马克思恩格斯选集》，第3卷，219页，北京，人民出版社，1972。

③ 肖蔚云、姜明安：《北京大学法学百科全书·宪法学行政法学》，530~531页，北京，北京大学出版社，1999。

法、司法、行政的前提下，排除法律制定的立法作用和依法裁判的司法作用，将其余都归结为行政作用。如奥托·迈尔（Otto Mayer）将行政定义为："除了司法权以外的为了实现其法律体系的目标的国家活动"。① 耶利内克（Walter Je-linek）据此把行政进一步定义为："国家或除了立法权与司法权之外的其他公共权力持有者的活动"。② 日本行政法学家盐野宏认为："从国家作用之中将作为法规制定行为的立法作用、国家的刑罚权的判断作用以及通过一定的裁判程序来判断人与人之间的权利、义务的民事司法等司法作用除去后，所剩余的一切作用即为行政作用"。③ 韩国学者金东熙认为，行政是"在法之下，为了现实、具体的实现司法之外的所有国家目的而行使的整体的、具有统一性的、持续的社会形成活动"。④ 我国学者陈恺玲也认为："行政是除立法、司法以外的国家职能活动。行政的特征包括：行政是社会塑造活动——行政服务于共同体中的人；行政的出发点是公共利益；行政主要是积极的、针对将来的塑造活动——这点使它区别于司法；行政是为处理事件而采取具体措施或者执行特定的计划的活动——这使其区别于立法活动"。⑤ 毛雷尔（Hartmut Maurer）认为行政是"为处理事件而采取的具体措施或执行特定计划"的"社会塑造活动"。⑥ 消极说不能积极地阐明行政的内容，所以不能说消极说的内容就是行政的定义。"之所以不能依据这样的消极说来定义行政，也许是因为承认行政包含各种各样复杂的作用，因而不能承认其整体的内在统一性的缘故"。⑦

　　二是目的说。由于排除说存在种种问题，学者们试图给行政下一个积极的定义或描述。他们认为行政是为了达到某种国家目的而逐日进行的具有连续性的具体活动，而立法是制定普遍性规则的活动，司法是适用法律解决争议的活动。"行政是指为了实现国家目的，运用制定政策、法规、规章进行的公共管理活动及其过程"。⑧ 日本学者田中二郎认为，"近代行政，可理解为于法之下，受法之规则，并以现实具体的积极实现国家目的为目标，所为之整体上具有统一性之继续的形成性国家活动"。⑨ 南博方则认为，行政是"为适应国家社会的需要，具体实施公共政策的过程及行动"。⑩ 张千帆认为："行政是政府对一些特殊

---

① Schwarze, european administrative law, 15.

② Schwarze, european administrative law, 15.

③ 盐野宏著，杨建顺译：《行政法总论》，4页，北京，北京大学出版社，2008。

④ [韩] 金东熙著，赵峰译：《行政法Ⅰ》，第9版，6页，北京，中国人民大学出版社，2008。

⑤ 陈恺玲：《行政法学》，3～4页，长春，吉林人民出版社，2006。

⑥ [德] 哈特穆特·毛雷尔，高家伟译：《行政法学总论》，北京，法律出版社，2000。

⑦ [日] 田中二郎：《行政法总论》，16页。

⑧ 凌国顺、欧阳君君：《行政法学》，3页，上海，上海人民出版社，2007。

⑨ [日] 田中二郎：《行政法》，弘文堂，1974，5页。

⑩ [日] 南博方著，杨建顺译：《日本行政法》，8页，北京，中国人民大学出版社，1988。

领域的调控与管理活动；这些活动是为了实现某种目的，且活动的‘合法性’必须根据它是否有效实现了这一目的来衡量；这种活动是通过行政组织经由一定的程序来完成的；在很大程度上，行政组织的结构及其完成活动的具体方式取决于特定国家的政治传统".① 这种观点建立在国家职能的分工、国家作用的分类的基础上，但它以国家职能的实质内容和目的作为区分标准，通常被称为"实质意义的行政说"②。"这种观点对于理解行政及立法、司法活动的特征有较大意义，但由于其所描述的行政除主要指向行政机关的管理活动外，还有可能包括立法机关、司法机关内部的行政管理，同时，它又不能涵盖行政机关行使准立法职能、准司法职能的活动，故这种观点也存在着较大不足".③

三是国家意志执行说。认为政治是国家意志的表达，行政只是政治的执行。威尔逊认为："行政管理是政府工作中极为显著的一部分，它就是行政中的政府；它就是政府的执行，政府的操作，就是政府工作中最显眼的部分，并且具有与政府本身同样悠远的经历"。"公共行政就是公法的明细而且系统的执行活动。一般法律的每一个具体执行细节都是一种行政行为".④ 美国行政学家古德诺在《政治与行政》一书中提出政治、行政两分说，并认为一切政治制度中，只有两种基础的功能，即国家意志的表达和国家意志的执行。前者谓之政治，后者谓之行政。⑤ "行政是国家行政机关等行政主体为执行国家意志，实现国家与社会公共利益、组织管理国家与社会公共事务的活动".⑥ "在现代，行政在其活动范围内，既有国家意志的表达，又是国家意志的执行。这种议会至上年代有一定价值的国家意志执行说已经与现实不相吻合，也不利于促进行政积极、有效地实现和保障公共利益".⑦

四是行政机关职能说。认为行政是行政机关行使的国家职能。国家的机关可分为立法机关、行政机关、司法机关，立法是立法机关的活动，司法是司法机关的活动，行政则是行政机关的活动。不论活动本身的性质如何，一律根据机关的性质来区别国家的职能。这种观点建立在三权分立的基础上，以行使国

---

① 张千帆、赵娟、黄建军：《比较行政法——体系、制度与过程》，4 页，北京，法律出版社，2008。

② 王名扬：《法国行政法》，北京，中国政法大学出版社，1988，4～6 页。"对什么国家职能属于行政职能，法国学术界没有一致的看法：一是从国家职能的性质着眼，说明行政的意义，称为实质意义的行政；二是从行政职能的机关着眼，说明行政的意义，称为形式意义的行政。"

③ 罗豪才、湛中乐：《行政法学》，第二版，2 页，北京，北京大学出版社，2006。

④ [美] 威尔逊：《行政学研究》，载彭和平等著《国外公共行政理论精选》，14 页，北京，中央党校出版社，1997。

⑤ [美] 古德诺著，王元译：《政治与行政》，12～13 页，北京，华夏出版社，1987。

⑥ 张世信、周帆：《行政法学》，5 页，上海，复旦大学出版社，2006。

⑦ 凌国顺、欧阳君君：《行政法学》，2 页，上海，上海人民出版社，2007。

家职能的机关作为区分国家职能的标准，人们通常称之为"形式意义上的行政说""机关意义上的行政说"。① 如，行政是国家行政机关对公共事务的组织管理活动。② 国家行政机关依法对国家和社会事务进行的组织和管理，也即国家的行政管理。③ "可是，由于现代行政的发展，出现了较多的行政机关委托私人或非政府组织以及法律授权非政府组织履行公共行政职能的现象，针对这些私人或非政府组织的公共行政活动，行政法同样适用。所以，用形式意义的行政说来表述行政，在行政法学上存在局限"。④

五是组织管理说。正是意识到上述行政机关职能说的弊端，有人提出了组织管理说，认为"行政是指国家行政机关和其他公共行政组织对国家与公共事务的决策、组织、管理和调控"⑤。这种观点实际上把行政分解为主体、对象、功能三部分，它把行政等同于组织管理的结论，不能揭示行政与立法、司法职能的本质区别，因为立法、司法也可以表现为决策、组织、管理、调控等功能。同时，忽视了行政应当包含执行权力机关意志的特征，割断了行政与立法的天然联系。⑥

从上述学者对国家行政的界定，我们可以看出从不同角度可以得出不同的行政概念，学术界尚未形成统一的说法。张千帆在比较了大陆法与普通法对行政的相关解释后，认为公共行政是一个随着社会经验的不断发展而变化与扩充的概念。因此，要从理论上一劳永逸地定义"行政是什么"是不可能的，"要准确定义行政的职能（以便排除其他职能）或内容（以便肯定行政活动）是徒劳的。……现代经济活动的影响范围具有普遍的社会性，而某一项社会职能的完成都至少有两种选择：政府或私人。……合理的选择必须能产生最佳的社会效益，而这种选择必然随着社会发展而变化。从实用主义出发，对行政概念的界定本身并不是一个纯粹的逻辑问题，而必须有助于实现某种社会目的"⑦。虽然界定行政概念困难重重，但我们仍然可以从"实现某种社会目的"的角度对行政的本质作一下分析。

从目的论学者的观点来看，行政是为实现某种国家目的，但他们并未进一

---

① 王名扬：《法国行政法》，7～8 页，北京，中国政法大学出版社，1988。
② 邹瑜、顾明总主编，高扬瑜、郑杨副总主编：《法学大辞典》，561 页，北京，中国政法大学出版社，1991。
③ 许崇德主编，胡锦光、王玉明：《中华法学大辞典·宪法学卷》，697 页，北京，中国检察出版社，1995。
④ 罗豪才、湛中乐：《行政法学》，第二版，2 页，北京，北京大学出版社，2006。
⑤ 罗豪才、湛中乐：《行政法学》，第二版，2 页，北京，北京大学出版社，2006。
⑥ 凌国顺、欧阳君君：《行政法学》，3 页，上海，上海人民出版社，2007。
⑦ 张千帆、赵娟、黄建军：《比较行政法——体系、制度与过程》，7～8 页，北京，法律出版社，2008。

步解释国家目的具体是什么。关于国家目的，学者们也有不同的主张。一种认为国家有其自身的目的。黑格尔就认为国家高于市民社会和个人，国家是一种独立的力量，是一个有机体。个人只是一些环节，个人只有成为国家成员才能实现其人格、自由和权利，才有生命和存在的价值。他说："国家是伦理观念的现实——是作为显示出来的、自知的实体性意志的伦理精神，这种伦理精神思考自身和知道自身，并完成一切它所知道的，而且只是完成它所知道的"。① 第二种观点认为国家的目的是服务，可进一步分为消极的服务和积极的服务。消极服务的理念秉承的是大社会、小政府的观点，"谁握有国家立法权或最高权力，谁就应该以既定的、向全国人民公布周知的、经常有效的法律，而不是以临时的命令来实行统治"，②"而这一切都没有别的目的，只是为了人民的和平、安全和公众福利"③。积极服务的观点主要为新自由主义者所倡导，强调的是国家干预经济和社会生活的作用。霍布豪斯认为国家应该为每个公民的自由发展提供更多的社会条件和更有利的社会环境，国家要更广泛地干预政治、经济、教育等活动；格林也认为国家的目的就是为了促进人民的共同幸福而提供公共福利。④ 第三种观点认为国家的根本目的是进行阶级统治。马克思虽然也主张一切国家权力应当来自人民，但不同于资产阶级思想家所认为的国家权力应来源于一国的全体公民，而是认为人不是抽象的而是具体的，在社会发展的不同阶段人民分属于不同阶级的前提下，不存在包括所有阶级在内的人民主权，存在的只是统治阶级主权，⑤ 国家本质上是统治阶级压迫被统治阶级的工具，国家的根本目的是进行阶级统治。

第一种观点认为国家具有自身的目的，而不是反映占统治地位的阶级的意志，容易导致将现实政治生活中的种种非人道的行为归结为抽象的绝对精神或神的意志，人民只有忍受的义务而没有反抗的理由。第二种观点只能体现国家存在的部分目的，不能反映国家的本质、揭示国家存在的根本目的。本书赞同第三种观点，认为国家的根本目的就是进行阶级统治，因此，国家法律体现为统治阶段的意志，作为连续性的国家意志的执行活动，行政的根本目的是维护统治阶级的利益，直接目的是维护整体行政利益。虽然，随着"福利国家"的出现，行政的"警察"属性愈来愈淡，越来越多地表现为诸如消防、救助及各

---

① 徐大同：《西方政治思想史》，102 页，天津，天津教育出版社，2001。

② 洛克：《政府论》（下篇），80 页，北京，商务印书馆，1964。

③ 洪堡：《论国家的作用》，54 页，北京，中国社会科学出版社，1998。

④ 陈戈寒：《论国家目的理念对治国模式的影响》，载《江汉大学学报》（人文科学版），2004 - 10，65 ~ 66 页。

⑤ 李寿初：《现代国家权力合法性思想浅析》，载《河南师范大学学报》（哲学社会科学版），2009 - 07，104 页。

种各样的便民服务的任务，但这并不代表行政目的的转变，而只是政治统治方式的转变，即国家的阶级统治更为巧妙地隐藏在服务之后。可见，行政具有很强的政治性。而监管则不同，监管产生于市场经济无法解决自身矛盾的需要，监管的主体并不必然是国家，只是由于国家天然的特征使其比较适宜承担起监管的职责；监管的目的在于维护整体经济利益，与政治无关，相应地，监管手段的选择应尊重经济发展的规律和科学技术的要求，而不是政治团体利益的诉求。

三、行政权与监管权的区别

通过上述行政概念的分析，我们可以看出行政还远未形成一个统一的概念。同样，对行政权，学界也有多种理解，[①] 国内比较通行的观点认为"行政权是由国家宪法、法律赋予或认可的、国家行政机关或其他公共行政组织执行法律规范、对国家和公共事务实施行政管理活动的权力，是国家政权和社会治理权的组成部分"[②]。"现代意义上的行政权是行政机关职务范围内的法定权力和非行政机关行使的法定的管理国家行政事务的权力"[③]。上述行政权的概念具有以下特征：一是执行性，是执行权力机关意志和法律的权力。行政权由国家行政机关或经授权的其他机关代表国家行使，立法权、司法权等分别由立法机关、司法机关就其各自所管辖的事项分别行使。二是法律性，行政权来源于国家宪法和法律，依法律规定而存在，是法定的权力；没有宪法和法律的确认或设定，行政权就失去了存在和行使的合理基础。三是强制性，其实施以国家强制力为保障，行使的方式主要是强制性或命令性的。四是不可处分性，行政主体不可自由转让和放弃行政权。五是公益性，行政权是一种管理国家事务的权力，必须以公共利益为依归，而不能谋取行政主体或行政人自己的私利。从本书第一章我们对监管概念的界定来看，监管权是国家经济监管机构为维护整体经济利益依法对微观市场主体进行监督管理的权力。它也具有公益性、法律性、强制性等特征，从实现公益的目的来看，监管权管辖的似乎应是行政权管辖范围的一部分。其实，立法权、司法权都是一种公共权力，它们运作的都是国家公共事务，公益性、法律性和强制性并不是行政权的独有特性，而是所有公权的普遍共性。笔者认为，行政权与监管权是两种不同的国家权力，具有以下区别：

---

① 学界对行政权不同界定的综合分析可参见，一是龚向田：《行政权含义新解》，载《广西政法管理干部学院学报》，2009（3）；二是朱最新：《行政权概念新释》，载《武汉大学学报（哲学社会科学版）》，2005（6）。

② 罗豪才、湛中乐：《行政法学》，第二版，3页，北京，北京大学出版社，2006。

③ 陈恺玲：《行政法学》，6页，长春，吉林人民出版社，2006。

（一）产生原因不同

原始社会生产力极其低下，单个人无法独自存活下去，而人类在本性上又是一种社会动物，人类趋向联合的本能促使了人类以共同体的形式生存、生活，从而逐渐形成了原始人群的共同利益。然而，在共同利益之下，原始人群之间也存在一定的非对抗性的利益差别和矛盾，为了维护原始人群的共同利益，调和他们之间的利益差别和矛盾，原始人群需要有一种规则代表群体成员的意志来调控他们之间的利益差别和矛盾，这种规则就是原始法，即原始的习惯和风俗。"随着法律的产生，就必然产生以维护法律为职责的机关——公共权力"。①随着生产力发展和私有制的产生，国家出现了，在社会中产生了一种居于社会之上的权力——国家权力，国家权力是一种"和人民大众分离的公共权力"，是一种"特殊的公共权力"。② 近代行政权是作为国家权力从统治权中分离出来的。③ 可见，作为一种国家权力，实质上的行政权是随着法律、国家的产生而产生的，是阶级矛盾不可调和的产物。而监管和监管权的产生原因则不同，通过第三章的分析，我们可知监管权的出现是市场经济发展到一定阶段的产物，由于市场垄断和外部性等问题的存在，不受约束的市场经常有失灵的时候，而国家监管可以有效地解决市场无法或不能达到的目的。国家监管权并不是随着国家的出现而出现的，而是在资本主义发展到垄断阶段，市场无法自动解决其矛盾，选择国家作为监管主体的时候才出现的。它与行政权的产生原因具有本质上的差别。

（二）目的不同

正如我们上述对行政概念探讨所述，行政是政治的延续，是统治阶级实现其意志的手段。同样，行政权维护的是整体行政利益，根本目的则是实现统治阶级的利益。而国家监管权是一种纯经济性权力，维护的是整体经济利益。"整体行政利益是在社会一定范围内，全体个体普遍需要的只有通过行政主体才能满足的整体生活环境利益，它是在处理个体之间的关系过程中同时形成的社会利益关系。整体行政利益是以社会整体生活环境利益为价值目标，对个体权利的一种约束和限制。整体经济利益也是在社会一定范围内，全体个体普遍需要的只有通过经济主体才能满足的整体社会财富创造能力的利益。它也是在处理个体之间的关系过程中，同时形成的社会利益关系"。④ 而"整体生活环境性需要是得到社会普遍承认的，只有通过社会整体性力量才能得到更好满足的社会

---

① ［德］马克思、恩格斯：《马克思恩格斯选集》，第2卷，539页，北京，人民出版社，1972。
② ［德］马克思、恩格斯：《马克思恩格斯选集》，第4卷，114页，北京，人民出版社，1972。
③ 朱最新：《行政权概念新释》，载《武汉大学学报（哲学社会科学版）》，2005（6），764页。
④ 刘少军：《法边际均衡论》，117页，北京，中国政法大学出版社，2007。

公共生活环境需要，它的核心目标是为每个社会个体提供一个良好的社会生活环境。整体财产性需要是得到社会普遍承认的，只有通过社会整体力量才能得到更好满足的社会财富创造能力的需要，它的核心目标是为每个社会个体提供相对充足的生活消费品"。① 可见，行政权要维护良好的生活环境，须保护正常的社会生活秩序；监管权要保护社会财富创造能力，须维护正常的经济运行秩序。

（三）手段不同

目的决定手段。监管权要维护整体经济利益，必须调整整体经济关系。整体经济关系的特点是：（1）重复性比较强，同一类侵害整体经济利益的现象会多次重复出现，这就为对其进行具体的规范性调整奠定了可行的基础。如经济金融危机发生的直接原因虽千差万别，但其根本原因是一样的，防范手段、处理方式也具有相似性，这就为提前防范危机风险提供了可能。（2）具有相对稳定性，多数情况下都不至于出现紧急事态，不需要直接采用行政命令的方式授予其直接处理权。如市场准入政策，一旦形成就具有相对的稳定性，一般不随意调整，即使是违反准入政策的行为，也具有比行政事件更稳定的发展过程，有时候采取较缓的处理措施，反而比紧急处理效果更好。（3）时效性比较弱，由于经济关系本身具有相对稳定性，与整体行政关系比起来，其发展变化比较缓慢，处理事件的时效性要求自然没有行政事件要求高。可见，监管权面临的主要是特定的非紧急性整体经济事务，要求具有规划性和效益性，更多的是运用利益引导、窗口指导等形式来达到监管目的。因此，相对于行政手段，监管手段的权力性、强制性色彩较弱，应越来越多地体现民主、协商的品格，体现监管主体与监管相对人相互合作的精神。其实，在20世纪中后期采取的许多新管理手段②就体现出了这种品格和精神。主要表现为两种手段：一是监管指导。监管指导是现代监管工作中使用频率较高的手段。监管机构通过发布纲要、指南、政策或通过直接向相对人提供咨询、建议、劝告等，引导相对人作出某种行为或不作出某种行为。监管指导不具有要求相对人必须执行的直接法律效力，但可以实施税收政策、差别利率等宏观调控措施，或采取土地利用规划、道路交通配置、建设规划等其他机制，引导相对人遵循监管指导，作出符合监管目标的行为。由于监管指导不具有直接强制性，使相对人有较大选择的空间，体现了监管的人性化和民主性。二是监管合同。监管合同在经济监管中运用得也很频繁，相对于强制性监管方式来说，监管合同是双方协商的结果，监管机关

---

① 刘少军：《法边际均衡论》，109页，北京，中国政法大学出版社，2007。

② 这些措施有的也许产生于更早的时期，但是真正在政府监管中得到较广泛运用，从而得到较大发展则还是在20世纪中后期。

要求相对人作出某种行为或不作出某种行为要取得相对人的自愿和同意，监管机关和相对人履行合同的权利、义务都要经双方相互认可。这种监管方式体现了相对方的意愿，有利于取得相对方的配合，从而能更有效地实现监管目标。

对于违法行为，监管权的强制性更多地体现为向法院提起诉讼，经判决后再予以执行相应处罚措施，我们可称之为"诉讼化的监管执法"，监管机关相对于监管对象，不应具有天然的地位优势，而应与之处于平等地位，如在美国，SEC 往往只能通过诉讼方式处罚市场中的违规行为。① 监管活动的诉讼化，可有效防范监管权的膨胀，制约监管权的滥用。

而行政权维护的是整体行政利益，调整的是整体行政关系。行政法教科书一般认为行政关系具有强制性、单方性、自力执行性等，② 行政行为具有私人行为所不具有的公定力、确定力、拘束力、执行力等③。笔者认为，行政关系除具有以上基本特征外，尚有以下特点：（1）关系之间差异性比较大。整体行政关系范围比较广泛，各类关系之间差异性很大。如打击经济犯罪与打击抢劫行为是两个性质迥异的领域，所采取的手段、犯罪对象特点及侦破措施等都有很大不同，其相互之间经验的借鉴意义也不大。（2）突发性比较强。破坏整体行政利益的行为往往具有突发性强、稳定性差的特点，持续时间短，一般来说，其破坏强度也比较大，事前防范效果并不明显。如抢劫事件，发生突然，持续时间普遍在几秒、几分钟内，事前防范一般无迹可寻，而造成的影响却极其恶劣。（3）时效性要求高。既然突发性强，处理时效性也要求高，事件发生时，执法人员如在现场应及时处置；事件发生后，也应迅速赶到现场调查了解，以最短的时间予以侦破，将社会影响降到最低程度，以维护整个社会的安全稳定。可见，行政权面对的主要是不特定的紧急公共事务，要求具有强制性和时效性，需直接运用暴力工具来达到行政目的。

对于违法行为，行政权一般采取直接强制手段进行相应的处罚，其手段更多地体现为下达行政命令和查封、冻结、扣划私人财产以及限制人身自由等，行政相对方只能采取事后提请司法裁判的方式进行救济，这些手段与"诉讼化的监管执法"明显不同。

（四）专业技术性不同

监管权具有很强的专业技术性，也可以说独立监管机构正是基于国家需要

---

① 单飞跃、罗小勇：《由善政到善治——从证券监管联想至经济法的本质》，载《湖南省政法管理干部学院学报》，2002（5），9～10页。

② ［德］平纳特著，朱林译：《德国普通行政法》，105页，北京，中国政法大学出版社，1999；［日］西冈等著，朱林译：《现行政法概论》，100页，兰州，甘肃人民出版社，1990。

③ 林纪东：《行政法》，台湾三民书局，1980，320～325页；杨建顺：《日本行政法通论》，（中国），1998，375～380页。

对某些专业性、技术性领域实施有效管理而产生的。如美国 FERC 的电力监管职能主要包括监管跨州输电价格和服务；监管电力批发市场，包括价格、服务和输电网的开放；监管电力企业的兼并、重组、转让和证券发行；监管电力企业会计标准和电网可靠性标准；发放非联邦政府拥有的水电项目许可证，监管水电站大坝的安全；负责组织实施《联邦电力法》、《联邦天然气法》和相关能源政策法案。各州的 PUC 管理本州的公用设施零售价格和市场，其电力监管职能主要有：监管零售市场及州内电力传输市场；发放新的电力生产以及输送企业的许可证以及新的石油管道的许可证；划分电力零售服务区域；执行电力服务及质量标准；征收电力零售税；审批发电及输电设施建设；审批非水电类发电和输电设施的建设等。① 要有效实施上述监管职能，就需要具备电力行业的专业知识和经验，这绝不是任何行政机关能够承担起来的。

相对而言，行政权并不具有明显的专业技术性特征，行政权维护的是整体行政利益，需要协调各方利益团体的关系，其行使往往具有普遍性，并不需要也无必要对某些专门行业实行管理和控制，如税务局的职能包括：承担组织实施中央税、共享税及法律法规规定的基金（费）的征收管理责任，力争税款应收尽收；参与研究宏观经济政策、中央与地方的税权划分并提出完善分税制的建议，研究税负总水平并提出运用税收手段进行宏观调控的建议；负责规划和组织实施纳税服务体系建设，制定纳税服务管理制度，规范纳税服务行为，制定和监督执行纳税人权益保障制度，保护纳税人合法权益，履行提供便捷、优质、高效纳税服务的义务，组织实施税收宣传；组织实施对纳税人进行分类管理和专业化服务，组织实施对大型企业的纳税服务和税源管理。② 其实施的是对所有企业法人、公民个人的税收权力，并非针对某些特殊行业，同样税收要尽量体现公平待遇，如对个人所得税的征收就要在所有行业实行同样税率，而不能因职业不同而有所区别。

第三节 经济监管机构：一种新型的国家权力机构

由上可知，监管权与行政权是两类不同的国家权力，相应地，执行两类权力的国家机构的性质也不相同。事实上，也正是基于权力性质的差异，各国在经济监管机构的设置上普遍采取了相对独立于现有行政机关的做法。③ 也可以

---

① 唐祖爱：《行政组织法视野中的电力监管机构研究工作——以独立性为中心》，武汉大学博士学位论文，2007－05，国家图书馆，46 页。

② 国家税务总局网站，http：//www. chinatax. gov. cn/n8136506/n8136593/n8137489/n8138194/index. html，2010－08－21。

③ 具体情况可参见本书第二章"经济监管机构的职权和设置模式"。

说，独立监管机构是社会实践选择的结果。那么，如何看待其在国家权力机构中的地位呢？

一、行政机关与监管机构的区别

对于行政机关的概念，传统教科书认为"行政机关是指依法成立的，享有并执行国家行政权，具体实施行政职能并独立承担其行为后果的国家机关"。[①] "国家行政机关，又称国家行政管理机关，即狭义上的人民政府，是指国家根据其统治意志，按照宪法和有关组织法的规定设立的，依法享有并运用国家行政权，负责对国家各项行政事务以及相应的社会公共事务进行组织、管理、指挥和监督的国家机关。"[②] 可见，学界对行政机关的诠释是基于对行政权的理解。上述我们对行政权与监管权区别的探讨，其实也已论述了行政机构与监管机构的本质区别。总体上讲，相对于行政机关来说，监管机构尚具有以下几个特点：

（一）拥有更强的专业知识

监管机构的目的是维护整体经济利益，监管范围限于经济体系中的专业领域，如电力、电信、天然气、供水、运输以及银行、证券、保险等产业的进入、价格以及产品服务质量等；或者是对经济领域内的特殊问题进行监管，如工人健康与安全、消费品质量、环境保护等。其监管事项具有高度的专业性、技术性、复杂性，监管过程复杂多变，行政机关缺乏监管的专业知识和能力，无法达到监管专业化的目标。如对电力市场运行的监控，需要有电力方面以及经济问题专家制定相应的电力市场化改革方案以及市场监管规则；对电力企业在市场上所占份额的分析，电力企业之间的兼并、重组以及控股方案是否会导致破坏市场竞争结构的认定，对电力企业投资及运营成本分析之后核定电价调整申请，这些都需要专业技术人员来完成，这是一般政治家乃至普通行政管理人员无法完成的。从国外电力监管组织的人员构成来看，基本上都由专业技术人员构成，纯粹的行政官员很难立足，如 FERC 都是由电力或天然气行业技术专家、法律专家以及经济事务专家所构成，其所雇用的内部工作人员一般也需要有上述的专业知识背景或从业经验。[③] 监管机构正是根据国家对某一特定经济或社会问题的监管需要而产生的，是基于监管技术性、专业性因素而产生的一种公权力，其区别于行政机关的首要特征是专业性。

（二）相对独立运作

相对于行政机关，监管机构具有更加独立的自主运作性，其成员不得任意

① 张世信、周帆：《行政法学》，80 页，上海，复旦大学出版社，2006。
② 罗豪才、湛中乐：《行政法学》，第二版，58 页，北京，北京大学出版社，2006。
③ 唐祖爱：《行政组织法视野中的电力监管机构研究工作——以独立性为中心》，武汉大学博士学位论文，2007－05，国家图书馆，65 页。

免职，避免不当的政治干预和行政影响。具有高度专业性的监管机构客观、中立、超然，不易受到政治上的干扰，能够公正地作出价值分配，制定科学的监管标准，对受监管企业的不当或违法行为能够作出明智、快速的审议与裁决，能够带给社会合理的交代并平息产业秩序纠纷。具体表现在以下几点：一是人事独立，监管机构的人事任命一般由立法机关作出，并通过任期保障、按政党类别进行比例分配等措施，保证委员会作出决定的中立性；二是职权独立，为避免立法机关和行政机关的压力，法律赋予监管机构依法独立行使职能的权力，以保证决策的公正和中立，同时司法机关在审查监管机构的决定时，也比较尊重监管机构的专业性判断；财政独立，为避免经费压力影响决策的中立性，监管机构一般都有完全或部分的独立经费来源。

（三）具有准立法权和准司法权

由于监管机构承担的大多是专业领域的监管职责，监管规则制定和监管责任判断都需要具备专业的知识，而立法机关和司法机关处理的大多是一般性立法和案件，其人员数量、知识结构和时间要求不允许其承担更多的专业监管方面的职责。因此，对经济监管事项，立法机关大多制定方向性的规范，具体规则一般授权监管机构制定；司法机关重点在于司法审查，主要监督监管机构执法程序的合法性和适用规则的合理性。美国学者说："尤其是，我们注意到，在许多法律领域内（虽然并非全部领域），除法庭外，监管者是主要的立法和执法者。尽管立法、行政、司法三权分立作为一种原则已经得到了确认，但很多情况下，立法及执法权常由同一机构行使。"[①]

（四）主要承担法律责任和技术责任

独立监管机构的决策机制采取了多数委员决定的方式，主席和其他委员一样只拥有平等的表决权，各委员可通过多种渠道与各类社会团体接触，并通过公开决策程序广泛听取利益各方的意见，在决策时能够充分考虑决策事项所涉及的社会各方面的利益及潜在影响。同时，作为既不是选民直接选举产生，也不受选举官员直接控制的"非多数主义的机构"，监管机构是基于监管的技术性和专业性需要而产生的，其一般不直接承担政治责任，而只就监管是否合法、是否科学承担法律和技术责任。

二、监管机构设立和权力范围的争论

（一）设立监管机构行使监管权是否违宪

众所周知，资本主义社会信奉"自由、民主、平等"的价值观，"私有财产

---

① 卡塔琳娜·皮斯托、许成钢：《不完备的法律——一种概念分析框架及其在金融市场监管发展中的应用》，载吴敬琏主编《比较》，第3辑，112页。

神圣不可侵犯"曾经是资产阶级反对封建制度而宣扬的重要理念,并且蕴含于很多国家的宪法之中。然而,设立经济监管机构并对经济进行监管必然涉及对私有财产的重新配置,那么设立经济监管机构并采取相关监管措施是否违反宪法呢?以美国为例,美国是世界上最大的实行自由市场制度的资本主义国家,很多人自然而然地认为,自建国以来,美国就以亚当·斯密的经济理论为基础确立了自由市场制度,并将其嵌入了宪法之中,历史和现有的大量监管政策都是有违宪法精神的。那么事实果真如此吗?

无论从美国资本主义社会的长远发展,还是从共和国初年面临的困境来看,制宪会议上的开国元勋们都认为产权是头等大事。当时的会议记录表明,只有一个代表对此表示异议。[①] 不过,美国宪法并没有明文规定保护私人产权。它对产权的保护,依靠的是对政府体制所作的安排和对政府权力予以限制的有关条款。显然,三权分立互相制衡的联邦体制本身就是对政府滥用职权的防范,自然也是对私人产权的保护。与私人产权有直接关系的限制政府权力的宪法条款有以下几条:一是第一条第十款,禁止州政府缔约结盟、铸造货币、通过没收令及有追溯力的法律,其中对于保护产权来说最重要的就是不允许州政府通过破坏合同义务的法律,因此该宪法条款也被称为"合同条款"(contract clause);二是1791年生效的宪法第五条权利法案修正案,政府不得未经正当法律程序而剥夺任何人的生命、自由或财产,也不得在没有公正赔偿的情况下将私人财产征为公用,被分别称为"正当程序条款"(due process clause)和"征用条款"(taking clause),1868年宪法第十四条修正案将正当程序条款的适用范围扩及州政府。上述合同条款、正当程序条款和征用条款构成了美国联邦宪法体制下保护私人产权的主要法律手段。[②] 此后各州宪法也作了类似规定。[③]

随着美国资本主义的迅速发展,多数行业出现了超大型企业,形成了垄断优势,州和联邦立法机构在各种改革运动和利益集团的压力下加强了对私人企业和经济活动的管制。最高法院担心因此出现有利于某个利益集团而损害私人产权的所谓"阶级立法",于是开始奉行所谓自由放任宪法主义,对州政府的监管行动多有限制。[④] 宪法第十四条修正案生效后,正当程序条款在19世纪后期逐渐取代了合同条款在保护私人产权上的重要地位,成了最高法院用以限制州议会权力的最为有效的法律手段。19世纪90年代,最高法院在一系列有关铁路

①　Siegan. Property and Freedom,15.

②　美国宪法中的"商业条款"也曾被用在州际商业中以保护私人产权不受州政府的限制,但考虑到本书探讨问题的重点范围,故在此不作专门讨论。

③　在宪法第十四条修正案通过以前,只有南卡罗来纳州宪法规定公路征用私人财产无须作出赔偿。

④　Michael Les Benedict. Laissez‐Faire and Liberty:A Reevaluation of the Meaning and Origins of Laissez‐Faire Constitutionalism,Law and History Review,Vol. 3,1985,291‐331.

和公用事业的判决中，根据正当程序条款裁定这类企业有权合理收费，其合理性由法院决定，不受州政府控制。与此同时，征用条款也成为法院保护私人产权的重要武器。1871 年最高法院在"彭珀里诉绿湾公司案"判决中扩大了征用的适用范围，裁定虽未取走财产但对财产造成物体入侵的政府行动（如水淹土地等）也是征用，必须予以赔偿。1897 年在"芝加哥、伯灵顿和昆西铁路公司诉芝加哥案"判决中，最高法院法官一致认定公正赔偿是受宪法第十四条修正案保证的正当程序的重要内容。① 此外，最高法院也开始限制政府实行"阶级立法"，1905 年在"洛其勒诉纽约案"中裁定纽约州无权立法规定面包房工人每周工作不得超过 60 小时，因为雇主和雇员之间进行劳动力买卖的合同权是受正当程序保护的自由的一部分。② 纽约州有关面包房工时的法律被最高法院看做是仅仅有利于工人的"劳工立法"，即所谓阶级立法。

由于受 1929—1933 年大萧条的冲击，在罗斯福的强硬立场下，最高法院终于改变了自由放任宪法主义立场，在新政的"宪法革命"中来了个 180 度大转弯。在 1934 年"内比亚诉纽约案"判决中支持纽约州控制牛奶价格的立法，不接受原告根据 1877 年蒙恩案判决提出的理由，即所谓该行业未受公共利益影响因此可以不受政府管制，宣布州政府有权采纳任何可以被合理地视为促进公共福利的经济政策。③ 1937 年在"西岸旅馆诉帕瑞西案"判决中，支持华盛顿州有关妇女和未成年雇员的最低工资立法，否定了洛其勒案判决曾引以为据的合同自由说，认为州议会有广泛的权力保护雇员的健康和安全，确保他们有"不受压迫的自由"。④ 在 1938 年"美利坚合众国诉加罗林产品公司案"判决中指出影响到一般商业交易的管制立法将不会被宣布为违宪，除非其不是建立在立法者知识和经验范围内的某种理性基础之上。同时宣布这种一般不违宪的推断不能广泛应用于影响到权利法案具体条款的立法。⑤ 最高法院开始在司法审查上将产权和个人自由区别开来。在此后大约半个世纪的时间里，最高法院在涉及产权的经济管制案件上几乎完全以立法机构的决定为准，在司法上支持政府加强经济监管。

20 世纪 80 年代，私人产权运动日益壮大，在放松监管潮流的影响下，最高法院开始改变新政后期以来对经济管制案件的态度。在 1987 年"诺兰诉加州海岸委员会案"中否决了有关土地使用的政府条例，认为加州政府有关机构在签

---

① Pumpelly v. Green Bay Company, 80 U. S. 166 (1871); Chicago, Burlington and Quincy Railroad Company v. Chicago, 166 U. S. 226 (1897); Ely, The Guardian of Every Other Right, 82 – 100.

② Lochner v. New York, 198 U. S. 45 (1905).

③ Nebbia v. New York, 291 U. S. 502 (1934).

④ West Coast Hotel v. Parrish, 300 U. S. 379 (1937).

⑤ United States v. Carolene Products Co., 304 U. S. 144 (1938).

发海滨房屋重建许可证时要求屋主允许其海滩地被用做公共通道构成了征用。①
除了对征用土地加以限制外，在 1992 年"卢卡思诉南卡罗来纳海岸委员会案"
中对限制海滨土地使用的立法也进行干预，因为它降低了财产价值，构成了并
非直接征用的所谓"管制征用"。② 这一时期美国有大约 20 个州通过了某种形式
的产权立法。③

可以看出，监管政策是否违宪在美国仍是一个争议不断的问题。随着人们
认识的逐步深入，以及伴随各类政治运动和利益集团的影响，最高法院在司法
审查中对宪法相关条款的解释时严时宽。但不可否认，司法审查对监管机构的
监管行为起到了重要的监督作用，对规范监管政策具有重要意义。亚历山
大·汉密尔顿对此曾经这样评述："宪法中所包含的权力，特别是那些与一个国
家的一般行政管理、财政、贸易、国防等有关的权力，不是一成不变的。它应
当随着公共物品的发展来加以解释"。④

（二）经济监管机构拥有"三权"是否违宪

美国国会通过《州际商业法》后，创建了第一个管制机构州际商业委员会，
并逐步赋予其制定统一运价的权力，也就是法规制定或立法的权力；解决运费
执行过程中引起的争端的权力，即法庭裁决权；履行某些监管权力，如信息收
集、监督检查法规的执行情况等。其后，美国及其他资本主义国家成立的经济
监管机构也具有类似的权力。这样，经济监管机构就集立法、司法、监管三权
于一身，从而与资本主义国家宪法的分权理念相悖，兰迪斯就认为监管机构经
常兼有立法和执法职能，这与典型的分权理论不一致，这些职能应授予国家的
不同分支机构，"没有人会认识到，这些职能糅杂在一个监管机构会带来的内在
危险"⑤。那么，这是否违反宪法呢？

一种观点认为，监管机构的权力来源于"授权法案"，一个得到宪法授权的
国家机构可以将自己权力的一部分委托给另一个组织。立法机构如将所有的立
法权都授予监管机构将违反宪法，但它只将其中一部分制定法规和从事监管的
权力委托给监管机构却是合法的。授权法案在准许监管机构得到上述权力的同
时，也对监管机构的行为范围作了相应的界定。否则，法院可以判定监管机构
所得到的权力不符合宪法。

① Nollan v. California Coastal Commission, 483 U. S. 825 (1987).

② Lucas v. South Carolina Coastal Council, 505 U. S. 1003 (1992).

③ 以上材料参考了中国政法大学法律史研究院韩铁：《美国法律史研究中有关私人产权的几个问题》，载中国民商法律网·理论法学，2007 – 06 – 09。

④ Samuel Mekee, jr, alexander hamilton's papers on public credit commerce and finance (New York: the liberal arts press, 1957), 108. .

⑤ Landis, The administrative process, 1938, 56.

　　王名扬在分析这一现象时认为："美国最高法院从未认为设立独立经济监管机构的法律，由于规定权力混合而违反美国宪法。"主要原因为：一是最高法院一向对分权原则采取灵活解释，因为宪法一方面规定分权，一方面又规定了某些例外。如总统具有某些立法权力，国会具有某些行政权力，可以认为宪法从未承认严格的、绝对的分权原则。最高法院不从抽象观念解释分权原则，而是从具体情况出发，认定是否有某种权力交错的必要。二是最高法院认为独立监管机构同时具有三种权力是由于实际的需要，因为受控制的对象是大企业，它们力量雄厚，适应性强；国家为了控制它们，必须集中力量，迅速反应，采取分权原则不能达到控制目的。三是独立监管机构行使权力处在法院的监督之下，它们侵害人民的自由和权利时，法院可以根据越权原则和权力滥用原则撤销它们的决定。它们的权力混合不产生权力不受限制问题，不需要求助于分权原则，法院已经掌握司法审查这个有力的工具。四是权力混合不仅存在于独立监管机构，隶属于总统的部也同时具有立法、行政、司法三种权力，分权原则显然不能作为反对独立监管机构的理由。五是在独立监管机构侵害个人的自由和权利而没有其他法律可以适用时，法院可以审查它是否遵守宪法规定的正当法律程序。分权原则只适用于最上层的国家机关之间，正当法律程序则适用于国家行政机关，适用的范围比分权原则广。[①]

　　与美国一样，关于独立行政机构是否违反宪法在法国也是一个充满争议的问题。法国现行宪法第 20 条规定："政府负责行政管理"，在政府之外设立的独立行政机构是否违反本条规定？尽管学界争议不断，但宪法委员会似乎并不认为违宪，因为有些独立行政机构的资格就是法国宪法委员会以决定的形式授予的。同样，现行宪法第 21 条规定，除共和国总统外，在国家层级的立法最终决定权专属于总理，给予独立行政机构规章制定权是否侵犯总理的权力？至少从目前情况来看，宪法委员会并没有因为这种怀疑而否认独立行政机关的规章制定权，只是严格规定独立行政机关的规章制定权不能超出其职权范围，不能违背法律和政令。

　　从美国与法国在实践中对独立监管机构拥有"三权"的处理方式来看，监管机构拥有的准立法权和准司法权是有限的权力，还要受到立法机关和司法机关的最终约束，并不构成对"三权分立"原则的违背。

三、经济监管机构的国家地位

　　从以上论述我们可以看出，监管机构从产生并行使监管职权伊始就充满了争议。一般来说，政治法律的变革往往滞后于经济的发展，在监管机构产生原

---

　　① 王名扬：《美国行政法》，180 页，北京，中国法制出版社，1995。

因的分析中，我们认为监管机构是市场经济发展到一定程度必然出现的结果，上述争议正是上层建筑与经济基础相互适应过程中产生的震荡。事实上，争议归争议，设立监管机构监督经济运行已成为各国的普遍选择。可见，经济基础依然对上层建筑具有决定性的作用。如曾经对美国经济监管制度起到过重要作用的詹姆斯·兰迪斯就认为，简单的三权分立的政权形式不足以应付现代的问题。实际上国家需要第四个分支，即拥有半立法、监管和半司法权力的独立监管委员会。① 然而，现实中虽然很多学者认识到了经济监管职能与传统行政职能有很大的不同，并且实践中主要资本主义国家也都采取了设立相对独立的经济监管机构的做法，但是很多人没有看到行政权与监管权的本质不同，仍然将监管权等同于行政权，监管机构依然受到行政权的深度影响，如很多国家将监管机构设置在行政机关内部，即使能保持监管机构的相对独立性，但作为行政机关的下属机构仍然要受行政机关的直接领导，即使像设立独立监管机构数量最多的美国，也有部分监管机构是设置在行政机关内部的；对于完全独立于行政机关的监管机构如美联储，行政机关依然能够通过提名其领导人的做法给监管机构带来或多或少的影响。② 这种将监管权与行政权等同的做法，不但影响了监管机构的效能，也给传统的行政机关带来了恶名。

（一）监管机构现存弊端：监管失灵

我们在上文论述的经济监管机构产生原因大多数都是规范性的，缺少实证分析，有些只是逻辑上的推论，有些只是相对其他选择的比较优势，我们不能实证远离政治的独立监管机构比行政机关存在更少的腐败，且能够摆脱政治集团的影响，我们也不能证明市场失灵的危害比实行监管的成本更大，这也是一些学者诟病监管机构合理性的原因。萨缪尔森指出："应当先认识到，既存在着市场失灵，也存在着政府失灵。……当政府政策或集体行动所采取的手段不能改善经济效率或道德上可接受的收入分配时，政府失灵便产生了"。③ 监管失灵

---

① Landis. The administrative process，1938，57.

② 对于行政机关对监管机构的影响，陈水亮以美国为例认为有以下几个方面：一是美国总统通过对委员的提名，尤其是对委员会主任委员的直接提名（而不是经由委员互选产生），便可以对委员会决策进行一定的影响。二是美国总统除了任命权之外，还有免职权，如《联邦交易委员会法》即规定，总统对于无能、不称职、违法失职的委员有免职权。三是总统虽然对独立委员会没有直接指挥监督权，但可依据有关法律或其拥有的行政管理权（managerial power），间接影响委员会的政策，如美国总统能要求联邦交易委员会从事调查反托拉斯法的企业行为；总统也可针对委员会的管制工作以及有关制度情况，下令进行调查或研究，以便向国会提出修法的建议。四是总统还可利用各种渠道与独立委员会的主任委员或委员们进行非正式沟通，而且事实上也能通过私人或各种关系对委员会主任委员进行一定的沟通或施压，也可用建议的方法（例如表现在各种文告或国情咨文中），或借由主任委员参加总统的内阁会议，而施以一定的影响。（见陈水亮：《美国三权架构对独立委员会之影响》，美国月刊，第6卷，第12期，56~57页。）

③ 萨缪尔森、诺德豪斯：《经济学》，1189页，北京，中国发展出版社，1992。

主要表现在以下几个方面:

1. 经济危机的发生频次和危害程度依然如故。自1929年经济危机后,美国及其他西方主要资本主义国家通过建立经济监管机构,积极监管市场经济运行,但效果并不明显,经济危机仍然周期性地不断发生。以美国为例,见表5-1。

表5-1　　　　　　　　　　美国20世纪经济危机情况[1]

危机发生年份	危机期间工业生产下降幅度(%)	危机持续时间(月)
1907—1908	16.4	12
1920—1921	23.3	14
1929—1933	53.5	37
1937—1938	21.2	12
1948—1949	10.1	15
1953—1954	9.4	9
1957—1958	13.5	13
1960—1961	8.5	13
1969—1970	6.8	13
1974—1975	15.3	9
1980—1982	11.8	34
1990—1991	6.4	12

可以看出,利用经济监管机构监管经济运行在预防经济危机发生方面作用有限,战后经济危机的发生频次甚至高于战前。由于数据所限,我们无法与19世纪的危机程度进行对比,但可以看出,20世纪30年代以前危害程度最深的1920年危机导致工业生产下降23.3%,而大危机之后1938年的危机也致使工业生产下降21.2%。此外,在"监管型国家"普遍崛起后的21世纪,2007年的国际金融危机使世界经济整体陷入衰退。国际货币基金组织2009年4月22日发表的《世界经济展望》报告指出,2008年第四季度发达经济体的实际国内生产总值前所未有地下降了7.5%,新兴经济体经济整体收缩4%,为第二次世界大战以来最严重的经济衰退。[2]德国总理默克尔承认,德国正面临经济发展的困难阶段。她说:"世界经济正在经受自20世纪大萧条以来最为严峻的考验。"英国财政大臣阿利斯泰尔·达林、美联储前主席格林斯潘则分别用了"最近几代人时间内最严重的金融危机"和"一个世纪只出现一两次的事件"来评论此次金

---

[1]　上海国际问题研究所:《现代美国经济问题简论》,366页;姚廷纲、汪鸿鼎:《世界经济危机》,56页、57页。

[2]　刘海霞:《当前经济危机的马克思主义解读》,载《理论研究动态》。

融危机的严重性。可见，经济危机的危害程度与战前相比也没有明显的改善。虽然受社会化大生产与产生资料私人占有这一基本矛盾的影响，建立经济监管机构监管经济运行不可能根除经济危机，但是主动监管经济措施的成效却没有达到人们普遍期望的水平，经济危机的发生频次和危害程度依然如故（当然，随着发达国家社会保障制度的不断完善，战后经济危机较之于战前对人们生活质量的影响要小得多，不过这并不能表明经济危机对整体经济利益的影响较小）。

2. "监管俘获"问题的存在。监管是人为的，往往服务于经济以外的政治目的，特别是在监管机构隶属于行政机关的情况下，政治家是政策制定、执行者，他们在政治市场上追求着他们自己的最大利益，而不管这些利益是否符合社会整体经济利益。"监管机构的官员有可能追求自己的政治利益，或者被特殊利益集团（包括被监管的产业）所俘获，由此导致对市场参与者的公共权力的滥用。在那些缺乏检查和制衡的社会里，政治化和过分管制的问题尤为突出，官员们可以有选择地把监管者的矛头引向自己的对手，而不是对准违规者"。①此外，"斯蒂格勒强调，有的企业可能扭曲监管规则，利用它来阻止新的产业进入者，或者维护现有的卡特尔组织。尽管有特定激励的监管者可能比法官更难以被操纵，但是事实上，许多被监管的产业都发展出了一系列高明的技巧，把监管变成为一种保护自己的利益，而不是维护公共福利的体制"。②

3. 监管的分散化。集中的大部门体制改革是以职能变革为基础的机构改革，是应对社会经济发展、调整政府职能的产物，是在特定的政治、经济和社会环境中逐步推进的。部分国家推进大部门体制改革经历了很长的过程，而且取得了很大成功。③ 如英国实行决策和执行权相剥离的大部制，设立环境部，合并了原来的住房和地方政府部、公共建设和工程部及运输部；设立英国金融服务管理局（Financial Service Authority，FSA），合并了证券投资委员会（Securities and Investments Board）、证券和期货局（Securities and Futures Authority）、投资管理监管组织（Investment Management Regulatory Organisation）、个人投资局（Personal Investment Authority）以及建房互助委员会（Building Societies Commission）等机构，成为英国金融市场统一的监管机构。其他国家如澳大利亚、美国等也在一定程度上实行了大部制改革。虽然如此，但监管活动仍然比较分散。如美国对商业银行的监管具有"双线多头"的特征，"双线"是指联邦和各州均有金融

① ［美］安德烈·施莱弗：《理解监管》，载吴敬琏主编《比较》，第16辑，113页。
② ［美］安德烈·施莱弗：《理解监管》，载吴敬琏主编《比较》，第16辑，113页。
③ 邓少波、李增强：《西方国家大部制对我国政府机构改革的启示研究》，载《湘潮》（下半月），2009（2）。

监管的权力;"多头"是指有多个部门负有监管职责,在联邦一级有美联储、财政部的货币监理署、储蓄机构监理局(Office of Thrift Supervision)、联邦存款保险公司(FDIC)、证券交易委员会(SEC)等多个机构,在州一级,50个州也分别设立了自己的金融监管机构。上述机构之间形成横向和纵向交叉的网状监管格局,存在着交叉、重复监管的现象。[1] 这也是有些学者将2007年金融危机的原因归咎于监管机构设置的理由。再如中国,食品监管领域由农业部、国家质量监督检验检疫总局、国家工商总局、卫生部、国家食品药品监督管理局以及国家标准化委员会按照一个环节由一个部门负责的分工原则共同行使监管权;电信产业由信息产业部和国家广电总局共同监管,同时国家发展与改革委员会、国家工商总局、国家质量监督检验检疫总局、新闻出版总署、中宣部等也有部分监管职责,此类分权架构加大了监管成本、降低了监管效率,易引致执法责任不明。

4. 监管机构的臃肿和监管效率的低下。自20世纪30年代以后,随着经济监管机构的大量成立,国家的扩张成为一个人所共知的事实。在19世纪初期,欧洲国家赋税收入占国民收入的8%~10%,而现存国家却吞噬了国民收入的30%~50%。[2] OECD国家中,按1985年的不变价格计算国家支出与收入占当年国内生产总值的比例,结果是这种比例在各国都有所增长,其中瑞典从1960年的31%上升到了64.5%。[3] 据统计,美国1940年国家所有文职人员共有450万人,到1992年已增加到1820万人,多于美国制造业职工总数。[4] 在机构逐渐庞大的同时,权力也日益集中,出现了最大的国家垄断。"在所有的垄断中,最严重的恰恰是政府垄断自身,许多以保护市场为名、保护有序竞争为名展开的种种政府管制,实质上都是损害经济自由、遏制竞争的管制"。[5] 从而极易导致企业丧失责任心、创造性和主动性,最终影响市场经济的发展效率。

5. 监管政策的错误和失当。监管的专业性很强,不但需要大量的专业人才来研究、制定和执行有关政策,更需要专家来领导监管机构的工作。但是在实践中,特别是在行政机关主导下的监管机构中,领导人的产生很多都是政治斗争和妥协的结果,致使许多非专业人士到监管机构担任要职,由此导致出台的许多政策与经济发展规律不符。此外,人们的认知是一个不断深入的过程,受

---

① 戚红梅:《美国金融改革方案对金融监管模式与机构的改革》,载《河北法学》,2009(11)。

② 亨利·勒帕日:《美国新自由主义经济学》,140页,北京,北京大学出版社,1985。

③ Dennis C. Mueller, public choice Ⅱ. Cambridge:Cambridge University Press, 1989, 1-2。

④ 蔡挺:《美国市场经济中政府干预发展演变研究》,人民大学博士论文,2002,国家图书馆博士论文阅览室,14页。

⑤ 蔡挺:《美国市场经济中政府干预发展演变研究》,人民大学博士论文,2002,国家图书馆博士论文阅览室,15页。

认识深度和思想观念的影响，即使是专业人士制定的措施也不一定符合客观规律，使资源得到优化配置和充分运用。

6. 监管机构不一定能解决市场经济无法解决的问题。如外部性问题监管机构也不能够全部解决。"传统理论认为，市场在外部效应问题上的失灵，需要政府的充分补充。对此，政府可以采取种种手段，来校正外部效应。但实际情况表明，政府也是外部性的根源，而且在很多情况下比市场经济导致的外部效应更为严重"。① 因此，监管机构不应当完全垄断校正外部效应的领域。如环境污染等外部性问题存在的根源在于缺乏明确的产权制度，应重新明确有关物品的所有权归属。

对于监管失灵的原因，学者们给出了多种解释，归纳起来主要有以下几种说法：

一是寻租活动的存在。"寻租活动（rent seeking activities）是指为了维护自己的经济利益或者为了对现有经济利益进行有利于自己的再分配而从事的非生产性活动"。"所谓租是指经济租金（economics rent），即生产要素所有者获得的超过生产要素机会成本的收入；寻租就是追求这种经济租金的行为"。② 监管机构的监管决策大部分都是机构官员决定的结果，而监管机构的官员在目前的设置模式中，都是由行政机关提名并由立法机关任命或者直接由行政机关任命。在现代选举制下，立法机关和行政机关本身就是社会各利益集团平衡的结果，其天然要受到利益集团的影响，从而不可避免地导致监管决策也要受到利益集团的左右。同时，某些政客也有可能正想谋取某种政治租金，以要求利益集团向他们提供好处为条件，利用监管决策为该集团创造经济租金，或者以作出某项不利于该利益集团的决策相威胁，使利益集团向他们提供某种好处。这样，政治创租或租金抽取活动进一步助长了利益集团的寻租活动，不但造成了社会资源的浪费，也破坏了社会资源的有效配置。

二是公共选择的弊端。现今民主制国家公共选择的作出贯彻的是多数票规则，它较之于独裁制或专制体制是一种更合理的决策机制。但是，多数票规则也有自身的弊端，美国学者阿罗（K. J. Arrow）提出了"阿罗不可能性定理"：试图找出一套规则或程序，来从一定的社会状况下的个人选择顺序中推导出符合某些理性条件的社会选择顺序，一般是办不到的。简单加法不足以在个人偏好中排出一个一致的共同次序，这些个人偏好本身也是根据不同的标准而分类

---

① 蔡挺：《美国市场经济中政府干预发展演变研究》，人民大学博士论文，2002，国家图书馆博士论文阅览室，13页。

② 蔡挺：《美国市场经济中政府干预发展演变研究》，人民大学博士论文，2002，国家图书馆博士论文阅览室，15页。

的。能保证效率，尊重个人选择，不依赖于议事日程的多数规则的投票方式是不存在的，社会实际并不存在作为政府公共政策追求目标的所谓公共利益。① 布坎南也指出："在公共决策或集体决策中，实际上并不存在根据公共利益进行选择的过程，而只存在各种特殊利益之间的'缔约'过程"。② 可见，现有的各种公共决策体制及方式存在明显的缺陷，对于实行委员会制的监管机构来说，也不能保证他们作出的决策就能代表广大普通选民的利益。

三是信息的不完全。对市场经济的有效监管取决于对市场信息的全面准确把握。监管机构在履行其监管职责时不但需要称职的专业人员，也需要大量的行业信息，如中央银行在调整利率或货币供应量时，必须掌握许多经济发展数据和商品流转数据、金融业务数据等，以准确判断经济的冷热程度；金融监管部门在制定各类风险管理办法时，也需要了解金融业现有风险状况及其表现形式；有关监管机构在纠正外部不经济时需要准确衡量社会边际成本等。但在现实中，市场经济体系是一个极其复杂的系统，而且该系统处于不断运动和变化之中，决策信息的获取往往需要高昂的成本，这注定了许多政策的出台都是在信息不完备的条件下作出的，从而很容易导致决策的失误，必然会降低监管的效率。

（二）分权体制现存弊端：行政机关一极独大

国家权力很容易被滥用，"一切有权力的人都容易滥用权力，这是万古不易的一条经验。有权力的人们使用权力一直到遇有界限的地方才休止。……要防止滥用权力，就必须以权力约束权力"。③ 国家权力只有分属于不同的机关，才能以权力制约权力，"当立法权和行政权集中在同一个人或同一个机关之手，自由便不复存在了；因为人们将要害怕这个国王或议会制定暴虐的法律，并暴虐地执行这些法律"，④ "如果司法权不同立法权和行政权分立，自由也就不存在了。如果司法权同立法权合二为一，将对公民的生命和自由施行专断的权力，因为法官就是立法者"。⑤ 因此，立法、行政、司法机关必须分设，我们才能"有一种政制，不强迫任何人去做法律所不强制他做的事，也不禁止任何人去做法律所许可的事"⑥。这是孟德斯鸠找到的自认为最好的解决专制和实现公民自

---

① 肯尼思·约瑟夫·阿罗（Kenneth Joseph Arrow）：《社会选择：个性与多准则》，北京，首都经济贸易大学出版社，2000。

② J. Buchanan. A contraction paradigm for appling economics, American economic review, No. 5, 1975, 225.

③ ［法］孟德斯鸠著，张雁深译：《论法的精神》（上册），154页，北京，商务印书馆，1982。

④ ［法］孟德斯鸠著，张雁深译：《论法的精神》（上册），156页，北京，商务印书馆，1982。

⑤ ［法］孟德斯鸠著，张雁深译：《论法的精神》（上册），156页，北京，商务印书馆，1982。

⑥ ［法］孟德斯鸠著，张雁深译：《论法的精神》（上册），154页，北京，商务印书馆，1982。

由的办法，也是到目前为止人类找到的可以真正有效约束权力的途径。

在资本主义国家，不管是实行总统制、半总统制，还是有限议会制的政体，大多都遵循了权力分立、相互制衡的思想，逐步形成了立法、行政、司法三大机关均衡治理国家的局面。但是，不同的组织只有当权力对等时才能相互制约，并形成均势，从而实现有效的制衡。在资本主义早期，大多数西方国家实行自由放任政策，信奉"管事最少的政府是最好的政府"的理念，"除了邮局和警察以外，一名具有守法意识的英国人几乎可能没有意识到政府的存在而度过他的一生"①。那个时候，国家行政职能通常限于国防、外交、社会治安、税收和邮政等，相应地，立法、司法事项技术性也不太强，立法、司法机关本身也能依靠内部人员处理相关立法、司法事务，三大机关的权力相对均衡。但到了19世纪末，进入了垄断资本主义时期，资本主义的固有矛盾日显激烈，周期性的经济金融危机时有发生，20世纪30年代更是发生了严重的经济危机，生产大幅萎缩，人民生活水平普遍下降。人们逐渐认识到自由放任的资本在创造财富的同时，也有可能摧毁自身赖以寄存的体制。于是，在各类利益团体的推动下，立法机关通过了大量法律，成立多个监管机构，以监管市场经济运行，医治市场失灵。按照监管权属于行政权的传统理论，国家行政权得到了极大的拓展，美国行政法学者 E. 盖尔霍恩和 R. M. 利文在他们合著的《行政法和行政程序概要》一书中写道，"在接近本世纪之时，诸如州际商业委员会和联邦贸易委员会等机构纷纷成立，试图控制垄断集团和大公司的反竞争行为。继20世纪30年代的经济大萧条之后，出现了新政时期的机构激增。新政的目的旨在稳定经济，缓和毫无管理的市场的无节制性……在战争时期，又设立或扩大了一些机构，以便动员人力，组织生产并施行价格控制和给养分配。从无线电广播到航空运输到核能的新技术的发展又导致新的行政部门的创立……在20世纪60年代，贫穷和种族歧视的不公成为全国关注的紧迫问题，为解决这些问题而制定的各项计划进一步扩大了政府机关的规制。较近期以来，公众日益关注人类健康和安全及自然环境遭受的威胁，这同样促进了新的行政机关和新的规制的创立"。②行政权的拓展主要表现在以下几个方面：

一是行政职能的扩张。进入20世纪以后，国家行政职能新涉及的领域主要有：（1）干预经济，对经济进行调控；（2）管理国内国际贸易、国内国际金融；（3）举办社会福利和社会保险；（4）管理教育、文化和医疗卫生；（5）保护知识产权；（6）保护、开发和利用资源；（7）控制环境污染和改善生活、生态环

① L. W. R. Wade. Administrative Law, Oxford, 1989, 3–4.

② E. 盖尔霍恩、R. M. 利文著，黄列译：《行政法和行政程序概要》，1 页，北京，中国社会科学出版社，1996。

境；（8）监控产品质量和保护消费者权益；（9）城市的管理规划和乡镇建设；（10）直接组织大型工程建设和经营、管理国有企业；等等。①

二是行政权力的膨胀。首先表现在行政机关对经济生活和社会生活的控制方面，如行政许可和审批制度。19世纪以前，行政许可和审批很少适用，即使适用，也只限于几个特别行业。而到20世纪，适用行政许可和审批的行业通常达几十种甚至几百种。此外，行政机关的行政征收、行政给付、行政调查、行政强制、行政处罚权同样大为扩张。②

其次，行政权大举侵入立法、司法领域。在传统的法学理论上，行政权仅仅是议会制定的法律的执行工具，它是不能制定任何规范的。但是，20世纪以后，随着科学技术和经济的快速发展，议会已无力及时、有效地制定法律以适应社会发展的需要，不得不大规模向行政机关委任立法。王名扬对此解释道：（1）议会的时间不够；（2）法律的技术性强，使议会没有能力，也不适宜于考虑技术细节，不能不授权行政机关制定法规补充；（3）法律需要灵活性，有些问题只能作一些原则性的规定后，再授权行政机关依据实际情况作具体规定；（4）在紧急情况或战争时期，政府需要扩大权力以应付各种情况，法律不得不授权行政机关用行政管理法规定很多事情；（5）对某些新问题，为了取得经验，法律授权行政机关制定条例，待积累经验后再制定法律。③

同样，在传统的法学理论上，行政权是不能染指司法领域的；司法权也不能对行政权指手画脚。但这种情况到20世纪以后也开始发生变化，原因在于："首先，法院所面临的许多纠纷涉及行政领域中技术性问题，法官自身的知识结构决定其无法胜任解决所有纠纷的重任。其次，从容不迫的法院诉讼程序与行政效率之间的矛盾日趋尖锐，导致行政机关另辟解决行政纠纷的途径。美国的独立管理机构（Independent Regulatory Angency）和英国的行政裁判所（Iribunal）标志着行政权正式介入司法领域，与法官共同承担解决行政纠纷的职责"。④

三是行政自由裁量权的增长。在19世纪以前，西方国家一般均奉行"无法律即无行政"的原则，行政机关很少有"便宜行事"的自由裁量权。但到20世纪，特别是第二次世界大战以后，行政机关的自由裁量权迅速增长，议会对行政的授权很少限制，许多授权是漫无边际的。⑤

不断扩张的行政权，其危害主要体现在以下几个方面：

---

① 姜明安：《行政国家与行政权的控制和转化》，载《法制日报》，2000-02-13。
② 姜明安：《行政国家与行政权的控制和转化》，载《法制日报》，2000-02-13。
③ 王名扬：《英国行政法》，110页，北京，中国政法大学出版社，1987。
④ 张帅：《美国行政权的扩张及其治理》，山东大学硕士论文，2004。
⑤ 姜明安：《行政国家与行政权的控制和转化》，载《法制日报》，2000-02-13。

1. 导致宪政危机。在行政权不断拓展的同时，议会的权力却在不断萎缩。议会传统的立法权不断受到侵蚀，议会立法的内容、时间越来越被政府所左右，议员提出法案并最终成为法律的比例不断下降。① 学者认为，"权力的分工制约是为了保证国家权力的正确运行。分工是前提，制约是手段，制衡则是国家权力得以正当行使和正确运行的外在表现。制衡意味着对权力本身的预防和规范。……分权是民主的要求，也是民主的体现，其目的在于防止专制独裁"，② 但是资本主义行政权日益侵入立法、行政权的状况，正在造成如托克维尔所说的境地，他说，欧洲各国都在促进行政机关增加特权，使个人的存在日益软弱，日益处于依附的地位，日益岌岌可危，可以说它们每向前迈进一步，便接近专制一步。③ 资本主义国家行政权不断扩张和其他两权不断式微的现实，正在破坏既有的三权分立与制衡的体制模式，从而严重地威胁着宪政与法治的基本架构。

2. 威胁自由、民主和人权。"可能对公民自由构成侵害的有两支基本力量：一是另外一些与之独立的公民；二是公民为保护自己的自由和权利而构设的权威性管理组织"。④ 追求自由是西方社会持久而宝贵的传统，也是人们组建国家及政府的目的所在，我们绝不能让拟制的组织成为人们追求自由的敌人。大卫·休谟曾说："在所有政府内部，始终存在着权威与自由之间的斗争，有时是公开的，有时是隐蔽的。两者之中，从无一方能在争斗中占据绝对上风。在每个政府中，自由都必须作出重大牺牲，然而那限制自由的权威绝不能，而且或许也不应在任何政制中成为全面专制，不受控制"。⑤ 自启蒙运动以来，洛克、孟德斯鸠、斯密和杰斐逊都把国家权力的集中看做是对自由的巨大威胁，他们认为不论什么时候都应该保护公民免受国家专制的统治，这是英国 13 世纪颁布大宪章和 19 世纪末改革法律机构的推动力，美国弗吉尼亚权利宣言（1776 年）、权利法案（1791 年）以及美国宪法中规定的三权分立的根本目的也在于此。杰斐逊在 1801 年的首次就职演说中认为，应建立一个开明而节俭的政府，它将制止人们互相伤害，但仅此而已，在其他一切方面将放手让人们自由地追求自己的目标和从事自己的事业，而不是造就一个专制的政府，重新陷人民于无序或者奴役之中。⑥

---

① 杨柏华、明轩：《资本主义政治制度》，148 页，北京，世界知识出版社，1994。

② 吴德星：《国家权力的分工与制约——现代制衡制度比较研究》，载《中央政法管理干部学院学报》，1995（1）。

③ 托克维尔：《论美国的民主》，854 页，北京，商务印书馆，1988。

④ 徐邦友：《自负的制度——政府管制的政治学研究》，226 页，北京，学林出版社，2008。

⑤ ［美］斯科特·戈登著，应奇、孟军、李勇等译：《控制国家——从古雅典至今宪政史》，2008，1 页。

⑥ 托马斯·杰斐逊：《杰斐逊选集》，307 页，北京，商务印书馆，1999。

　　然而，行政权的无限扩张使"我们逐渐放弃了经济事务中的自由，而离开这种自由，就绝不会存在以往那种个人的和政治的自由"①，这也使行政机关变得日益强大，它让议会徒具形式、法院听命于自己，使人民对行政官员心存畏惧。一个无限扩张的行政机关正成为我们追求民主、自由、人权的障碍，"在一个受指导的经济中，当局监视着人们所追求的各种目的，它肯定会运用它的权力协助某些目的的实现，和阻止其他目的的实现。决定我们应该取得什么，并不是我们自己对何者应喜爱何者不应喜爱的看法，而是他人对这一问题的看法"②。

　　3. 削弱民众参政议政的动力。国家权力来源于人民，只有人民主动持续地参政议政才能确保权力的行使得到有效的监督，也才能保障人民最终追求的自由。然而，随着行政职能的不断膨胀，行政机关无处不在、无所不能，渗透到了人们生活的每个角落，人民对行政官员心存畏惧的同时也更多地依赖于行政机关，"搭便车"的心理使普遍民众安逸于现状，而缺少积极参政议政的动力。托克维尔对行政权力不断膨胀的美国宪政前景作出了如下预言："一个无限的和监护性的权力，它独自承担保障他们的幸福和监视其命运的负担。这一权力是绝对的、无微不至的、常规的、精明的和温良的……它选择成为（他们的）幸福的唯一的代理人和唯一的决定者，它为他们提供安全，预知和提供他们的必需品，使他们快乐，解决他们所关心的主要问题，指挥他们的产业，管理他们的财产分配，并再分配他们的遗产。它所不管的，只是让他们自己去承担所有的思考和生活的所有麻烦……它压迫、削弱、强制和麻醉人民，直到每一个民族都退化到只是一群温顺的和勤劳的动物，对此政府则是他们的牧羊人"③。这最终将导致拟制的国家掌握人民的命运，而不是人民自己当家做主，从而有可能使温和专制得以兴起，宪政制度却逐渐消解。

　　4. 官僚主义和腐败并存。行政国家中，行政人员不断增加，行政机构持续膨胀，机构之间、办事人员之间互相推诿、互相扯皮，很多优秀人才的精力、才华并非用于事业，而是在庞大的行政系统日复一日例行公事式的运行中消耗殆尽，从而严重影响行政效能。"政府现在是全国最大的雇主。约每六个工作的美国人中，有一个受雇于联邦政府或者它的附属机构地方和州政府。自1930年以来，单单联邦官僚机构约扩大了500%。为了维持政府管制机构的存在和运行，国家必须支付相当一笔行政费用。至1976年，1500万以上的联邦、州和地

---

① 哈耶克：《通往奴役之路》，20 页，中国社会科学出版社，1997。
② 哈耶克：《通往奴役之路》，92 页，北京，中国社会科学出版社，1997。
③ 托克维尔：《论美国的民主》，869 页，北京，商务印书馆，1988。

方政府雇员的年工资总额已达 1670 亿美元"。① 同时，在官僚主义之下，又很容易产生腐败，行政权本来是人们为获取"公共物品"而设置的，但是当其异化以后，它即在为公众提供"公共物品"的幌子下，大肆为掌握和行使其权力的人提供"私人物品"。韩国 1996 年的一项调查显示，85% 的被调查者认为通过行贿在韩国没有办不到的事情，同时指出腐败现象最为严重的是政治家和公务员。对于行贿的理由，45% 的人回答说是为了得到特殊照顾而自愿交纳的，75% 的人认为企业的行贿理由与政府管制有关。②

（三）经济监管机构：第四类国家权力机构

其实，上述监管失灵和行政权的扩张是一个问题的两个方面。我们不能因噎废食，而应该深入分析其根源所在，为解决经济发展问题提供另一种思路。"即便存在市场失灵，我们仍然需要市场，因为只有通过市场机制才能实现经济增长；同样，尽管存在政府失灵，我们仍然需要政府，仍然需要在许多行业实施有力的监管，但同时我们还需要借助一些工具以有效约束政府，这样就可以使对自然垄断行业实施的监管能为公共利益服务，而不是为私人利益服务，并使这些行业更具竞争性"。③ "今天的问题并不是要不要监管或者监管是否过度，而是监管体系的设计如何尽可能的有效、公平"。④

如果我们深入分析上述行政权扩张的表现及危害可以看出，行政权的扩张是伴随着监管权的出现而产生的，行政权扩张的领域也正是监管权成长的领域，如上述学者列举的 20 世纪后新扩张的行政职能中除第（3）、（9）、（10）项外，其余七项很大程度上都是国家经济监管职能，属于行使监管权的领域。而行政权扩张导致的问题大部分也是将监管权等同于行政权来行使而形成的，从上文我们对监管权、监管机构的相关特征描述可以看出，技术性是监管权、监管机构的主要特征，而政治性是行政权、行政机关的根本特点，正是由于将监管权等同于行政权，才使行政权借监管权技术性之名不断侵入立法、司法权领域，侵蚀宪政体制之基，威胁自由、民主和人权；而反过来带有政治本性的行政权又利用窃取的权力大肆在监管领域为利益集团谋取私利，导致官僚主义和腐败屡禁不止。因此，我们提出应将监管权与行政权彻底分离、监管机构与行政机关相互独立，使技术的归技术、行政的归行政，为解决上述行政扩张、监管失灵问题奠定体制基础。

---

① 林格：《重建美国人的梦想》，122 页，上海，上海译文出版社，1983。

② 崔炳善、司空泳浒：《政府规制与腐败》，载《国家行政学院学报》，2002（5）。

③ 约瑟夫·斯蒂格利茨：《政府失灵与市场失灵监管原则》，载吴敬琏主编《比较》，第 2 辑，2009，65 页。

④ 约瑟夫·斯蒂格利茨：《政府失灵与市场失灵监管原则》，载吴敬琏主编《比较》，第 2 辑，2009，64 页。

1. 监管机构独立于行政机关的必要性。我们认为，经济监管机构应与行政机关相互独立，成为国家权力组织的第四极，原因至少有以下几个方面：

（1）解决宪政危机的需要。"社会力量的变化是导致不同权力之间界限的表层因素，社会经济变革才是权力界限发生变化的深层原因"。① 社会在不断进步，国家的权力也在逐渐发生着变化，传统三权分立的模式已不能满足经济社会对国家提出的要求，传统行政权的扩张已严重影响宪政体制功能的发挥。"在组织一个人统治人的政府时，最大困难在于，首先必须使得政府能够控制被统治者，其次要使政府能够自己控制自己。毫无疑问，依靠人民是控制政府的首要办法，但是经验教导人类说，还必须要有辅助性的预防办法"。② 这种辅助性的办法就是权力之间的相互制衡，而这又必须以分权为前提。"虽然分权是诸多西方国家权力配置模式的原则，但是分权这一古老的西方思想中孕育的权力需要制约和监督这一精华却是人类智慧的结晶，是人类政治文明长期发展的结果"。③

因此，"人类必须用野心来对抗野心，——必须把个人的利益与本部门宪法上的权利联系在一起"④，我们要制约行政机关一极独大产生的诸多弊端，还宪政以均衡制约，还人民以自由民主，最好的办法是将其权力分立，以权力制约权力。在传统行政权内部，监管权作为解决市场经济发展矛盾的主要手段逐步发展成为一种新型的权力，应将监管权与行政权进行彻底分离，使二者由共同合作变为合作与对立共存，以解决监管权与行政权合二为一产生的诸多问题。监管权与行政权的分立必须表现为行政机关与监管机构的分设，这就需要在宪法上将监管机构独立为国家权力的一极。

（2）保障公民自由的需要。"对自由人而言，国家是组成它的个人的集体，而不是超越在他们之上的东西。它对共同继承下来的事物感到自豪并且对共同的传统表示忠顺。但它把政府看做一个手段，一个工具，既不是一个赐惠和送礼的人，也不是盲目崇拜和为之服役的主人或神灵。除了公民们各自为之服务的意见一致的目标以外，它不承认国家的任何目标；除了公民们各自为之奋斗的意见一致的理想以外，它不承认国家的任何理想"。⑤ 然而现实中，传统行政机关假借监管权的技术特点谋取了大量的立法权力，使政治家兼具立法、执法

① 张杰：《西方分权理论与实践研究——以英法美三国为例》，4 页，北京，中央民族大学出版社，2008。

② ［美］亚历山大·汉密尔顿、约翰·杰伊、詹姆斯·麦迪逊：《联邦党人文集》，第三卷，673 页，北京，九州出版社，2007。

③ 张杰：《西方分权理论与实践研究——以英法美三国为例》，6 页，北京，中央民族大学出版社，2008。

④ ［美］亚历山大·汉密尔顿、约翰·杰伊、詹姆斯·麦迪逊：《联邦党人文集》，第三卷，673 页，北京，，九州出版社，2007。

⑤ 弗里德曼：《资本主义与自由》，3 页，北京，商务印书馆，1986。

权于一身，不断将利益集团的要求上升为国家的意志，从而利用国家意志恣意侵犯公民的自由。"如果对政治干预不加约束，法治将必然受到损害，无论书本上的法可能看起来多么动人，现实都将是一塌糊涂。在现实世界中的赢家，将是那些资助了与行政和司法界关系最密切的铁腕政治家的利益集团。立法权必须和执行权分离。如果允许政治家突破屏障，其结果将是暴政"。① 因此，要保障公民的自由，也必须将行政机关与监管机构实行分离，使行政机关回归其传统边界，严格执行立法机关颁布的相关法律，大幅度减少其准立法权、准司法权和相应的自由裁量权，杜绝行政机关及其官员随意利用警察力量干涉人民的自由。

（3）减少政治对监管机构影响的需要。从上文的分析我们知道，技术性是监管权、监管机构的主要特征，而政治性是行政权、行政机关的根本特点。技术应以科学为依据，而科学与政治有着本质的不同。布坎南认为："就其普通表现形式而言，科学是一个解决真理冲突的过程。那些参与这个过程的人认为，现实本身是独立存在于对现实的看法之外的。即使认识到任何确立的真理都具有暂时性，科学事业也必然是目的论的。相反，政治是一个解决个人利益冲突的过程，在这种活动里，不存在任何类似于真理的独立的能使一个相互作用过程趋于收敛的'利益'。这两种过程所产生的结果在性质上也是截然不同的。"②

科学是由专门研究人员从事的活动。科学的社会功能和专门研究人员的活动是解决关于物质现实的相互对立的解释之间的冲突，并至少在更有说服力的真理出现之前，允许暂时真理付诸日常运用。在科学上，冲突不是通过妥协来解决的，冲突是通过各种"胜利"来解决的；那些人之所以放弃原先关于现实的不同观点和信条，是因为他们被引导"看见了光明"，他们真正改信了现在一致赞同的解释所提供的美景。在科学活动中，以为协定是在持对立主张的专家们中间通过妥协把对立的主张通过混合产生的，那是愚蠢的。③

而政治则不同，政治就其本质而言，是社会价值物的权威性分配，是社会利益关系的协调。作为一项重要的社会活动，它可以成为人们科学研究的对象，但并没有因此而使自身成为一门科学。政治始终是一个社会带有强制性因而需要一定程度服从的公共选择。因此，政治中无所谓科学意义上的帕累托最优，政治活动永远都是特定的力量对比决定特定的利益分配结构。政治是一个解决或调停不同的个人利益之间的冲突的过程，是一个通过以一致同意的决定规则

① 布鲁斯·阿克曼著，彭亚楠译：《新分权》，http://www.frchina.net/forumnew/viewthread.php? tid=11458，中国学术论坛，2010-08-21。

② 布坎南：《自由、市场与国家》，60页，上海，上海三联书店，1988。

③ 徐邦友：《自负的制度——政府管制的政治学研究》，190页，上海，学林出版社，2008。

为形式的制度程序来解决这种冲突的过程，这一过程的结果是一种妥协，一种对评价冲突可以接受的调解。这种政治协定全然不同于在科学和科学活动中出现的那种协定。政治协定反映了个人利益、个人评价或个人偏好的一致性。在政治中，全然没有任何东西类似于真理。除了个人评价之外，对存在的或认为应该存在的外在不能提供任何其他的评价。① 丹尼尔·贝尔说："政治就是讨价还价，要不就是暴力。——肯尼思·阿罗已经排除了可能有一种能满足每个人要求的社会决定的思想，他在'不可能性定理'中已经表明，任何社会决定都不可能把一个集团的不同偏好合为一体，就像一个人把自己的各种偏好合为一体那样。——所以，这里的问题不是把理性作为社会效用的客观标准，而是人与人之间的讨价还价"。②

监管权与行政权合而为一，很容易使政客变相干涉技术专家的决定，一方面使科学决定演变为利益团体之间的讨价还价，导致用于实践的监管决策不断偏离"真理"；另一方面，也可以使监管决策披上"科学"的外衣，堂而皇之地为利益团体谋取私利，严重影响监管的效果。布鲁斯·阿克曼认为，行政首脑若想取得选举的成功就必须善于表达大量选民基本的规范化要求，这对任何民主政治的功能正常发挥来说都是极其重要的。然而，和每一种人类美德相伴而生的是人类的罪恶。恰恰由于我们假设的政治家是民主主义者，所以他非常希望赢得下次大选，也正因为如此，他将不得不满足其特殊支持者的利益，特别是那些可以对他的竞选连任活动提供至关重要资源的人。除了这些可以肯定的派系动机之外，政治家还完全缺乏时间详细审阅相关事实；当他们关注某项议题时，他们更可能只考虑如何将事实呈现给公众，而非对其进行严谨和持续的调查。③ "仅仅28%的资深公务员认为政治任命者拥有'良好的管理技能'，很多政治任命者同意这种说法——仅仅55%认为他们自己是好的管理者"。④ 因此，必须将监管权与行政权相分离、监管机构与行政机关相互分设，使行政官员仅仅依据政治规则解决政治领域的问题，而使监管机构单纯根据科学技术解决经济领域的问题。

2. 监管机构的设置原则和模式。

（1）设置原则。从以上分析我们可以看出，理论上，监管权与行政权是两种不同性质的权力，将两种权力统一到一类机构中不利于整体经济利益和整体

① 徐邦友：《自负的制度——政府管制的政治学研究》，189 页，上海，学林出版社，2008。

② 丹尼尔·贝尔：《后工业社会的来临》，405 页，北京，商务印书馆，1984。

③ 布鲁斯·阿克曼著，彭亚楠译：《新分权》，http：//www. frchina. net/forumnew/viewthread. php? tid=11458，中国学术论坛，2010－08－21。

④ 布鲁斯·阿克曼著，彭亚楠译：《新分权》，http：//www. frchina. net/forumnew/viewthread. php? tid=11458，中国学术论坛，2010－08－21。

行政利益的实现。实践中，由于监管权的独立性较差，专业性的决策往往被掺入较多的政治因素，影响整体监管效果，进而有损整体经济利益的实现。我们认为监管机构的设置应遵循以下原则：

一是独立性原则。要与行政机关彻底分离，监管机构委员任命不受立法、行政、司法权的任何掣肘，摆脱政治因素对经济监管的影响，使监管机构能仅基于专业性、正义性作出合理的决策。同时，监管机构国际合作中达成的专业领域内的协议在议会通过时应达到充分尊重。

二是专业性原则。监管机构实行专业人士集体领导，委员由相应领域内的专家选举产生，实现决策、执行、裁决的专业化运作。

三是权力制衡原则。独立不等于不受监督，监管机构要每年向立法机关报告一年来的工作情况，接受议会的质询；对监管领域国际合作协议，议会有权对存在的疑问进行询问。同时，监管机构制定的规章要符合立法机关的法律原则性规定；司法机关有权对监管机构制定的规则进行法律审查，并接受社会公众对监管机构的指控。

四是权力混合原则。"赋予政府机构（此处指监管机构）以起诉权，仅仅减轻了由于法庭被设计成被动执法者所产生的执法不足问题。这并未解决那些为了不断增强法律的完备性而改动与变革现有规则以适应社会经济与技术变革的问题，而增强法律的完备性才能大大增强有效执法的可能性。因此，为使执法最优，将立法和执法都纳入享有持续立法权和主动执法权的机构（监管机构）手中，可能才是更合适的"。① 鉴于监管机构的工作事项技术性很强，在拥有监管权的同时，需要一定的准立法权和准司法权，从而能在相应的立法、司法活动中充分发挥其专业技术作用。这并不违反权力分立原则，正如亚历山大·汉密尔顿所说："当他（孟德斯鸠）说：'当立法权和行政权集中于同一个人或同一个机关之手'，或者说'如果司法权不同立法权和行政权分立，就没有自由存在了'，他说这些话时，他的意思并不是说这些部门不应当部分参加或者控制他方的行动，……他的意思不过是说，当掌握一部门的全部权力的机关，同时行使另一部门的全部权力的时候，自由宪法的基本原理就遭到破坏了"②。

五是公民参与原则。"杰斐逊警告说：任何一个政府，当它只由统治者掌管时，这个政府就堕落了。他写道：公民是政府唯一可以信赖的知己"。③ 2007 年

---

① 卡塔琳娜·皮斯托、许成钢：《不完备的法律——一种概念分析框架及其在金融市场监管发展中的应用》（上），载吴敬琏主编《比较》，第 3 辑，125 页。

② ［美］亚历山大·汉密尔顿、约翰·杰伊、詹姆斯·麦迪逊：《联邦党人文集》，第三卷，629 页，北京，九州出版社，2007。

③ ［美］詹姆斯·麦格雷戈·伯恩斯等著，吴爱明、李亚梅等译：《民治政府——美国政府与政治》，7 页，北京，中国人民大学出版社，2007。

诺贝尔经济学奖得主莱昂纳德·赫维茨也认为："每一个人都既是监督者又是被监督者，选民作为最顶层监督者的监督者是民主政治的重要方面，这种类型的结构与分权的概念也是密切相关的"。[①] 因此，在赋予监管机构混合权力的同时，应扩大公民参与监管机构制定规则、执行法律和实施裁判的权力，一方面可以使公民对监管机构进行充分的监督，防止监管机构利用拥有的混合权力侵犯公民的自由，另一方面可以促使公民更好地了解监管决策的制定、执行过程，了解监管事项的技术特点，更有利于监管活动的深入开展。

（2）与传统三权机关的关系。成为国家权力第四极的监管机构，应与其他三权机关形成相互制衡的机制，在充分发挥专业技术性的基础上，接受其他三权的制约，杜绝借专业技术之名侵犯自由、民主和人权。在权力分配上，"通常的目标就是在划分和安排各部门的职权时，使得各部门之间能够相互制约——使得所有人为保护私人利益，就必须监护公共权利"。[②]

一是与立法机关的关系。立法机关以法律的形式规定监管机构的职权范围、监管方向、监管原则、监管手段与相应的监管责任，并赋予监管机构根据职权范围与监管原则等制定具体监管规则，且有权力通过一定程序撤销不合实际的监管规则；同时，立法机关有权监督监管机构的执法活动，对于明显的违法监管行为可要求监管机构予以说明，必要时可向司法机关建议启动司法审查程序。监管机构根据法律赋予的职权，制定具体监管规则，独立自主地开展监管执法活动，对于违反监管法律法规的行为，可利用法律赋予的监管手段依法予以处置；有责任依据自身的专业判断，按照立法机关赋予的权限，提前采取措施防范可能损害整体经济利益的风险，如银行监管机构在深入分析金融市场形势的基础上，可通过训诫、窗口指导、规模安排、调整利率等手段提前防范可能发生的通货膨胀、信贷风险、流动性风险等；有义务定期向立法机关汇报监管活动开展情况，并接受立法机关的监督询问；对于需要提请立法机关制定相关监管法律的事项，应积极做好立法准备工作，协助立法机关进行法律起草。

二是与司法机关的关系。司法机关有权根据立法机关的建议对监管机构的监管活动进行司法审查，有权判决相对人对监管机构的诉讼和监管机构对相对人提起的公益诉讼或其他诉讼；对在司法活动中发现的违法或不切合实际的监管规则，有责任建议立法机关予以强制修改或撤销。监管机构对于在自身监管权限范围内无法处理的违法事项，特别是涉及损害公共利益的民事赔偿问题时，如工厂污染导致的民事赔偿，在依法对违规行为进行处罚的基础上，有责任代

---

① 莱昂纳德·赫维茨：《谁来监督监督者》，载吴敬琏主编《比较》，第1辑，2009，96页。

② ［美］亚历山大·汉密尔顿、约翰·杰伊、詹姆斯·麦迪逊：《联邦党人文集》，第三卷，675页，北京，九州出版社，2007。

被害人向司法机关提起民事诉讼，维护社会公平；有义务接受司法机关的执法审查，对于相对人对处理结果不服提起的法庭诉讼，应积极应诉，如败诉则应及时纠正错误裁决，需要赔偿的应按照法庭判决予以赔付。

三是与行政机关的关系。行政机关有义务协助监管机构共同处理经济违法违规行为；对于在行政执法过程中发现的违反监管规定的行为，有义务通告监管机构，并建议其予以处理。监管机构有义务协助行政机关共同打击经济犯罪；对于在监管执法过程中发现的违反行政法律法规的行为，有义务通告行政机关，并协助行政机关共同做好对违法违规行为的处理。

（3）设置模式。在经济监管机构具体设置上，应采用以下体例：

①设立全国性的经济监管委员会，其下可设立金融监管、经济运行、安全健康、生态环境四个子委员会，在四个子委员会构架中还可根据实际需要分别设立若干经济监管局，如在经济运行领域，可设立能源监管局、交通运输监管局、反垄断工作局、传媒信息监管局等机构具体负责各自领域内的相关事务。经济监管委员会实行集体领导制，其委员由全国范围本专业领域内的专家选举产生，由立法机关任命，可采用交错任期制，每4~5年选举1/3的委员。经济监管委员会除负责执行立法机关制定的法律外，有权根据实际情况制定实施细则，报立法机关备案；有权依据监管情况对被监管对象进行处罚，并将触犯刑律的责任人向法院起诉，也可代表大众利益受害方向法院提起民事诉讼；有权对专业领域内的争端进行裁决。有义务每年向立法机关报告工作开展情况，并接受其质询；有义务接受司法机关的审查，并对自身为被告的诉讼案件积极应诉。

②经济监管委员会的经费来源以监管收费为主。为防止监管机构过度收费，在设立监管机构的法律中应同时设定收费上限，规定具体收费比例和方式，收费与预算一致，并纳入国库，不能直接用于支出。除了上限以外，立法机关还应每年审议和批准监管机构的实际预算，在保障经济监管委员会独立性的同时，最大限度地节约开支，提高监管效率。

③经济发展的全球化要求经济监管的世界化，2007年次贷危机发生后，就有很多人提出要建立世界性的独立金融系统性监管机构。"增强监管独立性的需要，是成立国际金融监管机构的有力理由——这是G20明显回避的另一个话题。我们承认，国际金融机构远非完美。然而，一个财源充足、由专业人士组成的国际金融监管机构——其运作不受各层政治仆从的干涉——将提供一股亟需的、与强大的国内金融服务业游说团体相抗衡的力量"。[1] 在全球监管机构的构建方

①　Carmen Reinhart and Kenneth Rogoff：《美国：我们需要国际金融监管机构》，载中国证券网，2008-11-24。

面，最理想的模式应该是复制上述国家监管机构的设置模式，但在目前国家林立的世界中这种模式很难出现。因此，当今全球监管机构的设置模式应注重国家监管机构之间的协调，并在国内法中赋予监管机构独立签署国际监管协议的权力，使国际专业领域专家间形成的共识能够在各国专业领域达到切实贯彻执行，避免国家政府之间的行政利益之争影响监管权的落实，确保经济监管取得实效，维护人类的整体利益。同时，要在世界范围内建立金融监管、经济运行、安全健康、生态环境常设性的沟通平台，方便监管机构之间及时进行协调交流，如金融监管沟通平台可设在国际货币基金组织或世界银行等。上述四大领域的沟通平台可实行联合国性质的领导机制，设立常任委员（如联合国的理事国席位），实行一国一票制，定期召开常任委员会议和全体委员会议，并可具体规定何类事项由哪个层次的会议决定以及决定程序等事项，确保监管决策的科学高效。

第六章　中国经济监管机构的
发展现状及相关建议

"由于缺乏政府的有效监管，上述领域（指金融、能源、食品药品、环境保护等）在过去几年出现了许多问题，从金融操纵到有毒食品、环境污染、生产事故等问题时有发生，这暴露出我们的监管制度建设严重滞后于市场的迅速发展和经济社会的日益复杂化"。

"我们经过了 60 年的艰苦探索，在某种程度上讲还没有完成现代化国家的建设过程。而胸怀全球、立足本土的监管制度建设，正是我们现代国家建设的一个部分"。[①] ——高世楫

新中国成立后，中国选择了社会主义道路，借鉴前苏联模式以公有制为基础，建立了大一统的计划经济体制。在这样的体制下，国家就是一个大企业，政府直接指挥企业的经营管理，不可能出现私有经济体制下存在的诸多问题，也没有必要成立监管机构来监督企业的运行。改革开放后，中国实行了以市场经济为导向的经济体制改革，民营经济逐步成为经济发展的主力军，市场经济的一些弊端也开始显现，计划经济的管理模式已不适应经济发展的需要，于是中国借鉴西方国家经济管理模式开始逐步构建经济监管机构体系。但是，中国经济监管机构在设立依据、机构性质、设置模式、职能界定等方面与市场经济对监管机构的设置要求相比差距仍然很大。下文我们将考察中国经济监管机构的发展历史，探讨现存问题，并提出相应的改革建议。

第一节　中国经济监管机构的发展现状

一、监管机构发展回顾

从新中国成立至 1978 年，中国实行的是计划经济体制，主管经济领域的政府各部委行使的职能类似于企业内部管理机构的职能，与现代监管权的职能大

[①] 高世楫：《OECD 国家监管改革历程和启示》，载吴敬琏主编《比较》，第 35 辑，2008，104 页、105 页。

相径庭。20世纪50～60年代期间虽颁布了一些劳动安全方面的行政法规和规章，但这些规定更类似于企业内部工作规程，如《工厂安全卫生规程》《国务院关于加强企业生产中安全工作的几项规定》《建筑安装工程安全技术规程》《防止矽尘危害工作管理办法》等。

1978年党的十一届三中全会作出了把全党全国的工作重点转移到社会主义现代化建设上来和实行改革开放的战略决策，决定改革计划经济体制。1982年党的十二大提出建设有中国特色社会主义的理论，确立了计划经济为主、市场调节为辅的原则。1982年宪法第十一条规定："在法律规定范围内城乡劳动者个体经济，是社会主义公有制经济的补充。国家保护个体经济的合法的权利和利益"。"国家通过行政管理，指导、帮助和监督个体经济"，明确了个体经济的地位。1984年党的十二届三中全会决定我国实行有计划的商品经济。1987年党的十三大提出实行国家调节市场、市场引导企业的经济发展模式。1988年宪法修正案规定："国家允许私营经济在法律规定的范围内存在和发展。私营经济是社会主义公有制的补充。国家保护私营经济的合法的权利和利益，对私营经济实行引导、监督和管理"，进一步确立了私营经济的法律地位。随着国家大力扶持和发展非公有制经济，在一些经济领域特别是轻工业领域非公有制经济已经形成了对国有经济的有力竞争，市场主体逐步实现了多元化。同时，国营企业也实行一系列试验性的改革，如承包经营制、放权让利、利改税等，经营自主权进一步扩大；并在一定范围内放开了价格控制，实行了价格双轨制。在政府的积极推动下，商品经济得到了大力发展，对政府管理经济的方式提出了新的要求。但是1982年和1988年政府两次机构改革中并未真正改变政企合一的管理体制，行业主管部门既是国营企业的所有者、管理者，又是整个行业的监管者，这种天然的"父子"关系使行业主管部门根本不可能成为独立公正的经济监管机构。虽然当时除行业主管部门之外也成立了一些新的监管机构，如1988年成立的国家环保局、技术监督局等，但在执法中仍然需要征得行业主管部门和政府的同意。

1992年党的十四大决定实行社会主义市场经济体制。1993年国务院开始新一轮机构改革，组成部门由原来的86个精简为59个，组建了国家经贸委，以加强对国民经济运行中重大问题的协调；将部分政府部门改为经济实体，撤销航空航天工业部并组建航空工业总公司、航天工业总公司；将部分政府部门改为行业总会，撤销轻工业部、纺织工业部并组建中国轻工总会、中国纺织总会。这次改革的目标是适应社会主义市场经济发展的要求，重点是转变政府职能，实行政企分开。在政府机构改革的同时，国家开始对国有经济进行战略性调整，实现有进有退，强调从总体上保持国有经济的影响力和控制力，鼓励多种所有制经济共同发展，并进一步转换国有企业经营机制，建立适应市场经济要求、产权清晰、权责明确、政企分开、管理科学的现代企业制度。至 2001 年底，全国 2 710 家企业集团中已有 1994 家的母公司改为公司制企业，占全部企业集团的 73.6%；全国国有中小企业中已有 81.4% 实施了改制。①

为进一步适应市场经济发展的需要，在 1993 年机构改革的基础上，国务院于 1998 年和 2003 年再次进行了机构改革，撤销了一批传统经济管理部门，成立了一大批监管型机构，开始向监管型政府进行转变，主要包括：中国银行业监督管理委员会、中国证券监督管理委员会、中国保险监督管理委员会、国家电力监管委员会、国家安全生产监督管理局。同时对一些现有部门进行更名升格，将"国家环保局"更名为"国家环境保护总局"并升格为正部级，将"国家质量技术监督局"与"国家出入境检验检疫局"合并组建"国家质量监督检验检疫总局"，在"国家药品监督管理局"的基础上组建"国家食品药品监督管理局"，将"国家工商行政管理局"调整为"国家工商行政管理总局"（正部级）。没有建立监管机构的领域，也通过"三定方案"将部分市场监管职能授予重组或现存的相关部门，如新建信息产业部负责电信业监管，授权铁道部进行铁路业监管，授权交通部进行公路和水上交通的监管，授权建设部对工程建设、城市供水、煤气等公用事业进行监管等。在构建监管体制的同时，国家加强了监管法律的制定和完善，陆续制定了《中国人民银行法》《商业银行法》《保险法》《证券法》《电力法》《航空法》《电信条例》《电力监管条例》《消费者权益保护法》《广告法》《产品质量法》《劳动法》《药品管理法》等。

2008 年中国开始推行以建立大部委制为重点的新一轮机构改革，涉及调整变动的机构 15 个，正部级机构减少 4 个。这次改革的主要任务是围绕转变政府职能和理顺部门职责关系，探索实行职能有机统一的大部门体制。一是设立高层次的议事协调机构国家能源委员会，负责研究拟订国家能源发展战略；组建国家能源局，将国家发展和改革委员会的能源行业管理的有关职责及机构与国家能源领导小组办公室的职责、国防科学技术工业委员会的核电管理职责进行整合，划入该局。二是组建工业和信息化部，将国家发展和改革委员会的工业行业管理的有关职责，国防科学技术工业委员会核电管理以外的职责，信息产业部和国务院信息化工作办公室的职责，整合划入该部。三是组建交通运输部，将交通部、中国民用航空总局的职责，建设部的指导城市客运的职责，整合划入该部。同时，组建国家民用航空局，由交通运输部管理。四是组建人力资源和社会保障部，将人事部、劳动和社会保障部的职责整合划入该部。五是在国家环境保护总局基础上组建环境保护部，加大环境保护力度。六是在建设部基础上组建住房和城乡建设部，加快建立住房保障体系，加强城乡建设统筹。七

---

① 王梦奎：《回顾与前瞻——走向市场经济的中国》，21～22 页，北京，中国经济出版社，2003。

是将国家食品药品监督管理局改由卫生部管理，理顺食品药品监管体制。① 这次改革进一步理顺整合了相关行业监管体制，加强了对信息、交通、环境、医药等行业的监管力度。

可以看出，中国经济监管机构发展路径与西方发达国家大为不同。西方国家监管机构是在市场经济发展到一定程度后，为缓解市场经济的固有矛盾和解决市场失灵问题，政府被迫采取对经济运行进行管控的措施而设立的组织体；是在不打破私有制基础上的过渡措施，是市场经济中自然成长起来一类机构，天然地带有独立运作的倾向。而中国的监管机构是在政府主导市场经济发展过程中，学习借鉴发达国家监管型国家的经验，从计划经济管理体制中转变而来的一类组织体，它天然地带有计划经济行政管理的特征，机构性质、运行方式与行政机关无二，独立性不足、监管权分散等问题都与这一产生背景有很大关系。因此，中国经济监管机构改革在监管权与行政权分离、监管机构重置等方面与西方国家相比困难更多、难度更大。

二、现有监管机构类别

如果按照金融监管、经济运行、健康安全、生态环境四个方面进行分类，我国现有经济监管机构如下表所示。

中国中央政府主要监管机构

类别	名称	性质	成立时间及依据	监管依据	主要职能
金融监管	中国人民银行	国务院组成部分	成立于 1948 年 12 月；根据 1995 年《中国人民银行法》成为中央银行	《中国人民银行法》	监管银行间金融市场和黄金市场等；承担全国反洗钱工作等
	中国证券监督管理委员会	国务院直属事业单位	《国务院关于机构设置的通知》（国发〔1998〕5 号）	《中国证券监督管理委员会职能配置、内设机构和人员编制规定》（国办发〔1998〕131 号）和《证券法》（1998 年通过，2004 年、2005 年两次修订）	依法制定证券市场监管规章、规则，并行使审批权或核准权；依法对证券的发行、上市、交易、登记、存管、结算进行监管；对证券发行人、上市公司、证券登记结算机构、证券投资基金公司、证券服务机构的证券业务活动进行监管等

---

① 《国务院机构改革方案》，中国政府网，http://www.gov.cn/2008lh/content_921411.htm，2010－08－21。

续表

类别	名称	性质	成立时间及依据	监管依据	主要职能
金融监管	中国保险监督管理委员会	国务院直属事业单位	1998年《国务院关于成立中国保险监督管理委员会的通知》（国发〔1998〕37号）	《中国保险监督管理委员会职能配置、内设机构和人员编制规定》（国办发〔1999〕21号）和2002年修订的《保险法》	监管保险市场的进入、主要保险险种的基本条款和费率以及保险机构及其从业人员的经营行为
	中国银行业监督管理委员会	国务院直属事业单位	2003年十届人大一次会议通过的《关于国务院机构改革方案的决定》和《国务院关于机构设置的通知》（国发〔2003〕8号）	《中国银行业监督管理委员会主要职责内设机构和人员编制规定》（国办发〔2003〕30号）和《银行业监督管理法》（2003）	拟订有关银行业监管的政策法规，负责市场准入和运行监管，依法查处违法违规行为等
经济运行	国家电力监管委员会	国务院直属事业单位	2002年《国务院关于印发电力体制改革方案的通知》（国发〔2002〕5号）	《国家电力监管委员会职能配置内设机构和人员编制规定》（国办发〔2003〕7号）和国务院《电力监管条例》	依法颁发和管理电力业务许可证；并对电价、电能质量和供电服务质量、电力安全、普遍性服务进行监管
	能源局	国家发改委管理	2008年《国务院机构改革方案》	2008年《国务院机构改革方案》	负责拟订并组织实施能源行业规划、产业政策和标准，发展新能源，促进能源节约等
	铁道部	国务院组成部门	1949年《中央人民政府组织法》	《铁道部职能配置、内设机构和人员编制规定》（国办发〔1998〕85号）	监管铁路运价和运输安全
	交通运输部	国务院组成部门	2008年《国务院机构改革方案》	2008年《国务院机构改革方案》	拟订并组织实施公路、水路、民航行业规划、政策和标准，承担涉及综合运输体系的规划协调工作，促进各种运输方式相互衔接等

续表

类别	名称	性质	成立时间及依据	监管依据	主要职能
经济运行	工业和信息化部	国务院组成部门	2008年《国务院机构改革方案》	2008年《国务院机构改革方案》	拟订并组织实施工业行业规划、产业政策和标准，监测工业行业日常运行，推动重大技术装备发展和自主创新，管理通信业，指导推进信息化建设，协调维护国家信息安全等
	住房和城乡建设部	国务院组成部门	2008年《国务院机构改革方案》	2008年《国务院机构改革方案》	拟订住房和城乡建设政策，统筹城乡规划管理，指导全国住宅建设和住房制度改革，监督管理建筑市场、建筑安全和房地产市场等
	国家民用航空局	交通运输部	2008年《国务院机构改革方案》	2008年《国务院机构改革方案》	负责民用航空领域的监管
	国家广播电影电视总局	国务院直属机构	《国务院关于机构设置的通知》（国发〔1998〕5号）	《国家广播电影电视总局职能配置、内设机构和人员编制规定》（国办发〔1998〕92号）	审批县级以上（含县级）广播电视播出机构和电影、广播电视节目、电视剧制作单位的建立和撤销；监管广播、电影、电视节目的内容和质量
	国家粮食局	国家发展和改革委员会管理的国家局	《国务院关于部委管理的国家局设置的通知》（国发〔2003〕9号）	《国家粮食局职能配置、内设机构和人员编制规定》（国办发〔1999〕96号）	审批全国大中型粮食流通及仓储、加工设施；制定粮食定购价格以及收购保护价和销售限价的原则；协同国家质量技术监督局做好粮食质量标准的管理工作；制定粮食储存、运输的技术规范，并监督执行
	国家邮政局	国家发展和改革委员会管理的国家局	《国务院关于部委管理的国家局设置的通知》（国发〔1998〕6号）	《国家邮政局职能配置、内设机构和人员编制规定》（国办发〔1998〕97号）	维护邮政秩序，维护邮政网和邮政设施的安全；提出邮政资费政策，制订邮政服务标准，监督邮政服务质量

续表

类别	名称	性质	成立时间及依据	监管依据	主要职能
经济运行	国家工商行政管理总局	国务院直属机构	《国务院关于国家工商行政管理局、新闻出版署、国家质量技术监督局、国家出入境检验检疫局机构调整的通知》（国发〔2001〕13号）	《国家工商行政管理总局职能配置内设机构和人员编制规定》（国办发〔2001〕57号）	依法组织管理各类企业和从事经营活动的单位、个人以及外国企业常驻代表机构的注册，核定注册单位名称，审定、批准、颁发有关证照并实行监督管理；监督流通领域商品质量
健康安全	卫生部	国务院组成部门	1998年3月10日第九届全国人民代表大会第一次会议批准的《关于国务院机构改革方案的决定》和《国务院关于机构设置的通知》（国发〔1998〕5号	《卫生部职能配置、内设机构和人员编制规定》（国办发〔1998〕74号	监督管理传染病防治和食品、职业、环境、放射、学校卫生，组织制订食品、化妆品质量管理规范并负责认证工作；拟定医务人员职业标准、服务规范；监督医疗机构的医疗质量和服务质量，依法监督管理血站、单采血浆站的采供血及临床用血质量
	人力资源和社会保障部	国务院组成部门	2008年《国务院机构改革方案》	2008年《国务院机构改革方案》	统筹拟订人力资源管理和社会保障政策，健全公共就业服务体系，完善劳动收入分配制度，组织实施劳动监察等
	国家食品药品监督管理局	卫生部管理	2003年十届人大一次会议通过的《关于国务院机构改革方案的决定》和《国务院关于机构设置的通知》（国发〔2003〕8号）	《国家食品药品监督管理局主要职责内设机构和人员编制规定》（国办发〔2003〕31号）	对食品、保健品、化妆品、药品的质量和安全进行监管
	国家安全生产监督管理局	国务院直属机构	2003年十届人大一次会议通过的《关于国务院机构改革方案的决定》和《国务院关于机构设置的通知》（国发〔2003〕8号）	2000年12月31日《国家安全生产监督管理局（国家煤矿安全监察局）职能配置、内设机构和人员编制规定》	负责安全生产监督

续表

类别	名称	性质	成立时间及依据	监管依据	主要职能
健康安全	新闻出版总署	国务院直属机构	1993年第八届人大一次会议批准的《关于国务院机构改革方案的决定》和《关于国务院机构设置的通知》（国发〔1993〕25号）	《新闻出版署（国家版权局）职能配置、内设机构和人员编制方案》（国办发〔1994〕85号）	审批新建出版社和新办报纸、期刊、音像以及电子书报出版单位，审批著作权集体管理、代理、合同仲裁机构，制定市场出版物管理规定，查处非法出版活动
健康安全	国务院质量监督检验检疫总局	国务院直属机构	《国务院关于国家工商行政管理局、新闻出版署、国家质量技术监督局、国家出入境检验检疫局机构调整的通知》（国发〔2001〕13号）	《国家质量监督检验检疫总局职能配置内设机构和人员编制规定》（国办发〔2001〕56号）	负责质量、计量、出入境商品检验、出入境卫生检疫、出入境动植物检疫的监管
	国家中医药管理局	卫生部管理的国家局	《国务院关于部委管理的国家局设置的通知》（国发〔1998〕6号）	《国家中医药管理局职能配置、内设机构和人员编制规定》（国办发〔1998〕95号）	拟订中医医疗、保健、中药、护理等有关人员的技术职务评定标准和执业资格标准并监督实施；参加制定国家基本药物目录和执业中药师资格标准；拟订各类中医医疗、保健等机构管理规范和技术标准并监督执行
生态环境	环境保护部	国务院组成部门	2008年《国务院机构改革方案》	2008年《国务院机构改革方案》	拟订并组织实施环境保护规划、政策和标准，组织编制环境功能区划，监督管理环境污染防治，协调解决重大环境问题等

资料来源：根据2008年政府机构改革方案，参考马英娟《政府监管机构研究》中的相关资料，由笔者绘制而成。

第二节　经济监管机构设置中存在的问题

我国经济监管机构按照国家机关类型来分，可分为四类：一是国务院组成部门，如 2008 年体制改革后的工业和信息化部、交通运输部、人力资源和社会保障部、环境保护部和已有的人民银行、铁道部等；二是国务院直属机构，如国家工商行政管理总局、国家质量监督检验检疫总局、国家安全生产监督管理总局等；三是国务院直属事业单位，如中国银行业监督管理委员会、中国证券监督管理委员会、中国保险监督管理委员会、国家电力监管委员会等；四是国务院部委管理的国家局，如工业和信息化部下设的国家烟草专卖局、交通运输部下设的国家民用航空局和国家邮政局、卫生部下设的国家食品药品监督管理局等。许多学者从设立依据、机构定性等角度来阐述上述部分机构（事业单位）权力取得的尴尬依据（如依据的是国务院办公厅的"三定方案"而非法律等）和权力行使的局限性（如依照《立法法》不应该有规章制定权等），然而从监管机构的实际运行情况看，上述不足并没有影响到其监管权力的行使。本部分探讨的只是监管机构设置模式方面的问题，不涉及机构定性和设立依据事项。从设置模式方面看，主要存在以下问题：

一、行政权和监管权未实现分离

从西方国家经济监管机构的设置模式来看，独立监管机构已成为它们监管经济运行的主要选择，而我国经济监管机构全部隶属于国务院或其相关部委，由行政权力主导经济监管事项。如 2008 年《国务院机构改革方案》提出："组建国家能源局，由国家发展和改革委员会管理。将国家发展和改革委员会的能源行业管理有关职责及机构，与国家能源领导小组办公室的职责、国防科学技术工业委员会的核电管理职责进行整合，划入该局。国家能源委员会办公室的工作由国家能源局承担。不再保留国家能源领导小组及其办事机构"。[①] 再如，虽然《中国人民银行法》规定人民银行履行职责时，不受各级政府部门、社会团体和个人的干涉，是我国所有经济监管机构中最具有独立性的机构，但其第二条仍然规定："中国人民银行在国务院领导下，制定和执行货币政策，防范和化解金融风险，维护金融稳定"。[②] 可见，在我国，无论是相对独立的监管机构，还是隶属于相关部委的监管机构，都要在行政机关的领导下履行监管职责。这种监管体制，极易将监管目标混同于行政目标，将监管方式等同于行政管理方式，"我国一贯采用的合规性监管是在计划经济影响下形成的单向、被动、直接的管理方式，其浓厚的行政色彩与行政机构并无区别"，[③] 不但可能削减监管功

---

① 《国务院机构改革方案》，中国政府网，：http：//www. gov. cn/2008lh/content_ 921411. htm，2010 – 08 –21。

② 《中国人民银行法》，新法规速递网，http：//www. law – lib. com/law/law_ view. asp? id = 81897，2010 – 08 –21。

③ 侯林萍、王蕾蕾：《论金融监管机构的独立性》，载《金融与经济》，2006（8），68 页。

能和监管效果，在某些情况下甚至可能妨碍监管工作的进行。

二、监管权和企业经营权合而为一

个别行业仍然是国家垄断经营，实行的是计划经济体制下的行业管理体制，行业主管部门兼具经营者、行业监管者角色。"在中国，作为与传统计划经济体制相适应的一项制度安排，在某些垄断性产业多采用国有企业的治理方式，因而形成了政企不分、政资不分的运营模式。……国有企业管理人员产生、更换基本由政府控制（其中的职工代表由公司职工民主选举产生），董事长由党的组织部门或政府的人事部门直接任免或对其任免有决定性的影响力，企业高层管理人员均受政府控制，他们除职业与政府公务员不同外，其任免、职级、升迁等与政府公务员没有实质上的差异，企业必然要接受政府指令，政企不分无可避免"。[①] 最典型的是铁路行业，尽管1998年《国务院办公厅关于印发铁道部职能配置内设机构和人员编制规定的通知》中明确规定铁道部应实行政企分离，但该文件同样规定铁道部有以下职责："……（六）负责国家铁路财务工作。安排使用全路建设基金和资金；研究提出国家铁路运价意见，经批准后制定具体实施方案并监督执行；协调铁路工业产品价格；管理国家铁路事业经费。……（八）负责国家铁路人事、高等和中等技术及职工教育、机构编制、劳动工资、环保、节能、卫生防疫方面的管理工作"。[②] 可见，铁路企业虽然从铁道部分离出去，具有了独立法人资格，但其财务、人事等主要经营权力仍然要服从铁道部的安排，并未实现真正的自主经营，实际上铁道部既是铁路行业的经营者，又是行业监管者；既负责铁路政策制定，又负责执行。这种监管体制容易导致相关监管机构成为企业利益的维护者，而不是消费者利益的保护者。

不但监管权与企业经营权合而为一的情况下会如此，在对不同所有制企业进行监管时也会出现某种偏向。有学者指出，从市场监管者的身份出发，国家必须中立地、不偏不倚地对所有市场主体进行各种形式的监管，但所有者的角色却往往扭曲、阻碍国家公正地实施监管行为。诸如供水、供电、燃气、邮政、电信等具有自然垄断性质产业的生产经营活动，本应由国家出于公共利益目的依法实施各种监管，而实际上相关监管机构却更多地从所有者利益出发，纵容垄断企业随意涨价、追求超额垄断利润，严重侵害消费者合法利益。[③] "电信、电力、民航等部门都以自然垄断为由，限制竞争和侵害公众利益。民航、铁路

---

①　肖志兴：《中国垄断性产业规制机构的模式选择》，载《山东经济》，2009（2），9页。

②　《国务院办公厅关于印发铁道部职能配置内设机构和人员编制规定的通知》（1998年6月24日国办发〔1998〕85号）。

③　陈虹：《政府规制机构研究》，载《理论与实践》，2007（3），66页。

等交通运输部门，车票定价不透明，票价说涨就涨，置乘客的感受与意见不顾，独断专行。电信对联通公司接入市话网进行限制，对联通公司进行垄断定价；实行交叉补贴、低价倾销等其他行政垄断行为。在垄断性产业中不仅规模经济效率没有得到发挥，而且普遍存在机构臃肿、人浮于事、工作效率低、企业成本费用膨胀等问题，盈利能力低下和亏损成为被规制产业的通病"。[①] 可见，国家集所有者与监管者于一身的身份，决定了其不可能在中立的立场上监管市场，也就决定了新市场进入者或非国有企业可能受到歧视。

三、人事及经费来源不独立

在中国，经济监管机构明显存在着人事和经费来源不独立的问题。工业和信息化部、交通运输部、人力资源和社会保障部、环境保护部、中国人民银行等国务院组织部门实行首长负责制，行政首长由国务院总理提名、全国人大任免，对总理和全国人大负责，承担政治责任；全部经费来源于国家预算拨款。其他如国家工商行政管理总局、国家质量监督检验检疫总局、中国银行业监督管理委员会、中国证券监督管理委员会、国家电力监管委员会等国家事业单位或直属机构，其行政首长人事任免和经费来源也受控于国务院。人事和经费来源的不独立，使得监管机构不可能不受到政治高层以及同级政府的影响，监管官员可能会因对其政治前途的考虑而放弃独立监管的职责。

四、专业人员欠缺

中国目前监管机构的大部分人员来自原有的部委，专业性不足。如电信监管技术性很强，要求电信监管机构人员自身应当具备相关的专业能力和技术能力，能够研究、分析和解决电信监管中遇到的技术性问题。而当前中国电信监管机构是按照一般性的政府部门设置的，在人员结构和数量等方面难以满足电信监管的技术性要求。"在当前的组织结构下，电信监管机构往往只能完成一般性的行政管理工作，对于诸如电信业务成本收益测算、市场结构分析、经营效益分析和管理等技术性、经济性、法律性强的工作难以深入进行。在这种情形下开展的管理工作，易于造成电信监管活动被电信业务经营活动牵制、电信监管措施被电信业务经营者提供的数据资料和分析俘获，难以具有应有的科学性和有效性"。[②] 因此，专业人员的缺乏很有可能造成监管机构被受监管产业牵着鼻子走的局面，产生监管俘获的风险；同时监管机构管理者在惯性思维的作用

---

① 肖志兴：《中国垄断性产业规制机构的模式选择》，载《山东经济》，2009（2），9页。

② 李长喜、马志刚、张志利：《电信监管机构法律地位研究》，载《北京邮电大学学报（社会科学版）》，2008（6），80页。

下容易用行政管理手段取代监管手段，影响监管整体成效。

五、同一监管领域和监管权被分割

改革之前，中国各类产业管理领域通常是根据管理对象的特殊性来进行划分的。在每一个特定产业，一个管理部门往往集中了所有的权力，包括人、财、物、产、供、销等。这种划分在计划经济体制下或市场化改革的初期尚可以运转，但随着市场化改革的深入、传统产业边界的逐步模糊与相互渗透，这种权力划分不但造成部门之间的管辖权重叠、相互扯皮与矛盾，也形成许多管理空白，造成市场秩序混乱。[①] 上述管理方式在改革中逐步演变为分业监管的机构设置模式，使联系紧密的同领域内的监管事项被分割给不同的监管机构。如能源领域，2008 年政府机构改革虽然设立了高层次的议事协调机构国家能源委员会（负责研究拟订国家能源发展战略，审议能源安全和能源发展中的重大问题），并在国家发展和改革委员会下成立了能源局（将国家发展和改革委员会的能源行业管理职责与国家能源领导小组办公室的职责、国防科学技术工业委员会的核电管理职责整合入该局），负责拟订并组织实施能源行业规划、产业政策和标准，发展新能源，促进能源节约等，但是国家能源委员会与原国家能源领导小组的职能大致相当，能源局除行使原能源领导小组办事机构的职责外[②]，主要是将核电纳入自身监管领域，石油、天然气、电力、水力等领域依然各自为政。当然，此次改革较以前最大的进步是将拟定能源行业规划、产业政策和标准统一到了能源局，易于形成一致的监管行业标准。

在监管权方面，同一监管事项被不同的监管机构进行了分割。如食品安全监管方面，原有食品安全监管权由国家质检总局、国家工商总局、卫生部、农业部、国家食品药品监督管理局共同行使，分工的原则是一个监管环节由一个部门监管。2008 年政府机构改革后，国家食品药品监督管理局改由卫生部管理，明确由卫生部承担食品安全综合协调、组织查处食品安全重大事故的责任，负责组织制定食品安全标准、药品法典，建立国家基本药物制度。调整后，卫生部履行食品安全综合监管职责；农业部、国家质量监督检验检疫总局和国家工商行政管理总局按照职责分工，对农产品生产环节、食品生产加工环节和食品

---

① 肖志兴：《中国垄断性产业规制机构的模式选择》，载《山东经济》，2009（2），10 页。
② 能源领导小组职责为：能源战略规划与重大政策、能源开发与节约、安全与应急、对外合作等事宜。能源领导小组办公室主要职责为：（1）承担领导小组的日常工作，督办落实领导小组决定；（2）跟踪了解能源安全状况，预测预警能源宏观和重大问题，向领导小组提出对策建议；（3）组织有关单位研究能源战略和规划；（4）研究能源开发与节约、能源安全与应急、能源对外合作等重大政策；（5）承办国务院和领导小组交办的其他事项。见《国务院办公厅关于印发国家能源领导小组办公室主要职责内设机构和人员编制规定的通知》（国办发〔2005〕28 号）。

流通环节进行监管。这次改革虽然使部门职责较以前更加明确，但仍然没有彻底解决食品安全监管权被农业、卫生、质检、工商等部门瓜分的状况，实际工作中依然容易导致争功诿过现象。"规制机构如此部门林立、山头众多，一方面造成了市场法律空间的进一步分裂性和非透明性，不利于统一市场法律空间的形成，易为大面积、高深度、交叉性的权力寻租提供法律空隙；另一方面，众多机构在同一狭窄市场空间里同步执法，难免导致各自为政、自成体系、互不协调、互不配合甚至相互推诿"。[①]

六、监管机构外部监督机制不健全

中国主要由全国人民代表大会、人民法院、人民检察院对包括监管机构的政府机关进行监督，《宪法》规定人大对同级"一府两院"拥有监督权。然而，人大把监督工作提到与立法工作同等重要的高度还只是近几年的事情。法院和检察院对政府权力的制约，应以司法独立为重要前提，而在中国司法并未实现真正的独立，其人、财、物都要受同级政府的约束，法院在这种态势下要想独立行使审判权，监督行政权力的运作，肯定难尽如人意。[②] 这种缺乏强制监督的形态，极易导致监管机构滥用自由裁量权，如监管不作为、有法不依、执法不严，或随心所欲干涉市场，甚至人为造租、寻租。此外，企业和消费者利益集团也可对监管机构实施一定程度的监督。"独立、成熟企业和消费者利益集团及其互动协调是实现合理规制过程的制度前提，同时也是保证政府规制过程的结果尽可能与社会公共利益保持一致，防止政府操纵规制过程的必要保障。"[③] 但在体制转轨期间，企业和消费者还在很大程度上依附于监管机构，能够充分表达自身利益，进行合理博弈的独立、成熟、强大的企业主体和消费者主体尚未形成。一方面，传统体制的惯性使得我国企业还在很大程度上保留着对政府权力的依附性，国有企业由于与政府关系特殊，在日常经济运行中总能享受到一些特殊待遇，如利用监管权力来封锁和瓜分市场，阻止和压制竞争对手等；民营企业由于先天不足，也想方设法和监管机构搞好关系，以期得到其大力扶持。另一方面，市场上消费者主体还是弱势群体，独立的、能够代表消费者利益的集团组织还没有形成。目前除了按行政区划成立的消费者委员会这一半官方的机构（挂在各级工商局之下）外，国内至今未形成能真正代表消费者利益的组

---

① 陈虹：《政府规制机构研究》，载《理论与实践》，2007（3），66 页。
② 肖志兴：《中国垄断性产业规制机构的模式选择》，载《山东经济》，2009（2），11 页。
③ 黄建军：《论转轨时期中国政府规制体制改革及政策选择》，载《商业研究》，2006（3），132 页。

织，也未按行业建立消费者协会。① 这在客观上为监管机构漠视企业和消费者利益、操纵监管过程或滥用监管权力提供了可乘之机。

第三节　监管机构设置建议

上述我国监管机构设置方面存在的问题有些是多数国家监管机构普遍存在的，有些是我国特有的。在我国现有的政治体制和经济发展方式下，如何设置经济监管机构，以促进市场经济的健康发展，最大程度地维护社会公平和正义，是一个迫切需要解决的问题。本节拟从经济监管机构应的有法律地位出发，从目标选择和制度安排方面探讨我国监管机构设置的方式。

一、监管机构设置的目标选择及其原因

（一）目标选择

国外学术界在发展中国家应建立何种监管机构问题上存在着明显的分歧。有学者指出，发展中国家法治不完善，权力缺乏制衡，存在广泛的腐败现象，专业技能严重不足，不具备建立独立监管机构的条件，即使设立了独立监管机构其作用也得不到充分的发挥。但也有学者建议发展中国家设立独立的规制机构，如世界银行的 Smith Warrick 认为独立的规制机构是较好的制度安排，但他也承认，基于发展中国家的特殊性，需要逐步过渡。②

在国内学术界，针对中国应选择何种形式的监管机构问题，学者们也提出了各种各样的方案，大多数学者都坚持监管机构应具有一定的独立性，但在独立程度上有所不同，大致有两种观点：

一种观点认为应完全独立于国务院，直接对全国人大负责。如有学者认为："规制机构独立性的获得，必然要求其在财政、人事上摆脱依赖各级政府的处境，必须是具有准司法权的机构，如有可能，应采取垂直领导并只对全国人大及其常委会负责的机制"。③ 在论述设立反垄断执法机构时，有的学者提出我国应当创设专门的竞争执法机关，并使之成为区别于普通行政机关的特殊机关，该机关在形式上可采取委员会制，财政和人事直接来源于全国人大及其常委会，并只对全国人大及其常委会负责，该机关应为集准立法权、准司法权、强大行

---

① 黄建军：《论转轨时期中国政府规制体制改革及政策选择》，载《商业研究》，2006（3），132页。

② 马骏：《独立规制：含义、实践及中国的选择》，http：//www.china.com.cn/chinese/OP2c/434319.htm，2010–08–21。

③ 陈虹：《政府规制机构研究》，载《理论与实践》，2007（3），68页。

政权于一身的混合权力机关。① "在中国，不应在现有机构中指定反垄断机关，而应该设立独立的准司法机关负责执行反垄断法，这样可能会更有效，以避免陷入以一个行政机关去制裁另一个行政机关的怪圈"②。在论述金融监管机构独立性时，有人认为"监管者应具有脱离于政府和其他政治力量的强制性的权威，在对金融机构发放许可证、实施日常监管、惩罚不正当交易行为和在金融动荡时采取迅速果断的矫正措施方面，应具有独立的职能和实施权力"③。

另一种观点认为，应在国务院体制下设置经济监管机构。如有学者主张在国务院序列中设置一个独立、权威的反垄断执法机构，统一负责反垄断法的实施，应设立"国家公平交易委员会，实行委员长负责制，委员长由国务院总理提名，由全国人大常委会任命；国家公平交易委员会直接隶属于国务院，其经费直接由财政部拨给，人员直接隶属于人事部管理。使其具有法律上的独立性"④。"我国应当建立一个有权威性的和有着高度独立性的反垄断法主管机构，它应相当于美国的联邦贸易委员会或者德国的卡特尔局；该机构可以被称为国家公平交易局或国家反垄断委员会，它在人事编制和财务上虽然隶属于国务院，由国家人事部和财政部编列预算，但在审理反垄断法案件中却有着极大的权威性和高度独立裁判的权力"⑤。此外，在论述电信监管机构法律地位时，有人指出"电信监管机构不仅应当依法设立，而且应当独立行使对电信活动和电信市场的监管权，不受其他政府部门和企业的限制和约束"⑥。

对于如何构建独立监管机构，大部分学者认为应该由目前的设置模式逐步过渡到独立监管机构的模式，如有人主张"我国应选择独立性规制机构作为理想的目标模式，但在社会转型的过渡期内，相对独立于行政机关的规制机构是适合我国实际情况的制度安排"⑦；"根据我国社会主义市场经济体制的完善程度，我国规制机构的形式的选择可把独立规制机构作为目标形式。因为，无论是在理论上还是在世界各国行业规制实践中，独立规制都是一种较好的制度安排，也是各国规制机构演进的方向。而现实形式是建立准政府规制机构或准独立规制机构，但准政府规制机构或准独立规制机构并不是我们的最终选择，而

---

① 周昀：《反垄断法新论》，245 页，北京，中国政法大学出版社，2006。

② 曹士兵：《反垄断法研究》，253 页，北京，法律出版社，1997。

③ 侯林萍、王蕾蕾：《论金融监管机构的独立性》，载《金融与经济》，2006（8），68 页。

④ 陈思民：《浅议我国反垄断执法机构的设置》，载《时代法学》，2006（6），74 页。

⑤ 王晓晔：《我国反垄断立法的框架》，载《法学研究》，1996（4）。

⑥ 李长喜、马志刚、张志利：《电信监管机构法律地位研究》，载《北京邮电大学学报（社会科学版）》，2008（6），80 页。

⑦ 郭洁：《中国自然垄断产业规制机构独立性的制度选择》，载《东北大学学报》，2007（2），150 页。

是我国不成熟市场经济中的一个过渡安排"①。在论述电力监管机构设置模式时，有人认为："独立监管制度是发达市场经济国家通过长期监管实践创造出来的一种制度文明。现阶段，这种制度可能由于与我国宪政制度、法制环境、市场发育程度不尽相容，我们需要探索的是根据现阶段电力市场结构，对独立监管制度实行创造性的转化，以结束多头治理的局面，适时推进监管制度的创新"②。对垄断性产业监管机构的设置，有学者主张："由于中国垄断性产业规制模式存在诸多体制约束，在未来设立规制机构时，中国未来垄断性产业规制机构的模式设计应充分借鉴国外经验、结合中国垄断性产业经济特征以及考虑中国政治体制。从中国市场经济发展程度以及垄断性产业改革实际进程分析，建成美国式的独立规制机构模式只能是中国垄断性产业规制机构模式设计的长期目标选择。短期内，可先考虑在政府综合经济管理部门下设立相对独立的规制机构，并逐步走向独立规制模式"。③

本书认为，应结合中国国情，着眼于提高监管质量与效率，以整体经济利益为目标来选择监管机构的设置模式。在中国现有的经济、政治、文化背景下，经济监管机构改革要一步达到行政权与监管权的彻底分离困难很大，建议中国监管机构改革可分两步走：第一步，解决监管机构设置分散、独立性弱、监管权与经营权合一的状况，初步实现监管机构在国务院行政体制下能较为独立地行使法律赋予的相应监管权力，我们称之为准独立监管机构的制度安排；第二步，解决监管权与行政权的分离问题，使监管机构彻底独立于行政机关，直接对全国人大负责，我们称之为独立监管机构的制度安排。

（二）原因分析

中国监管机构改革应逐步进行的原因主要在于以下几个方面：

1. 这是由中国现处经济发展阶段所决定的。作为后进的市场经济国家，中国要实现追赶发达资本主义国家的目标，需要政府积极引导和扶持企业的发展，大力介入经济运营，前30年的改革开放阶段是如此，今后在达到发达国家经济发展水平之前恐怕也无法改变这种发展模式。经济发展模式决定了监管机构的设置模式，如美国的自由市场经济模式强调市场对资源配置的作用，在市场失灵严重的产业并未采取国有化的方式，而是由监管机构对企业和市场进行监管，并采取独立监管机构形式以防止政府和利益集团对监管行为的左右，其监管机构改革属于效率提高型的改革模式，独立监管机构未发生改变，改变的是监管程序和手段。英国在第二次世界大战后面临迅速恢复经济发展的重要任务，采

---

① 张会恒：《论政府规制机构形式的选择》，载《经济社会体制比较》，2005（3），124页。

② 唐祖爱：《中国电力监管机构研究》，119页，北京，中国水利水电出版社，2008。

③ 肖志兴：《中国垄断性产业规制机构的模式选择》，载《山东经济》，2009（2），13页。

取了市场经济体制与国家干预相结合的混合经济体制，交替采用国有化和经济监管两种方式来克服市场不足，20世纪80年代的监管改革属于竞争导向型的改革模式，其监管机构体现为由政府监管向独立监管和自我监管转换过程中的混合形式。① 我国实行的是社会主义市场经济，注重政府在市场建设、资源配置、企业发展等市场机制中发挥重要作用，属于行政主导发展模式，如实现行政权与监管权的彻底分离，将大大减弱政府对经济发展的影响力，削弱政府在经济发展中的作用，不利于国家经济实现超越式的发展。因此，在监管机构的选择上应采取从行政监管机构向完全独立监管机构的逐步替代。

2. 中国现行政治体制的影响。从上文有关论述我们知道，西方国家无论是实行总统制还是议会内阁制，都在一定程度上赋予了经济监管机构一定的独立性。"所谓独立性，是指监管机构独立于传统多层次的行政官僚体系之外，免予不当的政治干预和行政影响，独立自主运作，且其成员受一定之保障，不得任意免职。"② 可见，监管机构的独立性主要是相对于行政机关来说的，在独立于行政机关的同时，监管机构还是要向议会负责。西方国家议会属于三大权力机关中的重要一极，具有广泛的立法权和弹劾行政首脑的权力，对行政机关和监管机构的监督控制较强，绝不是橡皮图章式的机构。而我国虽然实行的是人民代表大会制，并赋予了人民代表大会最高国家领导机关的称谓，但在实际运行中，在强势行政机关的挤压下，人民代表大会对行政机关的监督还要加强，如果将监管机构马上从行政机关中彻底分离出来而直接对人民代表大会负责，在我国现行政治体制下，很可能使监管机构变为另一个不受监督的强势组织，"余晖认为，在我国虽然企业和消费者的目标不变——企业追求利润最大化，而消费者则追求消费者剩余的最大化，但立法者和规制者却不用追求选票的最大化，它追求的目标与企业是一致的，是效用和收入的最大化"，③ 从而可能导致监管成本居高不下，严重影响监管效率。

3. 经济监管机构监管能力的制约。监管机构的监管能力包括人力资本条件、物资与技术条件和监管组织能力。根据交易成本理论，假定监管机构作为专门处理某一产业监管问题的技术性组织，能准确地应对监管问题，具有高超的监管能力，即使其他控制监管成本的制度作用微弱，监管成本仍可保持在原有的可控制水平上，监管机构则可保留一定程度的独立性。英国的监管经验证明了这一结论。然而，中国监管机构的监管效能，因政府总体效能低下而处于低水平状态，监管机构人力资源不足、知识结构不合理限制了监管技术的效用；监

① 张会恒：《论政府规制机构形式的选择》，载《经济社会体制比较》，2005（3），124页。
② 陈樱琴：《公平会独立性之研究》，载《公平交易季刊》，第7卷，1999（1），68页。
③ 张会恒：《论政府规制机构形式的选择》，载《经济社会体制比较》，2005（3），125页。

管机构经费、物质条件的欠缺更削弱了监管效率。监管能力与监管机构的独立性呈正相关关系，因为较高的监管能力可以提高监管决策的公正性和可预期性，降低监管决策不断调整产生的不确定性成本；同时，也能相应地减少因监管能力不足而发生的决策失误。中国监管机构从传统的行政命令、行政管理路径走来，缺少对外部技术、知识的必要输入和主动接纳，专业官僚机构的特有属性尚未确立，监管机构的组织运行没有脱离普通行政机关的构成样式。[①] 因此，在我国现有条件下，如果将监管机构彻底独立极有可能导致监管效能的下降，从而影响监管对经济发展的积极作用。

二、准独立监管机构的制度设想

在我国现有经济发展模式和政治体制下，要在一定程度上解决监管机构设置分散、独立性弱、监管权与经营权合一等问题，首先应将分散在不同机构中的对同一产业进行监管的权力集中到统一的机构中；其次应在国务院下设立相对独立的经济监管委员会，直接对总理负责，其下可设立金融监管、经济运行、安全健康、生态环境四个子委员会（其下还可设立相关部局，负责有关具体监管事务），分别负责各自领域内的监管事项，从而初步实现监管机构在国务院行政体制下，能较为独立地行使法律赋予的相应监管权力。

（一）建立统一、权威的综合性监管机构

目前，在监管机构设置分散的状况下，为统一监管政策和行动，在有些领域实行了沟通协调制度，如金融监管部门之间的金融监管联席会议制度。然而，实践中这种沟通制度在部门利益的驱使下，统一监管政策方面的难度很大，更多的是通报交流信息，很少能够协调管辖冲突、监管政策不一致的问题。如金融监管联席会议制度规定了会议成员组成、会议形式、会议周期等，明确会议讨论内容为金融监管的重要事项、已出台政策的市场反应和效果评估以及其他需要协商、通报和交流的事项。[②] 但在实际运行一段时间后就很少再召开了，且

---

① 郭洁：《中国自然垄断产业规制机构独立性的制度选择》，载《东北大学学报》，2007（2），151 页。

② 2004 年 6 月 28 日《中国银行业监督管理委员会、中国证券监督管理委员会、中国保险监督管理委员会在金融监管方面分工合作的备忘录指导原则》（下称《备忘录》）公布，建立了三大金融监管机构之间的联席会议。作为规则基础，《备忘录》明确了金融监管联席会议的操作依据。会议由三大监管机构的主席组成并由主席或其授权的副主席参加；会议分为定期和不定期两种，定期会议以例会形式每季度召开 1 次，不定期会议在任何一方认为有必要讨论应对紧急情况时随时提出召开。会议的召集人由联席会议成员轮流担任，任期为半年。三方分别建立联席会议日常联络机构。正常情况下，在会议召开前 5 个工作日，由三方日常联络机构将拟议事项和各方意见建议等书面材料送达联席会议成员。会后由召集方负责拟订会议纪要，在征求参会方意见后发送各方。监管联席会议纪要报国务院领导审批后执行。《备忘录》还明确了联席会议讨论和协调有关金融监管的重要事项、已出台政策的市场反应和效果评估以及其他需要协商、通报和交流的事项等。

联席会议更多地表现为部门之间利益的均衡和协调，日常监管协作有限。①

因此，协作沟通机制只能解决一时之需，成本高，效果也不佳，比较实际的办法是对同一监管领域内的监管机构进行整合，成立综合性的监管机构，实行统一的监管政策和执法标准，以消除现阶段监管机构庞杂、职能交叉、职权不明的现象，降低监管成本，提高监管效率，最终降低市场经济主体的交易成本，提高整体经济效率。如在中国现有监管机构下，可建立综合金融监管机构，整合银行、证券、保险等监督管理部门的职责，负责整个金融业监督管理；建立通讯监管机构，负责对电信、资讯、传播等领域实行全面监管；以此类推，可进行范围更广泛的监管机构改革和执法职责重构，以建立更加合理的监管执法体制。同时，对于确实需要多个机构共同监管的领域，应通过法律合理界定机构职责分工，并建立法定的沟通协调制度，确保实现多个机构之间的合作与制衡。最终，通过逐步改革，形成统一的经济监管部门，由其下金融监管、经济运行、安全健康、生态环境四大监管组织分别负责相应的监管事项。

在建立综合性监管机构的同时，要切实解决监管权与经营权合一的问题，实行监营分离，恢复企业市场主体地位，使企业真正成为自主经营、自负盈亏、自我约束的经营主体，并将国家所有权的行使交由国有资产管理部门负责，彻底使监管机构超然于市场之外，提高监管的公正和公平性。

此外，虽然我们设计了经济监管机构的阶段性改革目标，但技术创新促使企业不断推出新产品和新服务，在创造巨大市场需求的同时，很大程度上改变了原有产业的边界，导致传统监管政策的失灵，因此，监管机构和监管政策也应随着产业技术的变革而不断进行动态调整。

（二）保持经济监管机构的相对独立性

1. 组织方式。组织方式采用委员会制，实行集体决策。与行政权不同，监管权是基于专业性而产生的一种政府权力，强调权力行使的科学、客观、公正。相对于多层次的行政官僚体系中的首长制来讲，委员会制更加有利于监管机构独立、专业、科学地行使权力，可保障监管政策的连续性和稳定性。同时，为避免委员会制决策效率低和责任不明确等缺陷，可在决策时期方面引入时间限制，对于一定期限内无法决定的事项必须提请国务院决断；实行实名投票制，投不同意票的委员可免于承担责任。当然，组织形式的选择也不能绝对化，在监管制度完善、决策程序透明、监督体系健全的领域也可实行首长负责制。

2. 委员任命。在委员任命方面，可实行国务院总理提名、全国人大决定的程序，并采用交错任期制和任期保障等措施减小委员在任职方面可能受到的政治压力；立法机关应通过法律规定委员任职资格、任命程序、任期、任命权等

---

① 《经济观察报》，2006 - 09 - 14。

事项，避免因政府变更带来对监管机构的人事更换。对于监管机构的具体工作人员，可比照现行公务员录用标准，但不受《公务员法》的某些限制，薪金待遇可高于一般公务员，以利于吸纳专业人才，保障监管机构的稳定性。

3. 经费来源。在经费来源方面，经济监管机构的经费来源以向被监管单位收取的监管费为主，以确保经济监管机构财务事项的独立性，但监管费用收取的比例、程序、方式等必须经法律规定，并通过内部管理的收支两条线、财务人员外派制、加强审计监督等方式，避免监管机构滥用收费权、乱支监管费等。

此外，在强调监管机构独立性的同时，也应加强对监管机构的监督，发挥立法机关、国务院和司法机关对监管机构的制衡作用：全国人大应通过人事任免权、法律制定权等加大对监管机构的监督力度；监管机构应接受国务院的统一领导，每年向国务院提交本专业领域监管情况的报告，国务院可对监管原则性问题进行指导，但不得干涉专业监管的具体事项；监管机构的监管行为应接受司法审查，被监管企业对具体监管行为不服可向法院提起诉讼，监管机构也可代表受侵害的社会公众向被监管企业提起公益诉讼。

（三）加大专业人才的培养和引进

监管机构是基于专业性、技术性而行使监管权的组织机构，其人员的专业水平是保障监管成效的基础。只有确保监管机构中的监管人员是本领域具体专业内的专门人才，才能制定出科学的监管标准、合理地行使执法权力、公正地裁判违规事项，维护监管的权威和整体经济利益。可采用全球招聘的方式主动吸引专业领域内的人才，也可利用专家举荐的方式挖掘人才，还可主动在被监管单位选择部分人才，全方位、多渠道创新引进人才的机制；同时，采取国际交流、外送深造、以老带新、内部培训等方式加大对内部人员的培养力度，确保监管机构的专业性。

三、独立监管机构的制度设想

在科学设置监管机构、理顺机构职责、维护其独立性和专业性的基础上，可考虑进行第二步改革，将监管权与行政权彻底分离，达到上述监管机构一般设置模式的目标，实现经济领域事项的专家治理。

根据 OECD 关于监管改革的报告，监管机构的独立性应包括以下六个要素：法律对监管机构授权；监管机构在机构设置上独立于行政部门，实行自治管理；监管者由多方任命（如政府与议会共同任命）；监管者实行固定任期；建立职业标准和有吸引力的薪酬标准；设立稳定的经费来源（如通过产业收费，而不是政府预算拨款）。① 因此，在进行第二步监管改革时，应遵循以下原则：一是坚

---

① 周健：《建立有效且有限的政府规制机构》，载《当代经济管理》，2008（7），15 页。

持法律授权，只有通过法律授权，监管机构才能真正独立于行政机关，才能获得必要的权力和资源；二是实行政监分立，将监管职能彻底从国务院分离出来，直接对全国人大负责，建立一个全国性的经济监管委员会，实行集体负责制，委员的任命由全国人民代表大会决定，在经济监管委员会下可设立相关子委员会和有关综合性监管局，具体负责不同产业的监管事项；三是专门的人力资源要求，由于监管对象都具有较高的专业技术性，相应的监管人员也应具有过硬的专业知识，才能适应监管的需要；四是独立的资金来源，大多数国家独立监管机构的资金来源与政府行政部门不同，一般采取从产业征收的方式，我国监管机构的资金来源也应主要依靠产业收费的方式解决。具体来说，主要有以下几个方面：

（一）机构设置方面

设立全国性的经济监管委员会，其下可设立金融监管、经济运行、安全健康、生态环境四个子委员会，在四个子委员会构架中还可根据实际需要分别设立若干经济监管局，如在经济运行领域，可设立能源监管局、交通运输监管局、反垄断工作局、传媒信息监管局等机构，具体负责各自领域内的相关事务。经济监管委员会实行集体领导制，其委员由全国范围本专业领域内的专家选举产生，由全国人大任命，可采用交错任期制，每4～5年选举1/3的委员。经济监管委员会除负责执行全国人大制定的法律外，有权根据实际情况制定实施细则，报全国人大备案；有权依据监管情况对被监管对象进行处罚，并将触犯刑律的责任人向法院起诉，也可代表大众利益受害方向法院提起经济诉讼；有权对专业领域内的争端进行裁决。有义务每年向全国人大报告工作开展情况，并接受其质询；有义务接受司法机关的审查，并对自身为被告的诉讼案件积极应诉。

（二）经费筹集方面

经济监管委员会的经费来源以监管收费为主。为防止监管委员会过度收费，在设立监管委员会的法律中应同时设定收费上限，规定具体收费比例和方式，收费与预算一致，并纳入国库，不能直接用于支出。除了上限以外，全国人大还应每年审议和批准监管委员会的实际预算，在保障经济监管委员会独立性的同时，最大限度地节约开支，提高监管效率。

（三）队伍建设方面

在确保机构设置独立、经费来源独立的同时，必须建立一支具有专业化知识的监管队伍。监管委员会行使监管过程中，必然涉及监管对象的相关业务领域，可从有关科研单位和监管对象中招聘一批熟悉相关技术的业务人员，还可采用全球招聘的方式主动吸引专业领域内的人才，也可利用专家举荐的方式挖掘人才。此外，监管行为还涉及有关经济、法律、管理方面的知识，也需要向社会招聘一些专家进入监管委员会，从而形成由技术专家、经济学家、法学家等组成的相对独立的经济监管机构。

（四）与立法机关、司法机关的关系

经济监管委员会作为直接向全国人大负责的国家权力机构，在充分发挥专业技术性的基础上，接受全国人大的领导，并形成与司法机关相互制衡的机制，在杜绝借专业技术之名侵犯自由、民主和人权的同时，确保自身的独立性。

1. 与全国人大的关系。全国人大通过制定法律规定监管委员会的职权范围、监管方向、监管原则、监管手段与相应的监管责任，并赋予监管委员会根据职权范围与监管原则等制定具体监管规则，及通过一定程序撤销不合实际的监管规则的权力；同时，全国人大有权监督监管委员会的执法活动，对于明显的违法监管行为可要求监管委员会予以说明，必要时可向司法机关建议启动司法审查程序。监管委员会根据法律赋予的职权，制定具体监管规则，独立自主地开展监管执法活动，对于违反监管法律法规的行为，可利用法律赋予的监管手段依法予以处置；有责任依据自身的专业判断，按照全国人大赋予的权限，提前采取措施防范可能损害整体经济利益的风险，如监管委员会在深入分析金融市场形势的基础上，可通过训诫、窗口指导、规模安排、调整利率等手段提前防范可能发生的通货膨胀、信贷风险、流动性风险等；有义务定期向全国人大汇报监管活动开展情况，并接受全国人大的监督询问；对于需要提请全国人大制定相关监管法律的事项，应积极做好立法准备工作，协助全国人大进行法律起草。

2. 与司法机关的关系。司法机关有权根据全国人大的建议对监管委员会的监管活动进行司法审查，有权判决相对人对监管委员会的诉讼和监管委员会对相对人提起的公益诉讼或其他诉讼；对在司法活动中发现的违法或不合实际的监管规则，有责任建议全国人大予以强制修改或撤销。监管委员会对于在自身监管权限范围内无法处理的违法事项，特别是涉及损害公共利益的民事赔偿问题，如工厂污染导致的民事赔偿，在依法对违规行为进行处罚的基础上，有责任代被害人向司法机关提起民事诉讼，以维护社会公平；有义务接受司法机关的执法审查，对于相对人对处理结果不服提起的法庭诉讼，应积极应诉，如败诉则应及时纠正错误裁决，需要赔偿的应按照法庭判决予以赔付。

总之，中国经过30余年的改革开放，市场机制得以初步确立，这为我们深入进行监管机构改革奠定了坚实的基础。但是，监管机构改革与一国的政治体制、法治环境有很大关系，而中国恰恰在这方面与西方发达国家差距很大，缺乏法治政府、有限政府、责任政府的传统，这注定了中国监管机构改革涉及的范围将不单单局限于监管领域，也远非设立几个独立的监管机构就能解决的问题。然而，经济的发展从来不以人的意志为转移，随着中国市场机制的逐步健全，产生于市场经济自我修正需要的监管机构必然会逐渐发展和日趋完善。

参 考 文 献

一、辞典辞书类

［1］《辞源》（修订本），北京，商务印书馆，1983。

［2］《辞海》，上海，上海辞书出版社，1999。

［3］《新华词典》，北京，商务印书馆，2001。

［4］《现代汉语词典》，北京，商务印书馆，第 5 版，2005。

［5］《汉语大词典》（第七卷），上海，汉语大词典出版社，1986。

［6］《现代汉语规范词典》，北京，外语教学与研究出版社，2004。

［7］《新英汉双解词典》，北京，北京大学出版社。

［8］《英汉金融新词库》，上海，上海科学技术文献出版社。

［9］《英汉双解莎士比亚大词典》，郑州，河南人民出版社。

［10］《简明英汉商业辞典》，天津，天津人民出版社。

［11］《汉英法律分类词典》，郑州，河南科学技术出版社。

［12］《立信英汉国际经济·贸易·金融词典》，上海，立信会计出版社。

［13］［美］约翰·伊特韦尔、默里·米尔盖特、Peter Newman 主编，陆岱孙译：《新帕尔格雷夫经济学大辞典》，北京，经济科学出版社，1992。

［14］［美］Peter Newman 主编，许明月等译：《新帕尔格雷夫经济学大辞典》，第 3 卷，北京，法律出版社，2003。

［15］［英］戴维·M. 沃克主编，李双元译：《牛津法律大辞典》，北京，法律出版社，2003。

［16］［英］戴维·米勒、韦农·波格丹主编，邓正来等译：《布莱克维尔政治学百科全书》，北京，中国政法大学出版社，1992。

［17］肖蔚云、姜明安主编：《北京大学法学百科全书·宪法学行政法学》，北京，北京大学出版社，1999。

［18］邹瑜、顾明总主编，高扬瑜、郑杨副总主编：《法学大辞典》，北京，中国政法大学出版社，1991。

［19］许崇德主编，胡锦光、王玉明：《中华法学大辞典·宪法学卷》，北京，中国检察出版社，1995。

二、主要图书类

［1］徐杰：《经济法概论》，北京，首都经济贸易大学出版社，2006。

［2］杨紫烜、徐杰：《经济法学》，北京，北京大学出版社，2009。

［3］李昌麒：《经济法理论研究》，北京，法律出版社，2009。

［4］张守文：《经济法学》，北京，中国人民大学出版社，2008。

［5］邱本：《经济法总论》，北京，法律出版社，2007。

［6］杨紫烜：《国家协调论》，北京，北京大学出版社，2009。

［7］单飞跃：《经济法教程》，北京，法律出版社，2006。

［8］杨紫烜：《经济法研究》，北京，北京大学出版社。

［9］史际春：《经济法学评论》，北京，中国法制出版社。

［10］漆多俊：《经济法论丛》，北京，中国法制出版社。

［11］刘少军：《经济本体法论》，北京，中国商业出版社，2000。

［12］刘少军：《法边际均衡论》，北京，中国政法大学出版社，2007。

［13］刘少军：《金融法学》，北京，中国政法大学出版社，2008。

［14］刘少军：《货币财产权论》，北京，中国政法大学出版社，2009。

［15］李曙光：《经济法学》，北京，中国政法大学出版社，2007。

［16］徐晓松：《公司法学》，北京，中国政法大学出版社，2006。

［17］时建中：《反垄断法：法典释评与学理探源》，北京，中国人民大学出版社，2008。

［18］郑尚元：《劳动和社会保障法学》，北京，中国政法大学出版社，2008。

［19］符启林：《经济法学》，北京，科学出版社，2009。

［20］徐孟洲：《金融监管法研究》，北京，中国法制出版社，2008。

［21］李龙：《法理学》，北京，高等教育出版社，1994。

［22］张文显：《法理学》，北京，北京大学出版社，1999。

［23］张千帆：《宪法学导论——原理与应用》，北京，法律出版社，2004。

［24］［德］马克思、恩格斯：《马克思恩格斯选集》，第1、2、3、4卷，北京，人民出版社，1972。

［25］［英］洛克著，叶启芳、瞿菊农译：《政府论》，北京，商务印书馆，2003。

［26］［法］孟德斯鸠著，张雁深译：《论法的精神》，北京，商务印书馆，1997。

［27］［美］亚历山大·汉密尔顿、约翰·杰伊、詹姆斯·麦迪逊：《联邦党人文集》，第三卷，北京，九州出版社，2007。

［28］王名扬：《法国行政法》，北京，北京大学出版社，2007。

［29］王名扬：《英国行政法》，北京，中国政法大学出版社，1987。

［30］王名扬：《美国行政法》，北京，中国法制出版社，1995。

［31］托马斯·杰斐逊：《杰斐逊选集》，北京，商务印书馆，1999。

［32］哈耶克：《通往奴役之路》，北京，中国社会科学出版社，1997。

［33］林格：《重建美国人的梦想》，上海，上海译文出版社，1983。

［34］张杰：《西方分权理论与实践研究——以英法美三国为例》，北京，中央民族大学出版社，2008。

［35］弗里德曼：《资本主义与自由》，北京，商务印书馆，1986。

［36］布坎南：《自由、市场与国家》，上海，上海三联书店，1988。

［37］敬嘉：《合作治理——再造公共服务的逻辑》，天津，天津人民出版社，2009。

［38］张铭、陆道平：《西方行政管理思想史》，天津，南开大学出版社，2008。

［39］蒋劲松：《责任政府新论》，北京，社会科学文献出版社，2005。

［40］王书丽：《政府干预与1865—1935年间的美国经济转型》，北京，人民出版社，2009。

［41］种明钊：《国家干预法治化研究》，北京，法律出版社，2009。

［42］罗森布鲁姆（Rosenbloom D. H.）、奥利里（O'leary R.）著，张梦中等译：《公共管理与法律》，广州，中山大学出版社，2007。

［43］［印］M. P. 赛夫著，周伟译：《德国行政法》，济南，山东人民出版社，2006。

［44］［美］维斯库斯（Viscusi W. K.）等著，陈甬军等译：《反垄断与管制经济学》，2004。

［45］斯蒂格利茨：《经济学》，北京，中国人民大学出版社，2001。

［46］［美］汤姆·泰坦伯格著，朱启贵译：《环境经济学与政策》，上海，上海财经大学出版社，2003。

［47］夏普、雷克斯特、格兰姆斯：《社会问题经济学》，北京，中国人民大学出版社，2000。

［48］［英］安德鲁·海伍德著，吴勇译：《政治学核心概念》，天津，天津人民出版社，2008。

［49］谢平：《货币监管与金融改革》，2004。

［50］［美］道格拉斯·C. 诺思：《经济史中的结构与变迁》，上海，上海三联书店，1991。

［51］［德］汉斯·J. 沃尔夫、奥托·巴霍夫、罗尔夫·施托贝尔著，高家

伟译：《行政法》，第三卷，北京，商务印书馆，2007。

［52］［英］伊恩·劳埃德、戴维·米勒著，曾剑秋译：《通信法》，北京，北京邮电大学出版社，2006。

［53］席涛：《美国管制——从命令控制到成本收益分析》，北京，中国社会科学出版社，2006。

［54］［美］史蒂芬·布雷耶著，李洪雷、宋华琳、苏苗罕等译：《规制及其改革》，北京，北京大学出版社，2008。

［55］［美］丹尼尔·F. 史普博著，余晖等译：《管制与市场》，格致出版社，上海，上海人民出版社，2008。

［56］唐祖爱：《中国电力监管机构研究》，北京，中国水利水电出版社，2008。

［57］［法］让－雅克·拉丰著，聂辉华译：《规制与发展》，北京，中国人民大学出版社，2009。

［58］［日］植草益著，朱绍文、胡欣欣等译：《微观规制经济学》，北京，中国发展出版社，1992。

［59］王俊豪：《管制经济学原理》，2007。

［60］马英娟：《政府监管机构研究》，北京，北京大学出版社，2007。

［61］［英］卡罗尔·哈洛、理查德·罗林斯著，杨伟东译：《法律与行政》，北京，商务印书馆，2004。

［62］保罗·萨缪尔森、威廉·诺德豪斯著，高鸿业译：《经济学》，第12版，北京，中国人民大学出版社。

［63］［美］小贾尔斯·伯吉斯著，冯金华译：《管制和反垄断经济学》，上海，上海财经大学出版社，2003。

［64］［德］乌茨·施利斯基著，喻文光译：《经济公法》，北京，法律出版社，2006。

［65］王俊豪：《政府管制经济学导论》，2005。

［66］张红凤：《西方规制经济学的变迁》，北京，经济科学出版社，2005。

［67］曲振涛、杨恺钧：《规制经济学》，上海，复旦大学出版社，2006。

［68］张红凤、杨慧等：《西方国家政府规制变迁与中国政府规制改革》，北京，经济科学出版社，2007。

［69］日本总务厅：《放松规制白皮书》，大藏省印刷局，2000。

［70］徐梅：《日本的规制改革》，北京，中国经济出版社，2003。

［71］张千帆、赵娟、黄建军：《比较行政法——体系、制度与过程》，北京，法律出版社，2008。

［72］杨建文：《政府规制：21世纪理论研究潮流》，上海，学林出版社。

［73］［美］斯坦利·L. 恩格尔曼、罗伯特·E. 高尔曼主编，高德步等译：《剑桥美国经济史》，第三卷，北京，中国人民大学出版社，2008。

［74］［英］C. V. 布朗、P. M. 杰克逊著，张馨主译：《公共部门经济学》，北京，中国人民大学出版社，2000。

［75］世界银行：《1997 年世界银行发展报告：变革世界中的政府》，北京，中国财政经济出版社，1997。

［76］薛刚凌：《行政体制改革研究》，北京，北京大学出版社，2006。

［77］茅铭晨：《政府管制法学原论》，上海，上海财经大学出版社，2005。

［78］罗豪才：《行政法学》，北京，北京大学出版社，2001。

［79］［美］史蒂文·J. 卡恩著，张梦中、曾二秀、蔡立辉等译：《行政法原理与案例》，广州，中山大学出版社，2004。

［80］［美］肯尼思·F. 沃伦著，王丛虎、牛文展、任端平等译：《政治体制中的行政法》，第三版，北京，中国人民大学出版社，2005。

［81］［英］A. W. 布拉德利、K. D. 尤因著，程洁译：《宪法与行政法》，第 14 版，北京，商务印书馆，2008。

［82］朱成章、杨名舟、黄元生：《电力工业管制与市场监管》，北京，中国电力出版社，2003。

［83］潘小娟：《法国行政体制》，北京，中国法制出版社，1997。

［84］［法］伊夫·居荣（Yves Guyon）著，罗结珍、赵海峰译：《法国商法》，北京，法律出版社，2004。

［85］法国宪法委员会：1987 年 1 月 22 日与 23 日判决，《法律档案》，1987 年Ⅱ，20854，塞斯提耶述评。

［86］上海期货交易所"境外期货法制研究"课题组：《德国期货市场法律规范研究》，北京，中国金融出版社，2007。

［87］刘波、罗旋、陆萍等：《德国食品安全法律体系与研究》，厦门，厦门大学出版社，2004。

［88］根岸哲、舟田正之著，王为农、陈杰译：《日本禁止垄断法概论》，第三版，2007。

［89］［日］芦部信喜著，高桥和之增订，林来梵、凌维兹、龙绚丽译：《宪法》，第三版，北京，北京大学出版社，2006。

［90］［日］盐野宏著，杨建顺译：《行政组织法》，北京，北京大学出版社，2008。

［91］［韩］金东熙著，赵峰译：《行政法Ⅱ》，第 9 版，北京，中国人民大学出版社，2008。

［92］［韩］权五乘著，崔吉子译：《韩国经济法》，北京，北京大学出版

社，2009。

［93］［美］詹姆斯·麦格雷戈．伯恩斯等著，吴爱明、李亚梅等译：《民治政府—美国政府与政治》，北京，中国人民大学出版社，2007。

［94］法国最高法院商事庭：1993 年 10 月 26 日判决，《达罗斯判例汇编》，1994，237，N. 德科佩芒述评。

［95］［法］让·里韦罗、让·瓦利纳：《法国行政法》，北京，商务印书馆，2008。

［96］［德］伯阳：《德国公法导论》，北京，北京大学出版社，2008。

［97］［德］罗尔夫·施托贝尔著，谢立斌译：《经济宪法与经济行政法》，北京，商务印书馆，2008。

［98］孔祥俊：《反垄断法原理》，北京，中国法制出版社，2001。

［99］阿部照哉、池田政章、初宿正典等著，周宗宪译：《宪法》（上册），北京，中国政法大学出版社。

［100］［日］南博方著，杨建顺译：《行政法》，第六版，北京，中国人民大学出版社，2009。

［101］M. M. 波斯坦、D. C. 科尔曼著，王春法：《剑桥欧洲经济史（第八卷）——工业经济：经济政策和社会政策的发展》，北京，经济科学出版社，2004。

［102］道格拉斯·C. 诺思：《经济史中的结构与变迁》，上海，上海人民出版社，1994。

［103］［美］芝伦斯·M. 弗里德曼著，苏彦新等译：《美国法律史》，北京，中国社会科学出版社，2007。

［104］张友伦等：《美国历史上的社会运动和政府改革》，天津，天津教育出版社，1992。

［105］胡国成：《塑造美国现代经济制度之路》，北京，中国经济出版社，1995。

［106］刘绪贻等：《美国通史》，第 5 卷，北京，人民出版社，2005。

［107］［美］富兰克林·德．罗斯福：《罗斯福选集》，北京，商务印书馆，1982。

［108］王俊豪：《英国政府管制体制改革研究》，上海，上海三联书店，1998。

［109］［英］比尔·考克瑟、林顿·罗宾斯、罗伯特·里奇著，孔新峰、蒋鲲译：《当代英国政治》，第四版，北京，北京大学出版社，2009。

［110］高世楫、秦海：《从制度变迁的角度看监管体系演进：国际经验的一种诠释和中国改革实践的分析》。

［111］张芝联：《法国通史》，沈阳，辽宁大学出版社，2000。

［112］金重远：《20 世纪的法兰西》，上海，复旦大学出版社，2004。

［113］吴友法、黄正柏：《德国资本主义发展史》，武汉，武汉大学出版社，2000。

［114］［法］克拉潘：《1871—1914 年法国和德国的经济发展》，北京，商务印书馆，1965。

［115］樊亢、宋则行：《外国经济史》，第 2 册，北京，人民出版社，1981。

［116］［德］卡尔·哈达赫：《二十世纪德国经济史》，北京，商务印书馆，1984。

［117］路德维希·艾哈德：《德国的经济政策：社会市场经济之路》。

［118］吴友法、黄正柏：《德国资本主义发展史》，武汉，武汉大学出版社，2000。

［119］安德里亚·波尔特：《欧洲经济：增长与危机》，伦敦，英国牛津大学出版社，1982 英文版。

［120］裴元伦：《稳定发展的联邦德国经济》，长沙，湖南人民出版社，1988。

［121］［英］亚当·斯密：《国民财富的性质和原因的研究》（上卷），北京，商务印书馆，1972。

［122］戴维·A. 香农：《大萧条》，普伦蒂斯——霍尔公司，1960。

［123］凯恩斯：《就业、利息和货币通论》，北京，商务印书馆，1963。

［124］伯纳德·施瓦茨：《行政法》。

［125］张杰：《西方分权理论与实践研究——以英法美三国为例》，北京，中央民族大学出版社，2008。

［126］贾英健：《全球化背景下的民族国家研究》，北京，中国社会科学出版社，2005。

［127］亚当·斯密：《国民财富的性质和原因的研究》（下卷），北京，商务印书馆，1974。

［128］［美］布坎南著，吴良健、桑伍、曾获译：《自由、市场和国家》，北京，北京经济学院出版社，1988。

［129］［美］米尔顿·弗里德曼著，张瑞玉译：《资本主义与自由》，北京，商务印书馆，1986。

［130］［德］威廉·冯·洪堡：《论国家的作用》，北京，中国社会科学出版社，1998。

［131］凯恩斯：《就业、利息和货币通论》，北京，商务印书馆，1977。

［132］［美］萨缪尔森、诺德豪斯著，胡代光等译：《经济学》，北京，北

京经济学院出版社，1996。

[133]［美］约翰·罗尔斯著，何怀宏、何包钢、廖申白译：《正义论》，北京，中国社会科学出版社，1998。

[134] 刘军宁：《市场逻辑与国家观念》，北京，三联书店，1995。

[135]《列宁选集》，第 2 卷，北京，人民出版社，1972。

[136] 查尔斯·林德布洛姆：《政治与市场》，上海，三联书店上海分店、上海人民出版社，1994。

[137] 约瑟夫·斯蒂格利茨：《政府经济学》，北京，春秋出版社，1988。

[138]［美］艾伦·沃尔夫著，沈汉等译：《合法性的限度》，北京，商务印书馆，2005。

[139] 安东尼·吉登斯：《民族——国家与暴力》，上海，三联书店，1998。

[140] 唐士其：《国家与社会的关系——社会主义国家的理论与实践比较研究》，北京，北京大学出版社，1998。

[141] 詹姆斯·安德森：《公共选择》，北京，华夏出版杜，1989。

[142] 刘昌明：《全球化与当代国家政治职能》，济南，山东大学出版社，2006。

[143]［英］帕特里克·邓利维、布伦登·奥利里著，欧阳景根等译：《国家理论：自由民主的政治学》，杭州，浙江人民出版社，2007。

[144] 斯科特·戈登著，应奇等译：《控制国家——从古雅典至今的宪政史》，南京，凤凰出版传媒集团，江苏人民出版社，2008。

[145] 刘绍贤：《欧美政治思想史》，杭州，浙江人民出版社，1987。

[146] 刘军：《国家起源新论》，北京，中央编译出版社，2008。

[147] 施雪华：《政府权能理论》，杭州，浙江人民出版社，1998。

[148]［法］卢梭：《社会契约论》。

[149]［德］康德：《法的形而上学原理——权利的科学》。

[150]［日］星野昭吉：《变动中的世界政治——当代国际关系理论沉思录》，北京，新华出版社，1999。

[151] 公丕祥：《法理学》，上海，复旦大学出版社，2002。

[152] 陈恺玲：《行政法学》，长春，吉林人民出版社，2006。

[153]［古希腊］亚里士多德著，吴寿彭译：《政治学》，北京，商务印书馆，1965。

[154]［美］萨拜因著，盛葵阳等译：《政治学说史》，北京，商务印书馆，1990。

[155]［英］M. J. C. 维尔著，苏力译：《宪政与分权》，北京，三联书店，1997。

［156］何华辉、许崇德：《分权学说》，北京，人民出版社，1986。

［157］［英］罗伯特·夏克尔顿著，刘明臣等译：《孟德斯鸠评传》，北京，中国社会科学出版社，1991。

［158］ ［美］古德诺著，王元译：《政治与行政》，北京，华夏出版社，1987。

［159］约翰·F. 沃克，哈罗德·G. 瓦特：《美国大政府的兴起》，重庆，重庆出版社，2001。

［160］盐野宏著，杨建顺译： 《行政法总论》，北京，北京大学出版社，2008。

［161］［韩］金东熙著，赵峰译：《行政法Ⅰ》，第9版，北京，中国人民大学出版社，2008。

［162］陈恺玲：《行政法学》，长春，吉林人民出版社，2006。

［163］［德］哈特穆特·毛雷尔著，高家伟译：《行政法学总论》，北京，法律出版社，2000。

［164］［日］田中二郎：《行政法》，弘文堂，1974。

［165］［日］南博方著，杨建顺译：《日本行政法》，北京，中国人民大学出版社，1988。

［166］罗豪才、湛中乐： 《行政法学》，第二版，北京，北京大学出版社，2006。

［167］［美］威尔逊：《行政学研究》，载彭和平等著《国外公共行政理论精选》，北京，中央党校出版社，1997。

［168］张世信、周帆：《行政法学》，上海，复旦大学出版社，2006。

［169］凌国顺、欧阳君君：《行政法学》，上海，上海人民出版社，2007。

［170］徐大同：《西方政治思想史》，天津，天津教育出版社，2001。

［171］洪堡：《论国家的作用》，北京，中国社会科学出版社，1998。

［172］［美］E. 博登海默：《法理学、法律哲学与法律方法》，北京，中国政法大学出版社，2007。

［173］［德］马克斯·韦伯：《论经济与社会中的法律》，北京，中国大百科全书出版社，2005。

［174］［德］平纳特著，朱林译：《德国普通行政法》，北京，中国政法大学出版社，1999。

［175］［日］西冈等著，朱林译：《现行政法概论》，兰州，甘肃人民出版社，1990。

［176］林纪东：《行政法》，台北，台湾三民书局，1980。

［177］张世信、周帆：《行政法学》，上海，复旦大学出版社，2006。

［178］萨缪尔森、诺德豪斯：《经济学》，北京，中国发展出版社，1992。

［179］上海国际问题研究所：《现代美国经济问题简论》。

［180］亨利·勒帕日：《美国新自由主义经济学》，北京，北京大学出版社，1985。

［181］肯尼思·约瑟夫．阿罗（Kenneth Joseph Arrow）：《社会选择：个性与多准则》，北京，首都经济贸易大学出版社，2000。

［182］E. 盖尔霍恩、R. M. 利文著，黄列译：《行政法和行政程序概要》，北京，中国社会科学出版杜，1996。

［183］杨柏华、明轩： 《资本主义政治制度》，北京，世界知识出版社，1994。

［184］托克维尔：《论美国的民主》，北京，商务印书馆，1988。

［185］徐邦友：《自负的制度——政府管制的政治学研究》，上海，学林出版社，2008。

［186］［美］斯科特·戈登著，应奇、孟军、李勇等译：《控制国家——从古雅典至今宪政史》，2008。

［187］丹尼尔·贝尔：《后工业社会的来临》，北京，商务印书馆，1984。

［188］［美］詹姆斯·麦格雷戈．伯恩斯等著，吴爱明、李亚梅等译：《民治政府——美国政府与政治》，北京，中国人民大学出版社，2007。

［189］王梦奎：《回顾与前瞻——走向市场经济的中国》，北京，中国经济出版社，2003。

［190］何家弘：《当代美国法律》，北京，社会科学文献出版社，2001。

［191］Charles, H. C. K. The World of Economics（2nd revised edition，volume Ⅰ），Commonwealth Publishing Co. , Ltd. , 1991.

［192］Laura macgregor tony prosser and charlotte villiers edited. regulation and mardet beyond 2000, dartmouth and ashgate, 2000.

［193］Meier, kj. regulation：politics, bureaucmcy and economics, New York：st martins press, 1985.

［194］The OECD report on regulatory reform：synthesis, oecd, 1997, 2002.

［195］Regulatory issues and doha development agenda：an explanatory issues paper, 2003.

［196］OMB report to congress on the costs and benefits of federal regulations（sept. 30, 1997）.

［197］OMB and OIRA. the regulatory plan and the unified agenda of federal regulations, Washington：government printing office, 2001.

［198］J. Buchanan. A contraction paradigm for appling economics, American economic review, No. 5, 1975.

[199] L. W. R. Wade. Administrative Law, Oxford, 1989.

[200] Cass sunstein. After the rights revolution: reconceiving the regulatory state, 1990.

[201] Minick. B. M. the political economy of regulation. New York: columbia university press, 1980.

[202] Florence A. Heffron. The administrative regulatory process, longman. 1983.

[203] Marver H. Bernstein. regulatory business by independent commission, princeton university press. 1955.

[204] Federal regulatory directory, congressional quarterly, inc., 1994.

[205] Robert Baldwin and Christopher Mccrudden. regulation and public law, george weidenfeld and nicolson ltd., 1987.

[206] A fair deal for consumers – modernising the framework for utility regulation, Chap. 2. 3 –4.

[207] Morton Keller. Regulation of large enterprise: the united states experience in comparative perpective, in law and the formation of the big enterprise in the 19th and early 20th centuries, ed. chandler and daems (goettingen: vandenhoech & ruprecht, 1979).

[208] President's committee on administration management (brownlow committee), report of the committee with studies of administrative management in the federal government 39 –41 (Washington, D. C., 1955).

[209] U. S. commission on organization of the executive branch of the government, the independent regulatory agencies: a report with recommendations (Washington, D. C., 1949). U. S. commission on organization of the executive branch of the government, legal services and procedures (Washington D. C. 1955).

[210] J. Landis. report on regulatory agencies to the president – elect, U. S. Senate comm. on the judiciary, subcomm. on administrative practice and procedure, 86th cong, 2d sess. (comm. print, 1960).

[211] President's advisory council on executive organization, a newregulatory framework: report on selected independent regulatory agencies (Washington, D. C. 1971).

[212] H. Friendly. the federal administrative agencies: the need for a better definition of standards (Cambridge, mass, 1962); U. S. senate comm. on governmental affairs, study on federal regulation, 6 vols, and appendix, 95th cong, 1st sess, 1977; American bar association commission on law and the economy, federal regula-

tion: roads to reform (Washington, D. C. 1978).

[213] S. Beryer and R. Stewat. administrative law and regulatory policy138 – 144 (Boston, 1979).

[214] P. Macavoy. the present condition of the regulated industries (New York, 1979). chapter 1.

[215] Anthony Ogus. regulatory law: some lessons from the past, legal studies, vol. 12, 1992.

[216] Robert Baldwin and Christopher Mccrudden, regulation and public law.

[217] OECD proceedings of an expert meeting in London, UK, 10 – 11 January2005.

[218] Thomas W. Dunfee and Frank F. Gibson. legal aspects of government regulation of business, john wiley sons, 1984.

[219] Ronald Coase. the problem of social cost, journal of law and economics, vol. 3, 1960.

[220] Landis. The administrative process, 1938.

[221] F. A. Hayek. The road to serfdom, London: routledge press, 1994.

[222] Schwarze. european administrative law。

[223] Andrew Heywood Polltics. Hampshire: Macmillan Press Ltd. 1997.

[224] Dennis C. Mueller. public choice Ⅱ. Cambridge: Cambridge University Press, 1989.

[225] Michael Les Benedict. Laissez – Faire and Liberty: A Reevaluation of the Meaning and Origins of Laissez – Faire Constitutionalism, Law and History Review, Vol. 3, 1985.

[226] Pumpelly v. Green Bay Company, 80 U. S. 166 (1871); Chicago, Burlington and Quincy Railroad Company v. Chicago, 166 U. S. 226 (1897); Ely, The Guardian of Every Other Right.

[227] Lochner v. New York, 198 U. S. 45 (1905). Nebbia v. New York, 291 U. S. 502 (1934). West Coast Hotel v. Parrish, 300 U. S. 379 (1937). United States v. Carolene Products Co. , 304 U. S. 144 (1938). Nollan v. California Coastal Commission, 483 U. S. 825 (1987). Lucas v. South Carolina Coastal Council, 505 U. S. 1003 (1992).

[228] Samuel Mekee, JR. Alexander hamilton's papers on public credit commerce and finance (New York: the liberal arts press, 1957).

[229] Oscar Handlin and Mary Handlin. common wealth, a study of the role of government in the american ecomomy: massachusetts 1774 – 1861 (New York univer-

sity press，1947）.

［230］Stephane Jacobzone. independent regulatory authorities in OECD coun-
tries：an overview，on OECD proceedings of an expert meeting in London，UK，10 –
11 January 2005.

［231］Woodrow Wilson. The Study of Adminstration，竺乾威、马国泉：《公共
行政学经典文选》（英文版），上海，复旦大学出版社，2000。

三、主要期刊类

［1］青木昌彦：《作为稳定博弈结果的国家元类型》，载吴敬琏主编《比
较》，第5辑。

［2］钱颖一：《政府与法治》，载吴敬琏主编《比较》，第5辑。

［3］曾群：《公平、效率以及两者的平衡——从经济法发展史看经济法的价
值》，载《武汉科技学院学报》，2006（12）。

［4］曾国安：《管制、政府管制与经济管制》，载《经济评论》，2004（1）。

［5］阎桂芳：《政府规制概念辨析》，载《生产力研究》，2009（6）。

［6］陶爱萍、刘志迎：《国外政府规制理论研究综述》，载《经济纵横》，
2003（6）。

［7］雷华：《规制经济学理论研究综述》，载《当代经济科学》，2003（6）。

［8］余晖：《政府管制改革的方向》，载《战略管理》，2002（5）。

［9］陈樱琴：《管制革新之法律基础与政策调适》，载刘孔中、施俊吉主编
《管制革新》，台北"中央研究院"中山人文社会科学研究所，2001。

［10］何霞：《韩国电信市场发展与政府管制》，载《世界电信》，2005
（9）。

［11］马险峰：《英国金融监管模式》，载《银行家》，2004（5）。

［12］范合君、柳学信、王家：《英国、德国市政公用事业监管的经验及对
我国的启示》，载《经济与管理研究》，2007（8）。

［13］邓龙：《法国的行政组织结构分析》，载《科教文汇》，2006年12月
（上半月刊）。

［14］王敬波：《法国独立行政机构及其借鉴意义》，载《国家行政学院学
报》，2007（3）。

［15］孙珺：《德国金融法律制度初探》，载《德国法研究》，第3卷，哈尔
滨，哈尔滨工业大学出版社，2009。

［16］高基生：《德国证券市场行政执法机制研究》，载《证券市场导报》，
2005 – 04。

［17］关键：《德国的金融体系与监管》，载《金融博览》，2008（5）。

［18］胡明生：《对德国反垄断机制的思考》，载《工商行政管理》，2001（22）。

［19］丁同民：《加强我国金融监管的法律支撑》，载《金融理论与实践》，2002（5）。

［20］王立军：《韩国金融体系改革的措施与成效》，载《国际金融研究》，2000（10）。

［21］李寿初：《现代国家权力合法性思想浅析》，载《河南师范大学学报》（哲学社会科学版），2009－07。

［22］余晖：《美国：政府管制的法律体系》，载《中国工业经济》，1994（12）。

［23］高世楫：《OECD 国家监管改革历程及其启示》，载吴敬琏主编《比较》，第 35 辑。

［24］宣晓影、全先银：《日本金融监管体制对全球金融危机的反应及原因》，载《中国金融》，2009（17）。

［25］孙兆斌：《从欧盟金融监管方案看金融改革趋势》，载《上海证券报》，2009－10－29。

［26］李扬主持的 2007 年度国家社会科学基金重大项目课题之一《危机引发法国与欧盟金融监管大提速》，中国证券报，2009－09－28。

［27］张宁：《德国金融监管制度的演变》，载刘立群、连玉如主编《德国·欧盟·世界》，北京，社会科学文献出版社，2009。

［28］安德烈·施莱弗：《理解监管》，载吴敬琏主编《比较》，第 16 辑。

［29］约瑟夫·斯蒂格利茨：《政府失灵与市场失灵监管原则》，载吴敬琏主编《比较》，第 2 辑，2009。

［30］于立、肖兴志：《自然垄断理论演进综述》，载《经济学动态》，2000（6）。

［31］布拉德福特·德龙：《政府与市场：回顾过去百年的经济发展》，载吴敬琏主编《比较》，第 13 辑。

［32］钱颖一：《政府与法治》，载吴敬琏主编《比较》，第 5 辑。

［33］J.布拉德福特·德龙：《政府与工商业的双人舞》，载吴敬琏主编《比较》，第 1 辑。

［34］［美］爱德华·L.格莱泽、安德烈·施莱弗：《监管型政府的崛起》，载吴敬琏主编《比较》，第 2 辑。

［35］卡塔琳娜·皮斯托、许成钢：《不完备的法律——一种概念分析框架及其在金融市场监管发展中的应用》，载吴敬琏主编《比较》，第 3 辑。

［36］卡塔琳娜·皮斯托、许成钢：《不完备的法律——一种概念分析框架

及其在金融市场监管发展中的应用》（下），载吴敬琏主编《比较》，第4辑。

［37］余晖：《论行政体制改革中的政府监管》，载《江海学刊》，2004（1）。

［38］郭小聪：《论国家职能与政府职能》，载《中山大学学报》，1997（2）。

［39］翟桔红、徐水安：《政府职能厘析》，载《中南财经政法大学学报》，2007（2）。

［40］王冰：《西方市场理论的演进》，载《经济学动态》，1997（3）。

［41］龙太江：《现代国家职能的发展演变分析》，载《衡阳师范学院学报（社会科学）》，2001（4）。

［42］金华：《政府与市场：走向一种动态的平衡》，载《理论界》，2006（3）。

［43］曾国平、郭峰：《论"有限政府"的"有限"内涵》，载《武汉理工大学学报（社会科学版）》，2004（2）。

［44］田文江等：《高等教育：公共物品还是私人物品》，载《科技进步与对策》，2001（11）。

［45］许明龙：《小议孟德斯鸠三权分立之本意》，载《史学理论研究》，2002（3）。

［46］张康之、张桐：《对行政概念的历史考察》，载《社会科学研究》，2010（1）。

［47］景跃进：《行政概念辨析——从三权分立到政治与行政二分法》，载《教学与研究》，2003（9）。

［48］龚向田：《行政权含义新解》，载《广西政法管理干部学院学报》，2009（3）。

［49］朱最新：《行政权概念新释》，载《武汉大学学报（哲学社会科学版）》，2005（6）。

［50］陈水亮：《美国三权架构对独立委员会之影响》，载《美国月刊》，第6卷，第12期。

［51］刘海霞：《当前经济危机的马克思主义解读》，载《理论研究动态》。

［52］邓少波、李增强：《西方国家大部制对我国政府机构改革的启示研究》，载《湘潮》（下半月），2009（2）。

［53］戚红梅：《美国金融改革方案对金融监管模式与机构的改革》，载《河北法学》，2009（11）。

［54］姜明安：《行政国家与行政权的控制和转化》，载《法制日报》，2000－02－13。

［55］吴德星：《国家权力的分工与制约——现代制衡制度比较研究》，载《中央政法管理干部学院学报》，1995（1）。

［56］崔炳善、司空泳浒：《政府规制与腐败》，载《国家行政学院学报》，2002（5）。

［57］约瑟夫·斯蒂格利茨：《政府失灵与市场失灵监管原则》，载吴敬琏主编《比较》，第2辑，2009。

［58］莱昂纳德·赫维茨：《谁来监督监督者》，载吴敬琏主编《比较》，第1辑，2009。

［59］侯林萍、王蕾蕾：《论金融监管机构的独立性》，载《金融与经济》，2006（8）。

［60］肖志兴：《中国垄断性产业规制机构的模式选择》，载《山东经济》，2009（2）。

［61］陈虹：《政府规制机构研究》，载《理论与实践》，2007（3）。

［62］李长喜、马志刚、张志利：《电信监管机构法律地位研究》，载《北京邮电大学学报（社会科学版）》，2008（6）。

［63］黄建军：《论转轨时期中国政府规制体制改革及政策选择》，载《商业研究》，2006（3）。

［64］郭洁：《中国自然垄断产业规制机构独立性的制度选择》，载《东北大学学报》，2007（2）。

［65］张会恒：《论政府规制机构形式的选择》，载《经济社会体制比较》，2005（3）。

［66］陈樱琴：《公平会独立性之研究》，载《公平交易季刊》，第7卷，1999（1）。

［67］周健：《建立有效且有限的政府规制机构》，载《当代经济管理》，2008（7）。

［68］程艳：《中国反垄断执法机构评析》，载《四川行政学院学报》，2008（6）。

［69］娄丙录：《反垄断法执法体制模式研究》，载《郑州航空工业管理学院学报（社会科学版）》，2006（6）。

［70］陈思民：《浅议我国反垄断执法机构的设置》，载《时代法学》，2006（6）。

［71］曹士兵：《反垄断法研究》，北京，法律出版社，1997。

［72］常茜奕：《论中国反垄断执法机构的设置》，载《上海行政学院学报》，2004（5）。

［73］周昀：《反垄断法新论》，北京，中国政法大学出版社，2006。

［74］王晓晔：《我国反垄断立法的框架》，载《法学研究》，1996（4）。

［75］董燃：《论我国反垄断执法机构的构建和完善》，华东政法大学硕士论文，2008。

［76］李扬：《论我国竞争执法机关的定位》，载《法商研究》，1999（5）。

［77］单飞跃、罗小勇：《由善政到善治——从证券监管联想至经济法的本质》，载《湖南省政法管理干部学院学报》，2002（5）。

［78］陈戈寒：《论国家目的理念对治国模式的影响》，载《江汉大学学报》（人文科学版），2004 - 10。

四、访问网络及学位论文类

［1］布鲁斯·阿克曼著，彭亚楠译：《新分权》，http：//www. frchina. net/forumnew/viewthread. php？tid =11458，中国学术论坛。

［2］南方新闻网 - 南方周末：《制度建设何以变形》，http：//www. sina. com. cn.

［3］湖南省卫生厅信息公开专题：《药品价格为何居高不下?》，http：//www. 21hospital. com/zwgk/show. asp？id =6089.

［4］刘贺：《究竟什么是公共利益》，http：//www. wyzxsx. com/Article/Class 17/200704/17192. html.

［5］《美国为什么不签署京都议定书》，http：//zhidao. baidu. com/question/128453118. html？fr = ala0.

［6］Johan Den Hertog，宋华琳译：《规制的公共利益理论》，www. china-publaw. com/zfgz/20040210233319.

［7］http：//www. fsa. gov. uk/Pages/About/index. shtml.

［8］http：//www. amf - france. org/affiche - page. asp？urldoc = lesmissions-dmf.

［9］余晖：《监管热的冷思考》，天则公用事业研究中心，http：//www. ccppp. org.

［10］http：www. cne - evaluation. fr/fr/img/lp.

［11］http：//europa. eu. int/comm. /information - society/polity/telecom/6threport/pdf/6repanx3 - en. pdf.

［12］《国外监管制度的演变和中国的改革实践分析》，中国电监会网站。高红贵、万华炜：《外部性问题及其矫正方式研究》，www. cenet. org. cn/cn/ceac/2005in/zdjix010. doc.

［13］http：//www. china. com. cn/policy/txt/2009 - 03/14/content_ 17444081. htm.

［14］www. law. lib. com/law/law. view. asp？id =299670.

［15］国家税务总局网站，http：//www. chinatax. gov. cn/n8136506/n8136593/n8137489/n8138194/index. html.

［16］韩铁：《美国法律史研究中有关私人产权的几个问题》，载中国民商法律网，理论法学。

［17］Carmen Reinhart、Kenneth Rogoff：《美国：我们需要国际金融监管机构》，载中国证券网。

［18］《国务院机构改革方案》，中国政府网，http：//www. gov. cn/2008lh/content_ 921411. htm.

［19］马骏：《独立规制：含义、实践及中国的选择》，http：//www. china. com. cn/Chinese/OP2c/434319. htm.

［20］王晓峰：《美国政府经济职能及变化研究》，吉林大学博士论文，2006 - 05，国家图书馆。

［21］宋世明：《美国行政改革研究》，北京大学博士论文，1997 - 05，国家图书馆。

［22］夏倩芳：《公共利益与广播电视规制》，武汉大学博士论文，2004 - 10，国家图书馆。

［23］唐祖爱：《行政组织法视野中的电力监管机构研究工作——以独立性为中心》，武汉大学博士学位论文，2007 - 05，国家图书馆。

［24］章毓：《反垄断执法体制比较研究及对我国的启示》，华东政法学院硕士学位论文，2004 - 04。

［25］高贤升：《对中国金融监管模式选择的研究——以中国、韩国监管模式改革事例分析》，复旦大学硕士学位论文，2003 - 05。

［26］赫冰：《美国政府经济管制的演进》，吉林大学博士论文，国家图书馆，47 页。

［27］蔡挺：《美国市场经济中政府干预发展演变研究》，中国人民大学博士论文，2002，国家图书馆。

［28］施雪华：《政府发生与权能理论研究》，复旦大学博士论文，1994，国家图书馆。

［29］张帅：《美国行政权的扩张及其治理》，山东大学硕士论文，2004。

后　记

　　本书是我的博士毕业论文。回首学位论文从选题、开题到写作的过程，感慨颇多。这三年多来，应该是我人生中最为艰难的时光，白天尽力做好本职工作、晚上埋头于图书馆成了我日常生活的常态。很高兴周围的很多人都给予了我无私的关心和帮助，感谢你们，让我在艰辛的岁月中体会到了雪中送炭的温暖。

　　首先感谢导师刘少军先生。从读先生的《法边际均衡论》一书，先生的学术即开始进入我的视野，至今已经有四年。这四年，先生的学术已融入我的思想，成为我生命中不可分割的一部分。四年来，先生"潜心读书，融通法理"的期许一直牢记在心。感谢先生对我博士论文的指导，在论文写作过程中，每次让先生看论文提纲或论文内容，先生总能用犀利的目光看出论文的不足之处，并给予及时而精准的指导。同时，也感谢先生对我学术倾向的尊重和规导。

　　感谢导师组的李曙光教授、徐晓松教授、时建中教授、郑尚元教授、符启林教授，难忘李先生、徐老师给我经济法研究方法、论文写作方法的教导和启迪，感念时先生、郑先生、符先生给我经济法专业领域的精心指导，他们深厚的学术功底和执著的学术追求使我终生难忘！

　　再次要感谢开题组和论文答辩组老师们的关爱和支持，正是先生们的深深教诲和殷殷鼓励，才使我的学术研究得以不断完善和深入。在此特别要感谢张士元先生、徐孟洲先生、甘培忠先生、施正文先生、李东方先生的指导！他们高屋建瓴的指点为论文的写作提供了弥足珍贵的建议。

　　还要感谢政法大学研究生院。没有研究生院提供读博的平台，我不可能拜在刘先生的门下，也不可能认识这么多学术大家和许多优秀的学者。感谢三年来研究生院提供的良好学术环境和生活环境，感谢可亲可敬可爱的师兄弟（姐妹）们给我提供的帮助。

　　最后感谢我的家人多年来对我的支持，以及挚友们慷慨的帮助。

　　再次一并感谢！

二〇一一年九月十四日